La protection des libertés et droits corporels

PRÉPARATION AU C.R.F.P.A.

Michèle Harichaux,
Maître de conférences
à l'Université Panthéon-Assas (Paris II)
Directeur des études de l'I.E.J. Pierre Raynaud
de Paris II

La protection des libertés et droits corporels

LIBERTÉS ET DROITS FONDAMENTAUX

Examen d'entrée au

C.R.F.P.A.

2e édition

Montchrestien

14 rue Pierre et Marie Curie - 75005 PARIS
ISBN : 2-7076-1001-1

PRÉSENTATION DE LA COLLECTION

La collection que nous lançons avec l'aide des éditions Montchrestien répond à un besoin ancien, que la fusion des anciennes professions d'avocat et de conseil juridique n'a fait que renforcer. Si la réforme intervenue en décembre 1990 et novembre 1991 n'a pas fondamentalement bouleversé les conditions d'accès à la profession d'avocat, elle a néanmoins modifié l'économie de l'examen d'entrée à un centre régional de formation professionnelle d'avocats (CRFPA), examen qui reste organisé par les Instituts d'études Judiciaires. Les modifications touchent au régime des dispenses (jamais totales mais plus ou mois partielles) à la nature des épreuves écrites (avec une épreuve juridique pratique qui se dédouble) et orales (avec un « grand oral » complètement renouvelé dans son esprit et son programme), sans parler de l'organisation administrative inutilement lourde et complexe (avec une navette par exemple entre les Universités et les Centres de formation pour apprécier les demandes de dispenses d'épreuves).

D'où l'idée de mettre à la disposition des étudiants souhaitant devenir avocat un ensemble d'informations pratiques, pédagogiques et scientifiques, leur permettant :

– de connaître les conditions d'accès à la profession d'avocat et notamment les modalités de l'examen d'entrée dans un Centre de formation professionnelle d'avocats, mais aussi celles de l'examen conduisant à la délivrance du Certificat d'Aptitude à la Profession d'Avocat (le C.A.P.A.) qui, après prestation de serment, leur donnera la qualité d'avocat-stagiaire. *C'est l'objet du premier volume de cette collection ;*

– de préparer les deux épreuves écrites, la note de synthèse et l'épreuve juridique pratique, à partir de conseils, d'une méthode et d'exercices corrigés, tirés des annales de l'I.E.J. Pierre Raynaud de l'Université Panthéon-Assas (Paris II). *Deux autres volumes sont consacrés à cette préparation ;*

– Enfin, d'aborder dans d'excellentes conditions *l'épreuve du grand oral*, dont le programme sur « la protection des libertés et droits fondamentaux » fera l'objet à lui seul d'une dizaine de volumes confiés à des spécialistes reconnus de la matière.

L'outil ainsi mis à la disposition des étudiants souhaitant devenir avocat s'élargit vers l'horizon des libertés fondamentales, symbole d'une profession qui reste, quoi qu'on en dise et malgré les critiques injustes dont elle est parfois l'objet, le rempart de nos libertés, la digue qu'il faut défendre contre les vents mauvais qui pourraient venir des trois pouvoirs et contre les marées populistes, si la vigilance des ordres ne s'exerçait pas.

Serge GUINCHARD

Professeur à l'Université Panthéon-Assas (Paris II)
Directeur de l'I.E.J.
Pierre Raynaud de Paris II
Ancien directeur du Centre de formation professionnelle d'avocats de Paris.

Michèle HARICHAUX

Maître de conférences à l'Université Panthéon-Assas (Paris II).
Directeur des études de l'I.E.J. Pierre Raynaud de Paris II.

AVERTISSEMENT

Il s'agit dans cet ouvrage de préparer les étudiants à « l'argumentation et à l'expression orale » au cours d'une épeuve de quinze minutes, dans une matière particulièrement évolutive, sensible, ce qui fait l'intérêt de l'objectif poursuivi mais aussi sa difficulté, d'où la méthode adoptée.

1) Intérêt

La protection des libertés et droits fondamentaux, inhérente à la personne et au corps humain concerne chacun d'entre nous ; aussi aucune des questions juridiques soulevées par l'évolution de la biologie ne peut avoir échappé à notre réflexion.

2) Difficultés

Une première difficulté d'ordre sociologique est liée à la – trop ? - grande médiatisation de ces questions, ce qui rend parfois plus difficile la distinction de l'essentiel et de l'accessoire.

Sur le plan juridique, la protection des droits et libertés corporelles se situe, beaucoup plus que les autres matières traitées dans le programme des libertés et droits fondamentaux, au confluent du droit –, droit public et droit privé – de la morale, de l'éthique, de la religion, d'où les nombreuses sources en la matière, et les difficultés d'obtenir un consensus. En témoignent, les nombreux rapports, colloques et discussions relatifs aux conséquences juridiques de l'évolution de la biologie humaine et à l'opportunité de légiférer, la persistance de certaines questions de société toujours controversées et médiatisées, telle l'euthanasie, la recherche constante d'un ordre public de protection.

C'est dire que la publication des lois dites de bioéthique, en 1994, n'a pas résolu toutes les questions, et laisse place à l'interprétation, à l'argumentation, à la controverse, à la discussion, à la réflexion d'autant plus que les sources européennes peuvent influencer le droit français...

3) Méthode adoptée

Cet ouvrage est destiné à aider les candidats dans leur préparation de *l'épreuve, c'est-à-dire à « **argumenter** » leurs réponses aux questions en relation avec les libertés et droits corporels.*

Cet ouvrage n'est donc pas un ouvrage de doctrine exprimant une opinion personnelle. Il n'est pas non plus un simple exposé de droit positif, ni un résumé des différentes questions de droit.

*Mais partant du principe que les étudiants ont à leur disposition les textes de base nécessaires, cet ouvrage **analyse** brièvement les diverses questions soulevées par la protection des libertés et droits corporels, en s'efforçant de faire apparaître, les divers arguments, les points controversés, éventuellement les divergences doctrinales, les évolutions jurisprudentielles et les différentes interprétations, **mentionne** les traits les plus importants du droit comparé, les points de vue religieux ou scientifique, le contexte sociologique ou économique qui sont de nature à éclairer l'évolution du droit en France, et **indique** les sources bibliographiques les plus importantes.*

Michèle HARICHAUX
Maître de conférences à l'Université Panthéon-Assas (Paris II)
Directeur des études de l'I.E.J. Pierre Raynaud de Paris II

SOMMAIRE

TITRE II. – LA « NAISSANCE », 74 à 135

TITRE III. – LA VIE
Sous-titre I : **Utilisation du corps humain**

INTRODUCTION

§ 1 ÉVOLUTION DES LIBERTÉS ET DROITS CORPORELS

1. Pourquoi ce titre : « Protection des libertés et droits corporels » ? Il ne paraissait pas opportun de mentionner que la protection concernait à la fois la personne et le corps humain, car c'eut été déjà adopter une distinction, consacrée récemment par le législateur (*infra* n° 26), mais qui suppose des explications. Cependant, cet ouvrage concerne les libertés et droits en relation avec le corps humain, ce qu'implique nécessairement l'adjectif *« corporel »*. Et ce sont bien, tantôt des libertés, tantôt des droits, qui permettent à la personne de revendiquer une protection à la fois à l'égard des tiers, de l'état ou des médecins et qui protègent cette personne à l'égard d'elle même, sans que l'on puisse autrement préciser dans une introduction.

La recherche des principes de protection de la personne à propos du corps humain est d'une brûlante actualité. En effet les libertés et droits fondamentaux connaissent une profonde évolution de manière générale à la fois dans leur forme, leur portée et leur mise en oeuvre, en fonction du contexte politique – international, européen ou interne – et sociologique (v. vol. 1). Mais les droits et libertés inhérents à la personne et au corps humain présentent en outre la particularité, par rapport à cette évolution, qu'ils sont étroitement dépendants de l'évolution de la Science et en particulier de la biologie humaine depuis quelques décennies ce qui s'est traduit par la maîtrise de la procréation, l'utilisation du corps humain ou de ses éléments aux fins d'expérimentation ou de transplantations d'organes, et par de nouvelles interrogations sur le droit à la mort compte tenu des utilisations toujours plus performantes de la thérapeutique. Or cette évolution est particulièrement source de conflits et d'opposition d'intérêts puisque pour pouvoir secourir les uns, elle porte atteinte à l'intégrité des autres – notamment en cas de transplantations d'organes –, pour venir en aide aux uns, elle supprime les autres – suppression d'embryons ou d'embryons surnuméraires –. On ne sait plus toujours très bien où se situe la limite de la protection de la personne et l'intérêt de la société – procréation scientifique, maladies transmissibles. Comme le souligne un auteur, les droits, sous la pression de la biologie, subissent un double mouvement : une revendication permanente allant dans le sens d'une autonomie de la personne et d'une maîtrise de sa vie, et en même temps un besoin accru de protection *(L. Cornavin, Théorie des droits de l'homme et progrès de la biologie P.U.F. Droits, 1985, p. 100).*

2. Cette évolution s'est traduite par un bouleversement de notions fondamentales et suscite légitimement des réflexions non seulement juridiques, mais morales, religieuses, philosophiques, éthiques, comme le montrent les nombreux ouvrages, rapports, colloques sur ces questions ; et bien souvent il n'y a pas une seule réponse mais plusieurs. Il s'agit donc dans cet ouvrage de dégager les principes de protection de ces libertés et droits contenus à la fois dans les textes de droit positif, dans les principes généraux et dans les sources interprétatives, sources internationales ou de droit interne.

§ 2 NORMES PROTECTRICES DE LA PERSONNE ET DU CORPS HUMAIN

3. Selon un classement traditionnel des sources du droit on peut distinguer les règles de protection contenues dans des textes à valeur législative, et celles qui ne sont pas impératives, considérées comme sources à valeur interprétative, cette classification ayant en outre le mérite de correspondre globalement à la documentation pouvant être consultée par les étudiants lors des épreuves de l'examen.

A. – SOURCES LÉGISLATIVES

1) Sources nationales

a) Sources à valeur supra législative

4. La protection des libertés et droits corporels est assurée en premier lieu par les textes ayant une valeur supra législative et affirmant des principes constitutionnels. – Constitution du 4 octobre 1958 et son préambule, Déclaration des Droits de l'homme et du citoyen du 26 août 1789 et Préambule de la constitution du 27 oct. 1946, textes auxquels elle renvoie – ainsi que par les principes fondamentaux reconnus par les lois de la République, visés par le préambule de la constitution de 1946, du moins lorsqu'ils consacrent un droit de l'homme. *(G. Goubeaux, Introduction, n° 240).*

b) Sources législatives

5. Les premières législations protectrices du corps humain sont apparues, à partir de 1950 afin de légaliser et d'organiser les premières utilisations scientifiques et médicales de produits humains : cornées *(L. n° 49-890 du 7 juillet 1949)*, sang humain *(L. 21 juillet 1952 mod. par loi n° 93-5 du 4 janv. 1993)*, organes humains *(L. n° 76-1181 du 22 déc. 1976)*. Une autre grande étape devait être absorbée en matière de procréation par la loi autorisant l'interruption de grossesse *(L. n° 75-17 du 17 janvier 1975)*. Une troisième étape est marquée en 1988 par la loi légalisant les expérimentations sur l'homme. A ces textes intégrés dans le code de la santé publique il convenait d'ajouter quelques dispositions du code pénal applicables en cas d'atteinte au corps humain, et les articles 1382 et 1383 du code civil fondant les actions en réparation des dommages corporels.

Mais les textes en relation avec les droits et la protection de la personne et du corps humain étaient généralement considérés comme insuffisants et beaucoup regrettaient l'indifférence du législateur à propos d'un certain nombre de situations en étroite relation avec la vie, la mort, et les risques possibles de l'évolution de la biologie humaine. Aussi une intervention du législateur était-elle vivement souhaitée.

6. Après le dépôt de trois projets de la loi en mars 1992, trois lois dites de bioéthique devaient être adoptées en juillet 1994. La première de ces lois adoptée le 1er juillet 1994 et publiée le 2 juillet 1994 *(loi n° 94-548 faisant suite au projet n° 2601)* est relative aux traitements de données nominative ayant pour fin la recherche dans le domaine de la santé et modifie la loi n° 78-17 du 6 janvier 1978 relative à l'informatique, aux fichiers et aux libertés. Cette loi vise comme l'indique le projet de loi *« à concilier l'intérêt public de la recherche en santé et les droits des individus » (v. infra n° 237)*.

7. Mais les deux autres lois – la loi n° 94-653 relative au respect du corps humain, – projet n° 2601 – et loi n° 94-654 du 29 juillet 1994 relative au don et à l'utilisation des éléments et produits du corps humain, à l'assistance médicale à la procréation et au diagnostic prénatal – projet n° 2600 – soulevaient davantage de questions et elles ont fait l'objet d'une double saisine du conseil constitutionnel pour avis sur leur constitutionnalité émanant, d'une part, du président de l'Assemblée nationale, et d'autre part de 68 députés, en application de l'article 61 al. 2 de la Constitution (J.O. 29 juillet 1994). Le Conseil constitutionnel, se prononçant dans une même décision à propos des deux demandes mais sous un double numéro, devait écarter les arguments exposés dans la saisine et considérer que les deux textes étaient conformes à la Constitution *(Décision n° 94-343-344 D.C. 27 juillet 1994, J.O. 29 juillet 1994; v. B. Mathieu, Bioéthique : un juge constitutionnel réservé face aux défis de la science, R.F.D. adm. ; 10, sept-oct. 1994 ; note sous Cons. Const. 27 juillet 1994, D.S. 1995, p. 237)*. Ces deux lois ont été publiées au journal officiel le 30 juillet 1994 *(J.C.P. 94, éd. G. III, 66973, Ch. Byck., aperçu rapide sur la loi n° 94-653 du 29 juillet 1994 relative au respect du corps humain, J.C.P. 1994, Ed. G. n° 32-36, Actualités* et *G. Raymond, Aperçu rapide sur la loi n° 94-654 du 29 juillet 1994, relative au don et à l'utilisation des éléments et produits du corps humain, à l'assistance médicale à la procréation et au diagnostic prénatal, J.C.P. 94, Ed. G. n° 37 Actualités)*.

La loi n° 94-653 introduit ainsi dans le Code civil des règles d'ordre public protectrices de la personne et du corps humain, ainsi que des règles relatives à la filiation des enfants nés par procréation médicalement assistée, et dans le code pénal de nouvelles sanctions destinées à renforcer les garanties.

La loi n° 94-654 modifie certaines dispositions du code de la santé publique, en introduit d'autres en matière d'utilisation des organes, produits et éléments du corps humain et de procréation médicalement assistée, elle indique également les nouvelles sanctions pénales.

c) Sources à valeur réglementaire

8. A côté de ces lois il existe des textes de nature réglementaire. Un nouveau code de déontologie médicale se substituant à l'ancien code de 1979 a été oublié par un décret du 6 septembre 1995 (Déc. n° 95-1000, *J.O.* 8 sept. 1995). Cette nouvelle rédaction insiste sur la primauté de la personne, le respect de la vie humaine, réaffirme le principe d'indépendance des médecins, garantie de la liberté, et sur la responsabilité du médecin (sur ce nouveau code, Commentaires du code de déontologie médicale, Ed. Conseil national de l'Ordre des médecins, 1996. – J.P. Alméras et H. Péquignot, *La déontologie médicale,* éd. Litec 1996). Les dispositions de ce code s'imposent sous peine de sanctions disciplinaires.

On relève également un grand nombre d'arrêtés, textes se situant en bas de la hiérarchie des normes juridiques – et donc peu connus, quand il ne font pas l'objet d'une publication au journal officiel – qui parfois ont pour objet de régir des questions importantes en relation avec la protection du corps humain *(par exemple pour constat de la mort, infra n° 154).*

2) Sources européennes et internationales

a) Sources européennes

9. Certaines sources conventionnelles, ratifiées et donc d'application directe en droit français, peuvent être invoquées à l'appui de la protection de la personne et du corps humain.

La Convention européenne des droits de l'homme signée à Rome le 4 novembre 1950 par les pays membres du Conseil de l'Europe, ratifiée par la France le 3 mai 1974 *(D. 1974, L. 181)*, ainsi que les protocoles additionnels, comportent plusieurs principes protecteurs, en particulier le droit à la vie consacré par l'article 2 et la protection contre les traitements inhumains et dégradants (art. 3).

Mais surtout l'assemblée parlementaire du Conseil de l'Europe puis le conseil des ministres ont signé – le 26 septembre 1996 et le 19 novembre 1996 – la *« Convention pour la protection des droits de l'homme et de la dignité de l'être humain à l'égard des applications de la biologie médicale et de la médecine ».* Ce texte signé par 39pays de culture différente est particulièrement important puisqu'il s'imposera aux états qui devront adapter leur législation après signature comme l'indique l'alinéa 2 de l'article 1 : « chaque partie prend dans son droit interne les mesures nécessaires pour donner effet aux dispositions de la présente convention ». Mais le contenu de la convention ne modifie guère les dispositions législatives françaises.

10. Le droit communautaire inhérent au traité de Rome, du moins le droit communautaire primaire, concerne moins la protection des droits corporels que les médicaments ou la biotechnologie, mais a donné lieu cependant à quelques sources importantes de droit dérivé à partir de 1985 (*infra* n° 20).

b) Sources internationales

11. En matière de normes internationales, la Déclaration universelle des Droits de l'homme n'a qu'une valeur théorique, puisqu'elle ne fut pas ratifiée *(J. Robert, p. 82, Droits de l'homme et libertés fondamentales, avec coll. J. Duffar, Ed. Montchrestien 1993)* mais plusieurs pactes de l'ONU comportent des principes pouvant être invoqués, notamment le Pacte de New York du 19 déc. 1966, sur les droits civils et politiques, qui réaffirme le droit à la vie, condamne la torture et pose le principe du libre consentement pour les expériences scientifiques. De même plusieurs conventions spéciales seraient également invocables notamment la Convention pour la répression et l'abolition de la traite des êtres humains et de l'exploitation de la prostitution d'autrui du 2 déc. 1949, ratifiée par la France *(L. n° 60-754 du 28 juillet 1960, J.O.R.F. 30 juillet 1960, – J. Robert, p. 226)*, la Convention de New York relative aux droits de l'enfant du 8 oct. 1990 ratifiée et publiée le 12 octobre 1990 *(D. 1990, I, 424)*.

Mais ces textes sont surtout considérés comme des règles de bonne conduite *(M. Bélanger, Traité de droit médical et hospitalier, Fasc. 61, n° 19)*.

B. – SOURCES INTERPRÉTATIVES

1) Sources nationales

12. L'évolution de la biologie, par les questions nouvelles qu'elle soulève, a suscité, en l'absence de sources légales, l'apparition de normes extra législatives, ou sources interprétatives nombreuses *(J.P. Gridel Notions fondamentales de droit et droit français, Dalloz 1992, p. 241)*. Sous l'angle chronologique, après une sorte d'autorégulation professionnelle et éthique *(M.T. Meulders-Kein, La production des normes en matière bioéthique, in De la bioéthique au bio-droit, sous la direction de Cl. Neirinck, L.G.D.J. 1994)* sont apparues les autres sources que sont la jurisprudence, les principes généraux, la doctrine.

a) Normes professionnelles

13. Indépendamment des dispositions de nature déontologique s'imposant aux médecins, des spécialistes, généralement regroupés dans les comités ou sociétés savantes, ont peu à peu élaboré une sorte d'auto régulation professionnelle sous forme de règles de bonne conduite pour l'application de ces nouvelles données biologiques, suggéré des modèles de convention, en conformité avec leur morale professionnelle, et dans le respect des personnes *(sur règles des CECOS, J.P. Gridel, op. cit. p. 275 et v. exemple contrat d'autoconversation de sperme infra sous n° 135).*

Ces normes professionnelles n'ont aucune valeur juridique, mais d'une part elles ont généralement précédé les normes éthiques qu'elles contribuèrent d'autant plus facilement à inspirer, que les médecins spécialistes de l'application de ces découvertes biologiques, étaient présents dans le comité national d'éthique et furent ensuite très écoutés au cours de l'élaboration des lois. D'autre part, pouvant être assimilées à des usages, ces normes professionnelles médicales peuvent en partie inspirer le juge ou le législateur *(J. Ghestin, Rap. Synt., « Le rôle de la pratique dans la formation du droit » Trav. Ass. Capitant, 1993, p. 5).*

14. Les incertitudes juridiques inhérentes aux nouvelles découvertes biologiques, les *lacunes* apparentes du droit – ce qui est contesté par certains auteurs – ont suscité en France – à l'instar d'exemples étrangers – la création par le décret n° 83-132 du 23 février 1983 d'un Comité consultatif national d'éthique pour les sciences de la vie et de la santé (J.O. 25 fév. 1983) – *éthique ; science de la morale,* Dic. Robert –. Le comité rend des avis qui ne concernent que les médecins, et ces avis n'ont pas d'effet contraignant, cependant, on a dénoncé un certain envahissement de l'éthique et le domaine d'intervention du Comité a été délimité par la loi n° 94-654 du 29 juillet 1994 (art. 23).

En 1983 il était chargé de donner son avis *« sur les problèmes moraux qui sont soulevés par la recherche dans les domaines de la biologie de la médecine et de la santé que ces problèmes concernent l'homme, les groupes sociaux ou la société tout entière ».* Désormais cet avis portera *« sur les problèmes éthiques soulevés par les progrès de la connaissance ».* Cette modification présente l'avantage de limiter le champ d'intervention du Comité aux problèmes éthiques à l'exclusion de considérations morales *(D. Thouvenin, De l'éthique biomédicale aux lois « bioéthiques », R.T.D. civ. (4) oct-déc. 1994, p. 722),* ainsi qu'aux *« progrès de la connaissance »,* ce qui est également plus réduit et plus précis. Le comité a pour mission de publier des recommandations à ce sujet *(L. n° 94-564, art. 23).*

Par ces précisions et ces limites la loi a le mérite d'atténuer l'ambiguïté attachée à la mission du comité depuis sa création. En effet sous l'angle normatif et quoique les avis du Comité soient dépourvus de force contraignante, ils ont pu paraître créer une situation concurrentielle avec d'autres normes, en particulier avec les règles déontologiques, qui, à la différence de l'éthique, ont un contenu réglementaire et sont assorties de sanctions disciplinaires *(M.H. Bernard-Douchez, La déontologie médicale, in De la bioéthique au bio-droit, p. 98).* Au regard des règles juridiques l'ambiguïté des normes éthiques n'est pas moindre. Si en effet les avis peuvent influencer le juge ou le législateur, de même que les usages professionnels, ce ne saurait être qu'en l'absence de règles juridiques *(sur influence des avis : J.C. Galloux, le CCNE est-il une autorité de doctrine dans la doctrine juridique ? Ed. CURAPP ; cf. ex. T.G.I. Angers dans lequel le juge, se fondant sur l'avis du comité local d'éthique a admis l'existence d'un lien de filiation légitime d'un enfant né après insémination pratiquée après le décès du père, 10 nov. 1992, J.C.P. 94, Som. 30, Ch. Byck*

Bioéthique, J.C.P. 94, I, 3763, n° 7). Toutefois le risque n'est peut-être pas très grand dans la mesure où de nombreux avis s'appuient sur des règles juridiques, notamment le consentement, ou l'illicéité de certaines pratiques (par exemple à propos de la maternité pour autrui).

Sous l'angle de l'élaboration de la loi, les avis du Comité peuvent constituer une transition utile entre l'apparition de questions scientifiques nouvelles et l'intervention d'une norme juridique textuelle ou jurisprudentielle, *(voir infra, sous n° 22).* Il peut en effet par ses avis, indiquer de manière positive des orientations de réflexion et de discussion, éclairer les professionnels *(sur les normes éthiques, M.T. Meulders-Klein, art. préc. p. 47)*, informer *« l'opinion publique »* dans les assemblées annuelles du comité national, mission désormais consacrée par le législateur... C'est ce rôle que la loi n° 94-654 confirme Mais le rôle du Comité national d'éthique devrait à l'avenir être plus réduit compte tenu des effets des lois de 1994, rendant caducs une partie des avis rendus et du refus par les sénateurs d'accorder une consécration législative à ce comité.

b) Jurisprudence

15. L'apparition de nouvelles questions liées à l'évolution biologique, et à d'apparentes lacunes législatives expliquent l'importance au regard du droit et de la société des sources jurisprudentielles depuis environ deux décennies. La jurisprudence – définie ici comme l'ensemble des décisions –, qu'il s'agisse de la jurisprudence constitutionnelle, de celle qui émane des cours régulatrices ou des juridictions du fond, a eu sans conteste un pouvoir créateur.

Le rôle du conseil constitutionnel dans l'appréciation de ces droits avec le contrôle de constitutionnalité est apparu tout particulièrement avec la loi de 1975 autorisant l'interruption de grossesse et les lois bioéthique de 1994.

La cour de cassation a été amenée à se prononcer sur les droits corporels de la personne dans plusieurs décisions qui font autorité, notamment lorsqu'elle proclame avec une certaine solennité la nullité du contrat de mère porteuse après avoir fait appel à un *amicus curiae*, ou lorsqu'elle indique les limites de l'indisponibilité des personnes dans le cas de transsexualisme. Bien que la portée des décisions des juridictions du fond soit considérée comme inférieure *(sur portée de cette jurisprudence, G. Cornu, n° 439, note 16)*, le bilan sur ce point est loin d'être négligeable et l'on souligne les difficultés des juges, obligés par l'article 4 du code civil d'intervenir dans des secteurs scientifiques nouveaux encore vierges de législation spéciale, alors que les principes généraux ne sont pas parfaitement adéquats *(M.T. Meulders-Klein, art. préc. p. 51)*. C'est aussi parce qu'ils sont plus proches de la société qu'ils aboutissent dans certains cas, par leur résistance, à un changement d'orientation de la jurisprudence des cours régulatrices, par exemple en matière de transsexualisme. Mais les divergences nécessitent l'intervention régulatrice des cours d'appel (notamment à propos de la filiation des enfants nés après insémination hétérologue, *infra* n° 130 à propos des décisions se prononçant sur la contestation de paternité d'un mari après naissance consécutive à une insémination artificielle, ou à propos des demandes en restitution de sperme ou d'embryons aux centres dépositaires, *infra n° 128 et s.*).

Le conseil d'état, a pour sa part tout particulièrement contribué à renforcer la protection des victimes d'accidents thérapeutiques ou de transfusion sanguine.

c) Principes généraux du droit

16. Les principes généraux du droit, nés du pouvoir créateur de la jurisprudence ont également en matière de protection des personnes une autorité évidente, qu'il s'agisse de principes affirmés par un texte ou consacrés par la jurisprudence (sur portée, *Marty et Raynaud, Introduction générale à l'étude du droit, 2e éd. t. I, n° 125 F : F. Terré introduction générale au droit, Précis Dalloz, n° 254. – B. Oppetit, Rap. sur les principes généraux dans la jurisprudence de cassation, Cah. dr. entr. éd. E, suppl. 1989, p. 12*). Ainsi lorsque la cour de cassation affirme à propos du transsexualisme (infra n° 217) le principe du respect de la vie privée, elle ne fait là qu'énoncer un principe s'appuyant sur une règle de droit, mais lorsqu'elle consacre solennellement le principe d'indisponibilité du corps humain en interdisant la maternité pour autrui, elle affirme un principe non consacré par un texte antérieur, et d'ailleurs non confirmé par les lois de bioéthique postérieures. Est ce à dire que comme pour d'autres principes rendus praeter legem, le principe d'indisponibilité pourrait continuer à s'imposer dans certains cas malgré les dérogations qui lui sont apportées et l'absence de consécration légale ? *(infra n° 63).*

d) Doctrine

17. La doctrine juridique-constituée par les travaux des juristes – n'est pas une source de droit mais les théories développées peuvent *« selon leur pertinence et l'autorité de leur inventeur » (Marty et Raynaud, op. cit. n° 127 bis)* exercer une certaine autorité et notamment inspirer le juge ou le législateur à propos de questions nouvelles.

C'est à partir des années 50 que les juristes ont commencé à réfléchir aux problèmes juridiques suscités par l'évolution de la biologie et l'utilisation des produits du corps humain. La procréation artificielle quant à elle n'a commencé à susciter des travaux doctrinaux qu'à une époque plus récente – 1976 – mais elle a ensuite donné lieu de nombreux colloques, ouvrages *(cf. bibliographie)* qui sont autant de sources d'inspiration pour le législateur. Certaines dispositions des lois du 29 juillet 1994, notamment l'illicéité du contrat de maternité pour autrui, correspondent à un certain consensus doctrinal et les travaux de certains auteurs, font autorité dans la mesure où ces auteurs étaient particulièrement présents dans la société, dans les comités d'éthique, dans les commissions de travail, et furent des spécialistes écoutés lors de l'adoption des lois relatives de 1994.

La maladie, notamment le sida, ont moins inspiré la doctrine (cependant la théorie de l'empoisonnement, suggérée en premier lieu par la doctrine *cf. not., A. Prothais, Dialogues de pénaliste sur le sida, D.S. 1988, chr. V)* a eu un certain retentissement ensuite dans la jurisprudence).

2) Sources européennes et internationales

18. De nombreuses recommandations et résolutions ayant pour but de renforcer la protection des personnes et du corps humain ont été adoptées depuis 1978 par les institutions rattachées au Conseil de l'Europe – comité des ministres et assemblées consultative – dans le domaine biologique et médical. Ces normes de droit dérivé ne sont pas d'application directe et n'ont en principe que la valeur de simples avis, leur portée variant en fonction de l'origine et de l'objet de ces textes *(J.M. Bélanger, Le droit médical européen, Fasc. 60, op. cit. n° 11)* mais elles peuvent influencer le droit français en matière de droits et libertés corporelles.

19. Indépendamment de ces sources formelles, il existe une extension des sources jurisprudentielles européennes nées des violations conventionnelles. Les avis de la Commission européenne des droits de l'homme – qui peut être saisie de requête individuelle – ont une autorité incontestable *(cf. par exemple en matière d'avortement et du droit à la vie du foetus, X c. Royaume Uni, Avis du 13 mai 1980, req. n° 8416-79, Décisions et rapports, vol. 19, p. 244)*. De même les arrêts de la Cour européenne des droits de l'homme de Strasbourg (CEDH), – ont un grand retentissement ; ainsi par exemple un arrêt de la CEDH du 31 mars 1992, X. *c. France, aff. 81/1991/333/406* a condamné la France pour ne pas avoir examiné *« dans un délai raisonnable »* la requête d'un hémophile » ; en matière d'avortement, dans un arrêt du 29 oct. 1992, la cour déclare contraire à la liberté d'expression, l'interdiction faite à des irlandaises de recevoir une information sur l'I.V.G. (F. Sudre *L'interdiction de l'avortement : le conflit entre le juge constitutionnel irlandais et la Cour européenne des droits de l'homme, Rev. fr. de droit constitutionnel, 1993, p. 217-222)*.

Toutefois ces arrêts, déclaratoires, n'ont aucune influence sur les décisions des juridictions nationales *(cf. Renucci, note sous Cass. crim. 4 mai 1994, J.C.P. 95, II, 80)*.

20. Les normes de droit communautaire dérivé édictées par les organes communautaires – difficilement intégrables en droit interne *(B. Oppetit, L'eurocratie ou le mythe du législateur suprême, D. 1990, chr. 73 et s.)* concernent plus spécialement les professions de santé, la lutte contre les maladies, l'accès aux soins et les droits du malade, et l'activité est plus réduite que celle du conseil de l'Europe en matière de protection des droits corporels *(J.M. Bélanger, Libre circulation dans la communauté européenne. Droit médical et hospitalier,* éd. Litec, Fasc. 51).

21. Parmi les textes obligatoires, et en particulier les décisions -obligatoires en principe en tous leurs éléments *(Traité CEE, art. 189, al. 4)* – on relève une décision relative à l'adoption d'un programme de recherche en biomédecine et santé, portant notamment sur le sida, l'éthique et le génome humain, *(Déc. 91/505/Euratom/CEE du 9 sept. 1991. J.O.C.E. n° L. 267, 24 sept. 1991, p. 25).*

Les directives – seulement obligatoires quant au résultat à atteindre, – peu nombreuses –, ont cependant une grande importance, car si elles ne sont invocables que lorsqu'elles sont transposées en droit interne, les juridictions nationales semblent tenues d'en tenir compte dans l'interprétation des dispositions internes *(C.J.C.E. 14 juil. 1994, J.C.P. 95, II, 22358, note P. Level)* ; aussi la directive en matière de transfusion sanguine est très controversée, *(infra n° 178).*

Il existe de nombreuses autres normes communautaires, mais elles sont dépourvues de force contraignante et n'ont qu'une portée juridique limitée *(J.M. Bélanger, Fasc. 50, n° 24)* : recommandations, déclarations, avis décisions émanant de diverses instances communautaires, mais la Cour de justice des Communautés européennes de Luxembourg (CJCE) peut parfois en tenir compte. On peut citer notamment, une Résolution du 16 mars 1989 sur les problèmes éthiques et juridiques de la manipulation génétique *(J.O.C.E. n. C. 95, 17 avril 1989, p. 165),* une Résolution du 16 mars 1989 sur la fécondation artificielle *in vivo* et *in vitro* (J.O.C.E. n° C 95, 17 avril 1989, p. 171).

§ 3 PLAN

22. Avec les principes généraux légaux et d'ordre public consacrés par les lois des 1er et 29 juillet 1994, (T.I.), complétés par les autres normes nationales et internationales, il existe maintenant un certain nombre de textes permettant d'assurer une protection – est-elle efficace ? – des libertés et droits corporels, dès le stade de la procréation (T.II), durant la vie de l'individu (T. III), et jusqu'à la mort (T. III) même si à ce stade il n'existe pas vraiment de textes.

I. – Bibliographie

• ***Bibliographie générale :***

Droit civil

Ch. Atias, *Les personnes, Les incapacités,* P.U.F. 1985 – J. Carbonnier, *1) Les personnes,* P.U.F. Col. Thémis, 19e éd., 1994 – G. Cornu, *Introduction, Les personnes, Les biens,* Ed. Montchrestien, 7e éd. 1994. – G. Goubeaux, *Les personnes,* L.G.D.J. 1989 – J.P. Gridel, *Notions fondamentales de droit et droit français, Introduction, Méthodologie, Synthèses,* Dalloz 1992 – Ph. Malaurie et L. Aynès, *Les personnes, les incapacités,* Ed. Cujas, 1992 – F. Terré, *Introduction générale au droit,* Précis Dalloz, 1991.

Libertés publiques

Cl. Leclercq, *Libertés publiques,* Ed. Litec 1991 – J. Robert avec col. J. Dufar, *Droits de l'homme et libertés fondamentales,* Montchrestien 1993 – J. Morange, *Droits de l'homme et libertés publiques,* P.U.F. Col. droit fondamental, 2e éd.. 1989.

• ***Bibliographie relative à la personne et au corps humain***

Thèses et ouvrages

J.M. AUBY, *Le droit de la santé,* P.U.F., Thémis, 1981 – J.P. BAUD, *L'affaire de la main volée, une histoire juridique du corps,* 1993 – C. BYK, *Les progrès de la médecine et de la biologie au regard de la Convention européenne des Droits de l'Homme,* Ed. du Conseil de l'Europe, 1994 – D. COLARD, *L'affirmation du droit à la vie dans les textes,* La documentation française 1979 – A. DAVID, *Structure de la personne humaine,* Paris 1953 – A. DECOCQ, *Essai d'une théorie générale des droits sur la personne,* 1960 – R. DIERKENS, *Les droits sur le corps et le cadavre de l'homme,* Préf. J. Rostand 1966 – X. DIJON, *Le sujet de droit en son corps, Une mise à l'épreuve du droit subjectif* Th. Louvain, Ed. Larcier 1982 – R. DOMAGES, *Le corps humain dans le commerce juridique* – X. LABBÉE, *Condition juridique du corps humain avant la naissance et après la mort,* Presses Universitaires de Lille, 1990 – A. MAYRAND, *L'inviolabilité de la personne humaine,* cop. Mc Gill University, 1975 – *Etudes collectives : Le corps humain et le droit,* Travaux de l'Association Henri Capitant, Dalloz, t. 24 1975 – *Éthique médicale et droits de l'homme,* Actes Sud, 1988 – *Bioéthique et droit,* Et. ras. par R. DRAÏ et M. HARICHAUX, P.U.F. 1988 – *De la bioéthique au bio-droit,* sous la direction de C. NEIRINCK, Ed. LGDJ, col. Droit et société, 1994 – *Bioéthique, Dictionnaire permanent bioéthique et biotechnologies,* 1er septembre 1994 – Les petites affiches, n° spécial 14 décembre 1994 – *Médecine et droit, Lois de bioéthique,* Ed. Techniques 1994, n° 8 – *L'embryon humain* (Approche multidisciplinaire), sous la direction de Brigitte FEUILLET-LE MINTIER, Ed Economica, 1996.

Articles

R. ANDORNO, *Bioéthique et droit : remarques sur deux projets de loi,* Gaz. Pal. 9/10 déc. 1992 – C. BARBERGER, *Protection du corps humain et/ou protection du corps médical ?* Réflextions sur les dispositions pénales des lois n° 94653 et 94-654 du 29 juillet 1994, relatives à la protection du corps humain, Les Petites Affiches, 26 févr. 1996, p. 4 – J.P. BAUD, *Le corps, personne par destination,* Mél. HUET-WEILLER, *Droits des personnes et de la famille,* L.G.D.J. P.U.S. 1994, p. 13 – B. BEIGNIER, *L'ordre public et les personnes,* Annales de l'Université des Sciences sociales de Toulouse, T. XLII 1994 – Ch. BYK, *La loi relative au respect du corps humain,* J.C.P. éd.. G., I 3788 – Aperçu rapide sur la loi n° 94-653 du 29 juil. 1994 relative au respect du corps humain, J.C.P. éd.. G. 7 septembre 1994 n° 32, Actualités – G. COHEN-JONATHAN, *Progrès scientifiques et techniques et droits de l'homme,* Et. Cl. Alb. Colliard, Ed. Pédone, 1984 – L. CORNAVIN, *Théorie des droits de l'homme et progrès de la biologie,* Droits P.U.F. 1985 n° 2 – J.P. DUPRAT, *Le statut juridique du corps humain : une construction progressive,* Les Petites Affiches, 3 juil. 1996, p. 4 – B. EDELMAN, *L'homme aux cellules d'or,* D.S. 1989, p. 225 – B. EDELMAN et M.A. HERMITTE, *L'homme, la nature et le droit,* Ed. Dh. Bourgeois, 1988 – J. C. GALLOUX, *Le limon de la terre,* Note d'humeur sur le projet de loi n° 2599 relatif au corps humain et modifiant le code civil, Taz. Pal., 6 et 7 nov. 1992 – *De corpore jus,* Premières analyses sur le statut juridique du corps humain, ses éléments et ses produits selon les lois n° 94-653 et 94-654 du 29 juil. 1994, Bioéthique, N. spécial, Les petites affiches, déc. 1994 – M. GOBERT, *Réflexions sur les sources du droit et les principes d'indisponibilité du corps humain et de l'état des personnes,* R.T.C.D. civ. 1992, 489 – F. GRANET-LAMBRECHTS, *Les dons d'organes, de tissus et de cellules produits du corps humain : de la loi Caillavet aux lois de bioéthique,* RT San. et Soc. 1995, p.1. – J. MASSIP, *L'insertion dans le code civil de dispositions relatives au corps humain, à l'identification génétique et à la procréation médicalement assistée,* Rep. Defrenois 1995 art. 35975 et 35992 – B. MATHIEU, *Bioéthique : un juge constitutionnel réservé face aux défis de la science,* A propos de la décision n° 94-343-344 DC du 27 juil. 1994, R.F.D. adm. sept. oct. 1994 – G. MÉMETEAU, *La place des normes éthiques en droit médical,* Rev. de la Rec. Jur. 1955, 2 . *A l'abordage !* (de l'article 16.3 du Code civil), Bioéthique, n. spécial Les Petites Affiches, déc. 1994 – J. MICHAUD, *Les lois bioéthiques,* Présentation, Médecine et droit, Jur. Cl. 1994, n° 8 – J. MORANGE, *Génétique et droits de l'homme,* Présentation, Mélanges Auby p. 757 – R. NERSON, *L'influence de la biolo-*

gie et de la médecine moderne sur le droit civil, R.T.D.Civ. 1970, P. 663 – M.C. PONTHOREAU, *La protection des personnes contre les abus de l'informatique.* A propos de la loi du 1er juillet 1994 relative au traitement des données nominatives ayant pour fin la recherche dans le domaine de la santé, R.F.D. adm. 1996, 796 – G. RAYMOND, Aperçu rapide sur la loi n° 94-654 du 29 juil. 1994 relative au don et à l'utilisation des éléments et produits du corps humain, à l'assistance médicale à la procréation et au diagnostic prénatal, J.C.P. éd. G. 14 sept. 1994 n° 37, Actualités – S. REGOURD, *Les droits de l'homme devant les manipulations de la vie et de la mort,* Rev. dr. pub. 1981 n° 2 p. 403 – J. ROBERT, *La révolution biologique et génétique face aux exigences du droit,* Rev. dr. pub. 1984 p. 1255 – R. SAINT-ALARY, *Les droits de l'homme sur son propre corps,* Ann. Fac. Droit Toulouse, t. VI Fasc. I ,1958 – F. TERRÉ, *Les lois sur la bioéthique sont inutiles et dangereuses,* Libération 18 janvier 1994 – D. THOUVENIN, *Éthique et droit en matière biomédicale* D.S. 1985 – *Les projets de loi sur le corps humain : des principes généraux pour une législation spéciale,* Pub. G.E.L. 1992 – *De l'éthique médicale aux lois « bioéthiques »* R.T.D.Civ. 1994, p. 717 – M. VÉRON, *Éthique biomédicale, empreintes génétiques et sanctions pénales,* Présentation des lois n° 94-653 et 94-654, Ed. Techniques, Droit pénal, nov. 1994.

Rapports

Rapport du Conseil d'État, Sciences de la vie « De l'éthique au droit » La documentation française 1988 – B. BIOULAC, Rap. d'information sur la bioéthique Ass. Nat. n° 2565, 1992 – N. LENOIR, *Aux frontières de la vie : une éthique biomédicale à la française,* La documentation française, 1991 – F. SÉRUSCLAT, *Rap. sur les sciences de la vie et les droits de l'homme : bouleversement sans contrôle ou législation à la française,* rap. Assemblée Nationale et Sénat, 1992 – Prof. MATTÉI, *La vie en questions : pour une éthique biomédicale,* La documentation française, 1994.

II – ÉLÉMENTS DE RÉFLEXION

1) Politique législative

1) Une législation était souhaitée par les divers auteurs de rapports (Rapport du Conseil d'État, 1988 – Rap. SÉRUSCLAT, déc. 1992 – Rap. NOËLLE LENOIR, 1991 – rap. BIOULAC – Rap. Pr. MATTÉI, nov. 1993), par le Comité national d'éthique (cf. avis du 18 mai 1993) mais le législateur était réticent compte tenu de l'absence de consensus à propos de l'opportunité de légiférer et de l'attitude à adopter au regard de questions importantes, telles la vie de l'embryon.

Trois projets de loi ont été déposés le 25 mars 1992 : Projet SAPIN n° 2599 relatif au corps humain et modifiant le code civil – Projet BIANCO n° 2600 relatif au don et à l'utilisation des éléments et produits du corps humain et à la procréation médicalement assistée et modifiant le code de la santé publique – Projet n° 2601 relatif au traitement de données nominatives ayant pour fin la recherche en vue de la protection ou l'amélioration de la santé et modifiant la loi ° 78-17 du 6 janvier 1978 relative à l'informatique, aux fichiers et aux libertés.

Les projets de loi furent critiqués pour plusieurs motifs, notamment l'absence du statut de l'embryon, et firent apparaître de nombreux conflits de valeurs : ainsi les socialistes devaient s'abstenir en estimant que les projets adoptés s'inspiraient essentiellement des valeurs chrétiennes (C. BYK J.C.P. 94, I, 3763, note 10). Mais l'on connaît également l'influence de certains francs-maçons dans la législation relative aux droits corporels, notamment celle du sénateur Caillavet bien que plusieurs de ses propositions ont été vouées à l'échec – euthanasie, transsexualisme – sans doute parce que les francs-maçons se situent désormais aussi bien à droite qu'à gauche (P. BURNAT, CH. DE VILLENEUVE, *Les francs-maçons des années Mitterrand,* Ed. Grasset 1994).

2) Après de nombreux débats les lois du 29 juillet 1994 ne suscitent pas toujours l'approbation aussi bien des scientifiques que des juristes.

Les juristes, soulignent l'incohérence des textes, l'absence de reflexion sur des interrogations fondamentales, l'insuffisance du consensus social, l'oubli de notions de droit fondamentales – par exemple sur la notion d'indisponibilité, (J.C. GALLOUX, n. 3 et réf.) – les lacunes de la législation nouvelle, l'inutilité d'une telle législation : « La méthode législative de méconnaissance ahurissante du droit à réformer ou a consacrer y a été exemplaire, parce que les présupposés biothétiques ont aveuglé le législateur qui n'a fait qu'oublier deux évidences. D'abord que le droit enseigne depuis longtemps, avec le concours de la déontologie, cet appel à l'assentiment préalable du sujet, et qu'il était dès lors inutile de le graver en textes surabondants. Ensuite que, si la bioéthique dont le droit médical établit la relative inutilité, doit intervenir, ce n'est qu'à titre complémentaire, en apportant des forces, des méthodes, qui ne sont pas celles de la simple répétition de la jurisprudence » (G. Mémeteau. *A l'abordage !* (de l'article 16-3 du code civil, Les Petites Affiches, p. 42).

2) Droit européen

a) Conseil de l'Europe

Les sources les plus importantes concernant la protection des droits et libertés corporels, émanent du Conseil de l'Europe – droit dérivé – et indépendamment de la convention sur les droits de l'homme et la biomédecine (supra n° 9) abordent plusieurs questions :

L'éthique médicale : Rec. n° R. 83 du 22 février 1983 du comité des ministres sur la protection juridique des personnes atteintes de troubles mentaux. – Résolution sur les principes d'éthique, médicale 1982.

Sida : Rec. R. 83 du 23 juin 1983 du Comité des ministres aux états membres sur la prévention de la transmission possible du sida des donneurs contaminés aux receveurs de sang ou de produits sanguins – Rec. n° R. 85-12 du Comité des imnistres sur le dépistage et la présence de marqueurs du sida chez les donneurs de sang. – Rec. n° R. 89 du 24 octobre 1989 sur les incidences éthiques de l'infection VIH.

Greffes et transplantations : Résolution (78) du 11 mai 1978 du comité des ministres sur l'harmonisation des législations des Etats membres relatives aux prélèvements, greffes et transplantations de substances d'origine humaine – Rec. n° R. (79) 6 du 14 mars 1979 du Comité des ministres sur le transfert et l'échange internationaux de substances d'origine humaine.

Respect de l'embryon (Rec. 1046 (1986) du 24 sept. 1986 de l'assemblée consultative relative à l'utilisation d'embryons et de foetus humains à des fins diagnostiques, thérapeutiques, scientifiques industrielles, commerciales. – Rec. 1100 (1989) du 2 février 1989 concernant l'utilisation des embryons et des fœtus humains par la recherche scientifique. – Rec. n° R. (90) 13 au 21 juin 1990 du Comité des ministres aux états membres sur le dépistage génétique génétique anténatal, le diagnostic génétique anténatal. – Projet de convention européenne sur la biothétique.

Secret et vie privée : Rec. n° R. (81) 1 du Comité des ministres du 23 janvier 1981, Règlementation applicable aux banques de données médicales automatisées. – Rec. R. (86) 1 du Comité des ministres du 23 janvier 1986, protection des données à caractère utilisées à des fins de sécurité sociale.

Vie sexuelle : Rec. 924 (1981) et résolution 756 (1981) relatives à la discrimination à l'égard des homosexuels.

b) Droit communautaire

Directive 64/221/CEE du Conseil du 25 février 1964, dressant une liste de maladies justifiant le refus d'accès dans un des pays de la CEE.

Directive 89/381/CEE du Conseil du 14 juin 1989, relative aux médicaments dérivés du sang ou du plasma humain (J.O.C.E. n. L. 181, 28 juin 1989, p. 44).

Directive 83/374/CEE du Conseil du 25 juillet 1985 relative au rapprochement des dispositions législatives réglementaires et administratives des Etats membres en matière de responsabilité du fait des produits défectueux (J.O.C.E. n° L. 210, 7 août 1985, p. 29) qui se réfère à la santé et à l'intégrité physique. En dernier lieu, projet de directive assurant une protection contre les inventions bioétechnologiques. Le Monde 28 janvier 1995.

3) Ethique

En l'absence de loi, l'éthique a paru parfois être le remède suffisant pour prévenir tout abus scientifique, pour instaurer la morale nécessaire, et certains professionnels de la santé souhaitaient que des avis éthiques viennent les éclairer de manière très désintéressée.

Mais la création du Comité national d'éthique en 1983 (supra n° 14) a souvent été contestée par les juristes, au motif que la société chercherait à se décharger de la solution de questions gênantes sur les spécialistes (J. MORANGE *Droits de l'homme et libertés publiques* p. 199). De manière générale le développement de l'éthique en biologie est jugé envahissant : *« l'éthique contemporaine relève très largement de la pétition de principes solennellement affirmés sans autre démonstration, comme s'y aventurer était faire preuve d'une atteinte extraordinaire à la liberté de conscience »* (B. BEIGNIER art. préc., p. 35). On souligne également l'ambiguité de l'éthique par rapport au droit ; M. MÉMETEAU, (Les petites affiches, p. 47) émet deux hypothèses quant à la portée des avis du Comité : les avis des comités national et locaux d'éthique ou bien *« créent déjà du droit sous la qualification d'usages (non contraires à l'ordre public) ou bien préparent des législations ... ou contestent la législation pour des raisons de fond ou de concurrence... ce qui dément le discours officiel du caractère exclusivement moral (doctrinal) des avis des comités, auquel il faut point trop croire »*. Il semble à lire certains « éthiciens » notables, que les deux options soient admises. Selon M. Michaud, vice président du comité national d'éthique « ... l'Ethique ne doit pas toujours apparaître comme l'avant garde du Droit positif. Sa force sera pleinement reconnue dès lors qu'elle limitera la nécessité des textes. Le respect de ses normes sera d'autant plus exemplaire qu'il ne procèdera pas de la crainte d'une sanction ou d'une décision contraignante. De la sorte, les juridictions pourront-elles y puiser quelqu'inspiration comme elles le feraient du Droit Naturel. L'une des sources du Droit en formation se trouvera par suite régénérée par les règles normales que se donnera une société en transformation.

Ainsi l'éthique peut se voir assigner dans le domaine que le Comité national a pour mission d'explorer un triple rôle :

– Constituer une référence pour le législateur et par suite une source du droit positif.

– Eprouver la force d'une norme morale avant sa traduction éventuelle, hors de toute précipitation, en règle juridique.

– Affirmer la permanence des quelques valeurs essentielles à l'homme qui font l'esprit des Lois, sans y être toutes inscrites, face à l'évolution vertigineuses des connaissances » *(Lettre d'information du Comité Consultatif national d'éthique pour les sciences de la vie et de la santé, 1986, n° 4).*

Cependant le Comité consultatif national d'éthique a rendu 46 avis depuis sa création (Publication des avis par le Comité Consultatif National d'éthique pour les sciences de la vie et de la santé, 101, rue de Tobiac, 75654 Paris).

4) Aspects religieux

Qui plus est, ces lois ont été d'emblée concernées par l'encyclique « Evangélium Vitae » (l'Évangile de la Vie) rendue publique le 30 mars 1995, dénonçant l'euthanasie, l'avortement, la contraception, la procréation artificielle, les manipulations d'embryons ; l'encyclique aborde également les rapports de la loi morale et de la loi civile, recommandant aux parlementaires médecins, un « droit à l'objection de conscience » (*Le Monde,* 31 mars 1995). La difficulté pour des parlementaires ou médecins chrétiens de concilier morale et loi civile est évident, mais le Pr MATTÉI, rappelle que cette foi n'est pas partagée par tous, que des « règles communes s'imposent qui constituent la loi des citoyens » qui « doivent refuser l'instauration d'un ordre moral où certains imposent leur volonté aux autres... tout en introduisant des valeurs morales dans le débat public », et que « les lois adoptées... sont le résultat du compromis impossible entre cette aspiration divine qui nous élève et cette fragilité qui nous rappelle que nous sommes mortels ».

Toutefois la doctrine catholique n'est pas tellement différente de celle d'autres religions.

VOIR ANNEXE I – P. 15

Annexe I

PRATIQUES MÉDICALES, DROITS CORPORELS ET RELIGIONS *(tableau reproduit par Impact médecin Hebdo n. 275 – 7 avril 1995)*			
	Catholicisme	**Judaïsme**	**Islam**
Avortement	Interdit, sauf pour raisons médicales.	Interdit, sauf pour raisons médicales. Dans des cas très exceptionnels et pour des motifs non médicaux, la grossesse peut être interrompue avant le 40e jour.	Interdit. Dans des cas très exceptionnels, il ne sera pas forcément considéré comme un crime s'il est pratiqué avant le 120e jour (« l'esprit n'est pas insufflé »).
Contraception	Interdite par le Vatican, mais tolérée de fait dans la pratique.	Interdite aux hommes. Recommandée aux mineures. Concédée aux femmes après la naissance d'un garçon et d'une fille.	Permise aux femmes comme mode de régulation.
Stérilisation	Interdite.	Interdite, sauf en cas de protection maternelle.	Interdite.
Insémination artificielle	Autorisée seulement avec le sperme du conjoint.	Idem. Le père doit transmettre son identité. Interdiction de l'insémination avec le sperme du conjoint décédé.	Mal acceptée.
Spermogramme	Autorisé car le sperme n'est pas gaspillé mais utilisé pour le diagnostic.	Régi par des règles très strictes car la masturbation est interdite. Le sperme doit être recueilli au cours d'une relation sexuelle interrompue.	Ne semble pas poser de problèmes trop délicats.
Euthanasie	Interdite dans tous les cas.	Interdiction de l'euthanasie active, mais euthanasie passive autorisée, lorsque le médecin ne peut plus rien faire.	Interdite.
Don d'organes	Autorisé. Encouragement aux actes de générosité. Les prélèvements sur les cadavres doivent respecter la volonté des familles, et pas seulement du défunt.	Autorisé. Prélèvement sur des personnes mortes ou « actes héroïques » de personnes saines.	Autorisé.
Particularités	Avortement pour raisons médicales parfois interdit par les fondamentalistes.	Echographie obstétricale interdite par certains orthodoxes, en vertu du principe selon lequel « l'enfant n'existe pas tant qu'on ne l'a pas vu ».	La stérilisation, interdite, a été punie de mort dans plusieurs état du Golfe.

TITRE I

PRINCIPES GÉNÉRAUX DE PROTECTION

23. La législation de 1994 qui vise à accroître la protection du corps humain a en réalité pour effet d'entraîner une certaine dissociation entre la personne et son corps. Comme le souligne le Pr. B. Beignier, le dilemme est désormais le suivant : « ... L'homme est-il un corps ou a-t-il un corps ? » *(L'ordre public et les personnes, Ann. de l'Université des sciences sociales de Toulouse, p. 33).*

§ I L'HOMME EN SON CORPS

24. Le code civil ne connaissait à l'origine que les personnes, sujets de droit, et ce n'est qu'à travers ces dernières qu'il appréhendait le corps humain. Pour la doctrine civiliste, le corps humain est considéré tantôt comme le « support » *(Mme Meulders-Klein, Le corps humain et le droit,* p. 20), le *« signalisateur »* de la personne *(Aurel David, Structure de la personne humaine,* Paris, 1953) ou plus encore comme une *« composante » (F. Terré Introduction, n° 320)*, le *« substratum » (J. Carbonnier, n° 3)* de la personne ; il y a unité du corps et de la personne *(G. Cornu, n° 479).*

25. Selon cette conception unitaire, le corps humain est protégé comme la personne elle-même : porter atteinte au corps humain, c'est porter atteinte à la personne, ce qui implique traditionnellement deux conséquences pour la protection du corps humain, tant envers les tiers qu'envers la personne elle-même.

La personne en son corps est protégée des atteintes des tiers par le principe d'inviolabilité : c'est le *« Noli me tangere »* de l'Évangile « Ne me touchez pas » (Évangile selon Saint-Jean, XX, 17), à moins qu'elle y consente.

La personne doit également parfois être protégée contre elle-même, *(M.F. Meulders-Klein, p. 29 ; F. Terré, op. cit. n° 322, J. Carbonnier, op. cit. n° 6)* et le classique principe d'indisponibilité du corps humain (*sur cette question, J.P. Gridel, Notions fondamentales de droit et droit français,* p. 641 et s.), s'oppose, en dehors des exceptions légales, au droit de disposer de son corps. Mais pour la doctrine civiliste, l'indisponibilité serait une conséquence du principe d'inviolabilité.

En revanche, en droit public l'accent est mis en premier lieu sur la liberté physique dont fait partie le droit de disposer de son corps, tandis que le droit à l'intégrité physique est une composante du droit à la vie (J. Robert, *Droits de l'homme et libertés fondamentales, p. 198 et 317*).

§ 2 L'HOMME ET SON CORPS

26. Cependant cette conception unitaire traditionnelle semble remise en cause en cette fin de vingtième siècle, bien que le rapport Braibant ait réaffirmé l'indivisibilité de la personne humaine incarnée dans un corps (p. 39), et qu'il ait été souligné à plusieurs reprises lors des débats que la loi ne devait pas conduire à une réification du corps humain (*déf. : « Tendance à se transformer en chose », cf. Robert Supl.*).

Certes à s'en tenir à l'aspect formel les lois de 1994 n'apportent pas de précision sur la nature juridique des rapports entre la personne et le corps humain mais elles aboutissent à une dissociation entre la personne et son corps, à la fois dans leurs dispositions mêmes et dans leur objet.

En effet, en voulant garantir le respect du corps humain et en organisant – dans un souci de protection – la *circulation* des éléments du corps humain et en conférant un statut à ces derniers, la loi a pour effet de les détacher du corps humain et d'en faire des choses *(En ce sens Galloux, De corpore jus, Les Petites Affiches n° spécial n° 29, – B. Beignier, art. préc. p. 33)* : à la limite, *« la personne disparaît, est réduite à une somme d'éléments organiques : rein, anticorps, hormones... »* (v. *Cl. Neirinck, Le droit à la recherche de ses catégories, in De la bioéthique au biodroit, p. 153*). De même, M. le Doyen Cornu, tout en réaffirmant que le corps humain n'est pas une chose, mais la personne – chair et esprit – admet cependant la complexité du statut depuis que la loi a décomposé le corps humain *(Cornu, n° 380)*. Sous l'angle juridique cette réification du corps humain conduit à s'interroger sur l'étendue des droits de disposition et sur la protection réelle.

27. La protection de la personne et du corps humain est garantie par des principes généraux d'ordre public inclus dans la loi n° 94-653 et intégrés dans le code civil. La loi consacre d'abord la primauté de la personne (Chap. I) et comporte des dispositions de nature à assurer la protection du corps humain à l'égard des tiers (Ch. II) et vis à vis de la personne elle-même, notamment en imposant la non patrimonialité du corps humain (Ch. III). Elle impose également l'anonymat dans les transferts destiné à faciliter la « circulation » des produits tout en protégeant le donneur et le receveur (Ch. IV) et prévoit des sanctions judiciaires (Ch. V).

ÉLÉMENTS DE RÉFLEXION

Les rapports de la personne et de son corps

On a parfois considéré que la personne avait sur son corps un droit de propriété (Locke, Traité du gouvernement civil, B. Lemmenicier, *Le corps humain : propriété de l'état ou propriété de soi ?* Droit, 1991, n° 13), thèse parfois admise par certains tribunaux (Douai 26 oct. 1948, D. 1949, 98), chacun étant « maître de son corps ». Mais la plupart des auteurs contemporains rejettent cette thèse au motif qu'on ne peut concevoir un rapport de droit dans lequel le sujet de droit - la personne - serait confondue avec l'objet de droit, c'est à dire le corps humain (B. Nerson, L'influence de la biologie et de la médecine moderne sur le droit civil, R.T.D.Civ. 1970, p. 370) et que cette thèse en concevant le corps humain comme une chose justifierait tous les actes de disposition sur ce dernier.

On considère plus généralement que les droits de la personne sur son corps sont des droits subjectifs, des droits de la personnalité (G. Cornu, op. cit. n° 62) et plus précisément une catégorie spécifique de droits de la personnalité (F. Terré, *Droit civil,* Précis Dalloz, Les personnes, La famille, Les incapacités, 5e éd.. n° 26 - Starck, Introduction au droit, par Roland et L. Boyer, Ed. Litec, 3e éd.. n° 1095, un des droits primordiaux appartenant à l'individu (Nerson, *Les droits extrapatrimoniaux,* th. Lyon 1939.). Cette classification dans les droits subjectifs est parfois critiquée au motif qu'elle peut aboutir à des positions inconciliables (par exemple en matière d'avortement), que la catégorie peut paraître illimitée (droits du malade hospitalisé, droit des malades mentaux, droits des enfants...) ou encore que la notion de droits de la personnalité ne permet pas d'énoncer les limites du pouvoir individuel de disposer de son corps (C. Labrusse, *L'homme, la nature et le droit,* Ed. Bourgeois, 1988, p. 339).

Un autre courant doctrinal préfère défendre la thèse de l'autonomie des personnes et se placer sur le terrain des libertés. Selon le Doyen J. Carbonnier l'homme peut être maître de son corps sans en être propriétaire (Carbonnier, note sous Trib. civ. Lannion 19 déc. 1932, Gaz. Pal. 1933, 1, 339) ; plutôt que d'un droit subjectif *« il s'agit d'une liberté, d'une des expressions de la liberté physique »,* (note sous Trib. civ. Lille 18 mars 1947, D. 1947, 507). Chacun peut s'opposer aux investigations sur son corps sans qu'il soit nécessaire de lui reconnaître un droit de propriété. « C'est une liberté immatérielle qui a son siège non dans le corps mais dans la personne et prend un caractère absolu », une liberté « physique » (J. Robert). Dans le même sens Mme C. Labrusse souligne que sous l'influence de la découverte puis de l'exaltation des libertés individuelles, *« le contrôle individuel sur son propre corps n'est plus perçu comme s'insérant dans la problématique analytique d'un véritable droit subjectif mais comme une manifestation plus large de la liberté individuelle »* (Produire l'homme, p. 187), cette conception évitant au surplus le dilemme de la distinction personne/objet.

CHAPITRE I

AFFIRMATION DE LA PRIMAUTÉ DE LA PERSONNE

28. L'article 16 nouveau du Code civil consacre de manière solennelle plusieurs principes généraux protecteurs de la personne ; il dispose que *« la loi assure la primauté de la personne, interdit toute atteinte à la dignité de celle-ci ».* Le même alinéa de l'article 16 garantit aussi *« le respect de l'être humain dès le commencement de sa vie ».* Mais certains auteurs se montrent sceptiques quant à la portée de ces grands principes, en soulignant que *« ces proclamations aident à l'écriture des dérogations » (G. Mémeteau, A l'abordage !* de l'article 16-3 du Code civil *Les Petites Affiches, 1994, n° 149 p. 46).*

§ 1 PRIMAUTÉ DE LA PERSONNE

29. On pourrait de prime abord considérer que cette consécration formelle de la *« primauté de la personne »* par l'article 16 est une formule solennelle sans caractère novateur puisqu'elle consacre une évidence, d'autant plus que le conseil constitutionnel n'a pas reconnu valeur constitutionnelle à ce principe, qui comme d'autres (infra n° 32) doit seulement assurer la sauvegarde la dignité humaine *(Cons. Const. 27 juillet 1994; D.S. 1995, p. 237 note B. Mathieu).* Cependant Monsieur le Doyen G. Cornu *(Introduction, n° 457, note 1)* se montre approbatif :

> « Ce n'est pas seulement une valeur que la loi affirme mais une hiérarchie qu'elle établit. Relativement à quoi ? Il n'est pas interdit de penser que le primat appartient à la personne dans toutes les échelles de valeur : relativement aux choses, il règne sur la distinction des personnes et des biens ; relativement aux personnes morales, il exalte la prééminence de la personne physique ; contre tout ce qui le menace, non seulement les maux millénaires de la violence et de la misère, mais parfois les forces mêmes du progrès qui bousculent sa fragilité. C'est l'« un des soucis de la bioéthique devant les avancées de la science ».

§ 2 DIGNITÉ DE LA PERSONNE

30. Le respect de la dignité humaine n'était pas mentionné dans le projet de loi mais a été proposé lors des débits comme justificatif de la loi *(G. Cabanel, Rapport au nom de la commission des lois du sénat, n° 230, 1993-1994)*. Le conseil constitutionnel dans sa décision du 27 juillet 1994, et en faisant référence aux droits inaliénables et sacrés consacrés par le Préambule de la constitution de 1946, a fait un nouveau principe à valeur constitutionnelle de « ... la sauvegarde de la dignité de la personne humaine contre toute forme d'asservissement et de dégradation » ; mais les spécialistes soulignent que l'explication et la conciliation des principes est assez sommaire *(B. Mathieu, Bioéthique : un juge constitutionnel réservé face aux défis de la science. A propos de la décision n° 94-343-344 D.C. du 27 juillet 1994, RFD adm. 10 oct. 1994 p. 1021 – note sous Cons. Cons. 27 juillet 1994, p. 237)*.

Le code civil mentionne donc désormais un droit jusqu'alors essentiellement présent dans des textes internationaux (Déclaration universelle des droits de l'Homme, Déclaration des libertés et des droits fondamentaux adoptée par le Parlement européen le 12 avril 1989), dans des textes étrangers (cf. not. Charte québécoise des droits et libertés des personnes, Loi Fondamentale de la République fédérale d'Allemagne, art. 1er, Constitution belge du 17 février 1994, Constitution d'Espagne, art. 10), mais absent jusqu'alors des textes français ou de la jurisprudence du conseil constitutionnel (v. *B. Mathieu, art. préc.*).

Quelle sera la portée juridique de ce principe constitutionnel ? Comme on l'a souligné aucune sanction n'est prévue en cas d'atteinte à la dignité *(G. Cornu, op. cit. n° 480, note 10, art. préc. – J.C. Galloux, n° 6)*. De plus, la notion de dignité n'est pas définie ; il s'agirait selon certains auteurs *d'« un standard juridique dont l'appréciation sera sans doute très proche de celle des bonnes moeurs »* (J.C. Galloux ibid). Pour d'autres, la dignité humaine est l'*« indiscutable commun dénominateur »* d'un consensus fondant un nouvel humanisme justifié par la distinction des hommes, des animaux ou des choses, mais le concept est empreint d'un *« flou »* auquel on fait dire *« l'endroit et son contraire »*. C'est en effet au nom de la dignité humaine, que l'on plaide le droit à l'euthanasie *(Mme Meulders-Klein, Le statut juridique du corps humain à la recherche d'un compromis, p. 77)* ; dans le même sens, certains doutent que *« la dignité de l'homme »* puisse servir de guide pour la réflexion lorsqu'il s'agit d'*« améliorer l'homme »* en recourant à la science (*L. Cornavin, Théorie des droits de l'homme et progrès de la biologie en droits,* p. 101).

§ 3 RESPECT DE L'ÊTRE HUMAIN DÈS LE COMMENCEMENT DE SA VIE

31. L'article 16 du Code civil consacre en troisième lieu le *« respect de l'être humain dès le commencement de sa vie »*. Mais si le respect de la vie de l'être humain va de soi, le commencement de la vie de l'être humain demeure toujours controversé.

A. – RESPECT DE « LA » VIE

32. Le premier principe de protection doit s'appliquer à la vie de l'individu elle-même. Le droit à la vie est garanti par plusieurs textes internationaux : Déclaration universelle des Droits de l'homme, art. 3, Pacte international relatif aux Droits civils et politiques, art. 6-1, Convention panaméricaine des Droits de l'homme, art. 4. Il est consacré par l'article 2-1 de la Convention européenne des droits de l'homme qui affirme également que *« le droit de toute personne à la vie est protégé par la loi »*.

En droit interne, le principe du respect de la vie est inclus dans la déclaration de 1789 et le Préambule de 1946 *(sur l'évolution des droits de l'embryon, J.P. Gridel, Notions fondamentales de droit et droit français, Dalloz 1992, p. 621 et s.)*. Il est consacré par la loi Veil du 17 janvier 1975 dans son article 1er : *« la loi garantit le respect de tout être humain dès le commencement de la vie »*, et la décision du conseil constitutionnel du 15 janvier 1975 lui reconnaît valeur constitutionnelle *(note Hamon, D.S. 1975, p. 529 – B. Mathieu, note sous Cons. Const. 27 juil. 1994; D.S. 1995, p. 237, L. Favoreu et L. Philippe, Les grandes décisions du Conseil Constitutionnel, 6e éd. p. 305)*.

33. Le respect de la vie de l'être humain s'impose d'abord aux pouvoirs publics et implique l'interdiction de la torture, de peines ou traitements inhumains ou dégradants, de l'esclavage *(J. Robert, Droits de l'homme et libertés fondamentales p. 327 et 332)*. La peine de mort n'est admise que dans des cas limités. La nécessité de protéger le droit à la vie doit obliger l'état à assurer la sécurité des personnes. Le respect de la vie de l'être humain ne saurait cependant être invoqué à propos des atteintes à l'intégrité physique imposées par les pouvoirs publics dans un but de santé publique et donc dans l'intérêt de la société *(J. Robert, op. cit. p. 319)*. Mais la question du commencement de la vie fait l'objet de nombreuses divergences.

B. – « COMMENCEMENT » DE LA VIE

34. Le respect de l'être humain dès le commencement de la vie suscite des appréciations différentes dans la mesure où il est directement en opposition avec l'interruption de grossesse reconnue par la loi Veil du 17 janvier 1975. Cette loi après avoir garanti dans son article I, le *« respect de tout être humain dès le commencement de la vie »* a suspendu l'application des sanctions pénales en cas d'interruption volontaire de la grossesse réalisée dans les conditions légales, ce qui avait motivé un recours fondé sur la violation du principe du respect de la vie par les adversaires de l'avortement. Le conseil constitutionnel saisi sur le fondement de l'inconstitutionnalité de ce texte devait rejeter l'argument d'inconstitutionnalité en considérant que la loi *« n'admet qu'il soit porté atteinte au principe du respect de tout être humain dès le commencement de la vie qu'en cas de nécessité et selon les conditions et limitations qu'elle définit » (Cons. Cons. 15 jan. 1975, 529)*. On en déduit que le respect du droit à la vie a valeur constitutionnelle mais peut voir sa portée atténuée en certains cas, ce qui n'implique pas que la femme aurait un droit constitutionnel à avorter *(B. Mathieu, Bioéthique : un juge constitutionnel réservé face aux défis de la science, p. 1024)*, et que le respect de l'être humain dès le commencement de la vie ne s'appliquerait pas à l'embryon *(B. Mathieu, note sous Cons. Const. 27 juillet 1995, D.S. 1995, p. 238, – J.P. Gridel, Notions fondamentales de droit et droit français, p. 625)*. Toutefois, à la différence *du droit à la dignité*, la protection de la vie ne s'est pas vue reconnaître une valeur constitutionnelle par le Conseil constitutionnel dans sa décision du 27 juillet 1994, comme l'auraient souhaité les auteurs de la saisine, le conseil considérant que ce principe tend seulement à *« assurer le respect d'un principe constitutionnel »* – celui de la sauvegarde de la dignité de la personne humaine', au même titre que : *« la primauté de la personne humaine, l'inviolabilité, l'intégrité et l'absence de caractère patrimonial du corps humain ainsi que l'intégrité de l'espèce humaine »*.

Plusieurs décisions du conseil d'état ont également écarté les plaintes fondées sur la violation de textes internationaux affirmant le principe du respect de la vie *(C.E. 3 décembre 1980 Piettre, Rec. 458, à propos du remboursement de l'IVG ; C.E. 4 août 1982, n° 19852. Union syndicale des médecins respectant la vie humaine, à propos de la violation des dispositions du code de déontologie ; C.E. 29 mai 1985, n° 46-946. Union syndicale des professions de santé respectant la vie humaine)*. La question de l'atteinte au principe du respect de la vie a resurgi avec la mise sur le marché des pilules abortives – Myfegine ou R.U. 486 – et des associations familiales ont exercé un recours en annulation de l'arrêté ministériel autorisant la vente de ces pilules au motif que le texte constituerait une violation de l'article 2 de la Convention européenne des droits de l'Homme, et de l'article 6 du Pacte International sur les droits civils et politiques, mais le recours fut également rejeté par le Conseil d'État le 20 décembre 1990 *(Confédération Nationale des Associations Familiales Catholiques, A.J.D.A. 1991, 158 ; J.C.P. 91, éd. G. IV, p. 132)* ; le Conseil d'État devait en outre considérer que ce texte était conforme à la loi de 1975 *(C.E. 17 oct. 1990, concl. Stirn, rev. Tr. Dr. San. et Soc. 1991 p. 58, obs. Auby et G. Viala, v., et infra n° 82)*. Cependant un arrêt de la Cour d'appel de Lyon du 13 mars 1997 a considéré que le décès accidentel d'un fœtus humain était un homicide involontaire (Quot. Méd., 17 mars 1997).

Sollicité de donner son avis sur cette question controversée le comité national d'éthique avait dans un avis du 22 mai 1984, demeuré célèbre, qualifié l'embryon de *« personne humaine potentielle »*, expression commode parfois reprise et souvent contestée *(G. Mémeteau, Le premier avis du Comité Consultatif National d'Éthique, J.C.P. 85, I, 3191)*.

35. Cette question du respect de la vie dès le « commencement » a été ensuite soulevée à propos de la protection des embryons surnuméraires, bien que les termes du débat soient différents, puisqu'en ce cas il n'existe pas d'opposition d'intérêts entre l'embryon et la femme. La loi n° 94-653 du 29 juillet 1994 n'a pas donné de solution à la controverse et, pour éviter d'avoir à prendre parti sur une question dont les conséquences pourraient se répercuter sur la loi de 1975, l'article 16 nouveau du Code civil substitue à l'expression de la loi de 1975 *« respect de tout être humain dès le commencement de la vie »*, l'expression *« respect de l'être humain dès le commencement de »* sa vie » (L. 94-653 art. 2 cf. G. Mémeteau, art. préc. n. 28).

La violation du droit à la vie de ces embryons surnuméraires fut invoquée par les députés dans l'acte de saisine du Conseil Constitutionnel sur le fondement de la déclaration de 1789, du préambule de 1946, mais l'argument fut rejeté par le Conseil au motif que *« le principe du respect de tout être humain dès le commencement de sa vie ne leur était pas applicable » (B. Mathieu, art. préc.).*

Le Conseil admet donc l'absence de protection constitutionnelle de ces embryons surnuméraires non réimplantés, ainsi que la distinction établie par le législateur entre les embryons surnuméraires qui, bénéficiant d'une réimplantation seront protégés, et les autres qui ne bénéficient d'aucune protection *(s. critiques, B. Mathieu, art. préc. p. 1029)*, rejetant l'argument de rupture d'égalité invoqué également dans la saisine. Une distinction entre l'embryon implanté, sujet de droit, et embryon non implanté, objet de droit, est parfois établie par certains auteurs *(cf. B. Mathieu, art. préc. et réf.)* ; ainsi selon M.J. Robert, la loi de 1975 vise l'embryon « faisant corps » avec sa mère, en revanche l'embryon surnuméraire, mobile, isolé, a des chances de viabilité moindres *(Droits de l'Homme et libertés fondamentales, op. cit. p. 215).*

La question de la protection de l'embryon n'a pas non plus reçu de solution nette en droit européen (v. *infra*).

VOIR ANNEXE II – P. 47

Éléments de réflexion

1) Le droit à la vie de l'enfant conçu

a) Droit comparé

La question du droit à la protection de la vie de l'enfant conçu s'est également trouvée posée à plusieurs reprises devant les juridictions étrangères et européennes et demeure toujours controversée.

Aux États-Unis, les lois prohibant l'avortement furent d'abord déclarées inconstitutionnelles en 1973 par la Cour Suprême des États-Unis (aff. Roe v. Wade 410 U.S. 1979). Les arrêts ultérieurs n'ont fait qu'élargie la liberté de la femme d'interrompre une grossesse (v. infra Refus de procréation et M.T. Meulders Klein, p. 61).

En Allemagne, une évolution apparaît ; une protection était accordée à l'embryon par un arrêt du 25 février 1975 *« ... Le droit à la vie est garanti à chaque individu qui vit »*. On ne peut faire ici une distinction entre différentes périodes de la vie antérieures à la naissance. Un arrêt du 28 mai 1993 s'efforce de trouver un compromis et, affirmant que l'interruption de grossesse est illégale pendant toute la durée de la grossesse, institue une dépénalisation pendant les douze premières semaines (sur cette jurisprudence M.T. Meulders-Klein, art. préc. p. 62).

b) Droit européen

Le consensus sur cette question ne paraît pas évident. La Cour de Strasbourg ne s'est pas encore prononcée sur la compatibilité des dispositions nationales sur l'avortement, et tout ce qui résulte de la jurisprudence européenne c'est que *« le droit de l'enfant conçu ne peut aller à l'encontre du droit à la protection de la vie de la mère »* (H. Gaudemet Tallon, note sous C.J.C.E. 4 oct. 1991, The Society for the Protection of Unborn Children Ireland Ltd c/Stephen Grognan e.a. - aff. 159/90 - T.T.D. eur. 1992, p. 163) ; en effet, la Commission Européenne dans son avis du 13 mai 1980 (v. supra, normes européennes – aff. X.C. Royaume Uni, Req. n° 8416/78) estimé que l'article 2 de la Convention, comme les autres, ne s'applique qu'aux individus déjà nés et se retranche derrière les opinions divergentes des États à propos du *« commencement de la vie »* et la Cour Européenne devait également esquiver la question de l'application de l'article 2 dans l'arrêt Opendoor et Dublin Well Wooman c. Irlande dans un arrêt du 29 octobre 1992 (M.T. Meulfers Klein, p. 61 et réf. et G. Cohen Jonathan, op. cit. p. 231 et s.). Mais, comme on l'a souligné, l'article 2 laisse une grande marge d'appréciation aux états (L. Favoreu, Les juges constitutionnels et la vie, Droits p. 78).

La question de l'avortement divise toujours les esprits ; un projet de recommandation de l'Assemblée Parlementaire du Conseil de l'Europe visant à écarter toute remise en cause de la législation relative à l'avortement, à faire de l'avortement un *« droit fondamental »*, inclus implicitement dans la Convention Européenne des Droits de l'Homme, a été rejeté (Projet de recommandation sur le Bioéthique, J.C.P. 94, I, 3763, n° 2 ; Quot. du médecin, 13 mai 1993 ; sur la question de l'avortement en Europe, G. Cohen-Jonathan, p. 282 et s.).

CHAPITRE II

PROTECTION DU CORPS HUMAIN A L'ÉGARD DES TIERS

36. La loi n° 94-653 comporte plusieurs dispositions ayant pour but de protéger la personne et son corps à l'égard des tiers, et proclame l'inviolabilité du corps humain *(C. civ. art. 16-1)*, l'intégrité du corps humain *(C. civ. 16-3)* et étend cette dernière protection à l'espèce humaine *(C. civ. art. 16-4)*.

§ I INVIOLABILITÉ DU CORPS HUMAIN

37. Le principe d'inviolabilité du corps humain mentionné par l'article 16-1 de la loi n° 94-653 n'est pas nouveau : il a toujours été admis que le corps était inviolable, que la personne devait être protégée dans son intégrité physique contre les tiers : attenter au corps humain,c'est attenter à la personne elle-même.

L'origine du principe selon lesquels, hormis l'incidence de l'intérêt général nul, ne peut être obligé de faire ce qu'il ne veut pas faire, est, pour les privatistes, issu de la tradition individualiste et libérale et se traduit parfaitement dans l'article 1142 du Code civil qui dispose que toute obligation de faire se résout en dommages et intérêts. Selon d'autres auteurs, le principe est issu de la révolution, plus spécialement de la nuit du 4 août 1789 qui a vu l'abolition du servage *(Rap. Sérusclat p. 3)*, et aurait été confirmé par l'article 23 de la Déclaration des Droits de l'homme de la Constitution Montagnarde de 1793 : *« Tout homme peut engager ses services, son temps. Mais il ne peut se vendre ni être vendu. Sa personne n'est pas une propriété aliénable. »*

38. Le principe signifie traditionnellement que toute personne a le droit d'être protégée contre les atteintes au corps humain, aussi bien dans les rapports privés que dans ses rapports avec l'état *(J. Robert, Rap. sur le corps humain et la liberté individuelle en droit français, p. 465)* ; le principe s'oppose donc à toute atteinte sur corps humain non consentie *(G. Cornu, n° 481)* et exclut toute coercition sur le corps sauf intérêt général *(F. Terré, n° 321 – J. Carbonnier, n° 5)*.

Traditionnellement, l'on considère que le principe présente deux aspects : un aspect préventif qui est le droit d'opposition de la personne, et un aspect sanctionnateur qui est le droit à indemnisation de la personne victime d'une atteinte corporelle non consentie (J. Carbonnier, op. cit. n° 5).

La loi n° 94653 confirme ce principe d'inviolabilité dans l'article 16-3 nouveau du Code civil, sans qu'en découle un accroissement de la protection individuelle.

§ 2 INTÉGRITÉ DU CORPS HUMAIN

A. – PRINCIPE

39. L'article 16-3 nouveau du Code civil consacre solennellement le principe du respect de l'*« intégrité du corps humain »*, principe renforcé par la Convention sur les droits de l'homme et la biomédecine de novembre 1996 (art. 1) ; l'article 16-3 al. 2 admet quelques exceptions : *« Il ne peut être porté atteinte à l'intégrité du corps humain qu'en cas de nécessité thérapeutique pour la personne. Le consentement de l'intéressé doit être recueilli préalablement hors le cas où son état rend nécessaire une intervention thérapeutique à laquelle il n'est pas à même de consentir. »*

Mais la loi n'innove pas en matière de protection de l'intégrité du corps humain, car l'on considère depuis longtemps que toute atteinte à l'intégrité physique d'une personne est subordonnée à deux conditions : le consentement préalable de la personne et une cause licite à cette atteinte, à savoir une finalité thérapeutique. En outre, cette disposition comporte des lacunes en ce qui concerne les exceptions, puisqu'en pratique il est bien des cas d'atteinte à l'intégrité physique en dehors de la nécessité thérapeutique, atteintes parfois imposées par les pouvoirs publics eux-mêmes (infra n° 224).

L'atteinte réalisée sans consentement entraîne la responsabilité civile ou pénale de l'auteur, le juge pouvant également, aux termes de l'article 16-2, agir de manière préventive.

B. – NÉCESSITÉ THÉRAPEUTIQUE

40. Lorsque l'article 16-3 du Code civil rappelle qu'il ne peut être porté atteinte à l'intégrité du corps humain qu'en cas de nécessité thérapeutique pour *« la »* personne on doit supposer, conformément à la jurisprudence admettant le critère dérogatoire de *nécessité thérapeutique* qu'il s'agit de « la » personne qui subit l'atteinte, mais il existe des atteintes justifiées par les nécessités thérapeutiques d'autrui, notamment en matière de transplantations d'organes.

La *nécessité thérapeutique* est un critère juridique classique de l'acte médical licite, d'ailleurs susceptible d'interprétations variées et laissant en réalité tous pouvoirs d'appréciation aux médecins *(infra n° 213)*. Cette limite juridique étant de jurisprudence constante, sans doute conviendrait-il également de la compléter par la jurisprudence considérant que l'acte thérapeutique ne peut être justifié que s'il apparaît dépourvu de risques excessifs après un bilan risques-avantages (notamment pour la chirurgie esthétique et l'expérimentation).

Cette condition de comparaison, rappelée par le Comité national d'éthique ainsi d'ailleurs que par le projet de loi (art. 19 al. 2), ne l'a pas été par la loi, mais à l'évidence elle continue à s'imposer et les tribunaux ne manquent jamais de rappeler à propos de la responsabilité médicale que le médecin devrait refuser un acte thérapeutique s'il apparaît trop risqué, sous peine de commettre une faute génératrice de responsabilité.

41. C'est en réalité le législateur lui-même qui a le premier légalisé les atteintes à l'intégrité physique dans une finalité thérapeutique, mais également scientifique ; ainsi le prélèvement d'organes légalisé en 1976 est effectué dans un but de solidarité humaine, lorsque la transplantation est à but thérapeutique mais également dans un but scientifique *(C. Santé publique art. 671-7, L. 672-4, L. 673-1)* ; de même, la loi Huriet reconnaît en 1988 la validité des expérimentations sur l'homme dans un intérêt parfois thérapeutique mais aussi scientifique puisque l'expérimentation est admise, même lorsque la personne qui s'y prêt n'en retire aucun bénéfice direct. Quant à l'étude génétique des caractéristiques d'une personne, elle peut être entreprise également *« ... à des fins médicales ou scientifiques » (C. civ. 16-10).*

C. – CONSENTEMENT

a) Principe

42. L'article 16-3 rappelle que l'atteinte est subordonnée au consentement préalable de la personne. Cette exigence de consentement est une règle, non pas éthique mais juridique, bien antérieure à la loi, de jurisprudence constante et rappelée par l'article 5 de la Convention sur les droits de l'homme et la biomédecine. Ce n'est effectivement que la confirmation des règles juridiques applicables au contrat médical exigeant un consentement préalable à l'acte.

Mais un consentement est parfois difficile à obtenir compte tenu des particularités de certaines maladies et l'on a fait état des difficultés posées par l'exigence d'un consentement de la part des malades hospitalisés en psychiatrie, le consentement s'apparentant davantage à un acquiescement qu'à un consentement *(B. Doray, Éthique et psychiatrie, étude réalisée par la MIRE).*

b) Limites

43. La loi admet une dérogation à cette exigence de consentement lorsque la personne se trouve dans un état qui rend nécessaire une intervention à laquelle elle n'est pas à même de consentir *(C. civ. art. 16-3).* Mais il ne s'agit là aussi que d'une jurisprudence classique concernant les soins aux inconscients. Pour les tribunaux l'urgence autorise également le médecin à intervenir sans consentement du malade ou de ses proches *(Paris, 20 déc. 1946, D. 1948, 337, note Lagrange)*, de même qu'en cas de danger pour la patiente *(C.E. 27 janv. 1982, D. 1982, I.R. 275, note Penneau).* On a d'ailleurs souligné les lacunes de la loi à propos du consentement concernant les incapables *(A. Batteur, De la pro-*

tection du corps à la protection de l'être humain, « Les anormaux » et les lois du 29 juil. 1994, Les petites affiches, 1994, n° 149 p. 29).

44. Il existe d'autres dérogations au consentement non mentionnées par la loi. Ainsi, des contraintes indirectes peuvent être imposées dans l'intérêt d'une bonne justice et dans le cadre des mesures d'instruction nécessitant notamment un examen comparatif des sangs en matière de recherche de filiation, un prélèvement de sang après accident, la réalisation d'autopsies. En cas de refus de l'intéressé, il n'est pas possible de recourir à la violence physique *(Cornu, n° 487 et réf. citées - J. Carbonnier, op. cit. n° 9)*, mais chacun a le devoir d'apporter son concours à la justice et le refus comporte des risques pour l'issue du procès, le juge pouvant tirer toutes conséquences d'un refus (NCPC art. 11). En outre, désormais les empreintes génétiques peuvent être utilisées à l'insu d'une personne *(v. infra n° 201)*.

La possibilité de faire admettre une intervention améliorante après accident est plus réduite, une pression psychologique ne pouvant être exercée que dans le cas de refus fautif *(J. Carbonnier, ibid.)*.

45. Certaines atteintes sont imposées dans un intérêt de santé publique : vaccinations obligatoires, examens périodiques de santé, examens prénuptiaux obligatoires, examens préalables à un recrutement dans la fonction publique, lutte contre les stupéfiants, contre les maladies vénériennes, placement des malades mentaux, prévention de l'alcoolisme et alcootest, mesures antitabac *(v. infra n° 224 et s.)*.

46. D'autres atteintes sont constituées par les autopsies autorisées dans une finalité scientifique, indépendamment des autopsies médicolégales pouvant être ordonnées en matière judiciaire. Les autopsies hospitalières entrent dans le cadre des prélèvements à fins thérapeutiques ou scientifiques *(Guide d'exercice professionnel des médecins, éd. 1991 p. 1152)* et obéissent donc à ces règles *(v. infra n° 152)*. Il existe également une autre catégorie d'autopsies régies par le code des communes, dont il résulte notamment qu'en cas de décès paraissant résulter d'une maladie contagieuse ou transmissible, le Préfet peut prescrire une autopsie sur avis motivé de deux médecins *(C. communes, art. R. 363-20)*.

47. On relève également certaines tolérances portant atteinte à l'intégrité physique liées aux usages religieux *(C. Cornu, op. cit. 484)* ; ainsi, le droit ne sanctionne pas habituellement la pratique de la circoncision rituelle – section du prépuce – imposée par les parents – donc sans consentement – pour se conformer aux rites de leur culte (communautés israélites et musulmanes). Cependant la Cour de cassation a considéré qu'il y avait faute de la part d'un père pour avoir *« imposé aux jeunes enfants la circoncision dans des conditions menaçant leur équilibre »*, en l'espèce sans consentement de la femme et sans préparation des enfants *(Cass., 26 janv. 1994, J.C.P. 95, II, 226 note C. Choain)*. Si la plupart des auteurs paraissent admettre cette tolérance, l'un d'eux souligne cependant, en rapprochant la circoncision et l'excision, *« que, du seul point de vue de l'atteinte, non justifiée par un intérêt médical à l'inté-*

grité corporelle, ... les choses sont semblables et qu'il n'y a pas de raison juridique de traiter l'un différemment de l'autre » (J. Penneau, note sous Paris, 12 fév. 1992, D. 1993, somm. 27 v. aussi, C. Chain, note préc.).

En revanche, l'excision et l'infibulation pratiquées sur les petites filles sont considérées comme des atteintes à l'intégrité physique et psychologique, et sont sanctionnées en fonction de leurs conséquences *(coups et blessures, cf. D. Duval, Le corps de l'enfant, Th. Paris II 1994).*

§ 3 INTÉGRITÉ DE L'ESPÈCE HUMAINE

48. La loi n° 94-653 est novatrice en ce qu'elle comporte des principes de protection en matière de génétique visant, au-delà de la personne elle-même, la descendance de cette dernière et, par la-même, la protection de la société ou, mieux, de l'humanité toute entière. En effet, les pratiques nouvelles liées aux progrès génétiques sont de nature à permettre les *manipulations* rendues possibles par la fécondation in vitro – sélection du sexe, modifications des cellules germinales (v. infra n° 113).

Aussi, la loi n° 94-653 instaure un principe général de protection d'ordre public, qui cependant ne s'est pas vu reconnaître valeur constitutionnelle et encadre les examens et tests génétiques (ch. III).

49. La loi affirme le principe selon lequel nul ne peut porter atteinte à l'*« intégrité de l'espèce humaine » (art. 16-4 nouv. al. 1)*, principe qui se traduit par deux dispositions : l'interdiction des pratiques eugéniques et l'interdiction des thérapies géniques terminales *(Rap. Mattéi, p. 142).*

La loi n° 94-653 interdit en premier lieu « toute pratique eugénique tendant à l'organisation de la sélection des personnes « (C. civ. art. 16-4 al. 2 nouveau) ; l'interdiction a un domaine assez large et la loi n'a pas retenu les propositions du rapport Mattéi qui suggérait des critères : gènes, sexe, caractères physiques ou psychologiques (sur eugénisme, infra sous n° 135).

En outre ,tout en admettant les recherches dans le domaine de la génétique et, en particulier, les *« recherches tendant à la prévention et au traitement des maladies génétiques » (art. 16-4 al. 3)*, la loi interdit également les « transformations... aux caractères génétiques dans le but de modifier la descendance d'un personne », conformément aux souhaits exprimés par le nombreuses autorités *(F. Sérusclat, p. 61 ; v. sur cette question Rap. F. Sérusclat p. 56, Rap. Mattéi, p. 142).*

Ceci conduit à interdire la thérapie génique germinale *(v. infra ch. III).*

CHAPITRE III

PROTECTION DU CORPS HUMAIN À L'ÉGARD DE LA PERSONNE

50. Le second volet de protection destiné à assurer le « respect du corps humain » aux termes de l'article 16-1 du Code civil est l'interdiction de tout droit patrimonial en relation avec le corps humain, ses éléments et ses produits. Il s'agit pour le législateur de protéger la personne contre elle-même, mais l'affirmation de l'extra-patrimonialité du corps humain laisse entière la question traditionnelle du pouvoir de la personne à disposer d'elle-même.

§ 1 EXTRA-PATRIMONIALITÉ DU CORPS HUMAIN

51. Le législateur paraît avoir pensé que la meilleure façon de protéger la personne était de lui interdire toute convention en relation avec le corps humain pouvant présenter un aspect patrimonial ; mais le principe est souvent contraire, soit à la réalité, soit à d'autres règles légales.

A. – PRINCIPE

52. La loi n° 94-653 comporte plusieurs dispositions d'ordre public dont l'objet est d'exclure toute patrimonialité du corps humain, en interdisant les conventions ayant cet effet, ainsi que le versement d'une contrepartie financière à celui qui donne un organe du corps humain ou se prête à une expérimentation. Le principe a été confirmé par la Convention sur les droits de l'Homme et la biomédecine (supra n° 9) dans l'article 21 : « le corps humain et ses parties ne doivent pas être, en tant que tels source de profits ».

1) Non patrimonialité du corps humain

53. L'article 16-1 nouveau du Code civil proclame que *« le corps humain, ses éléments et ses produits ne peuvent faire l'objet d'un droit patrimonial » (C. civ. art. 16-1)*. Et l'article 16-5 nouveau du Code civil consacre la nullité des conventions ayant pour effet *« de conférer une* *valeur patrimoniale au corps humain, à ses éléments ou à ses produits » (C. civ. art. 16-5)*. Il en va de même en matière de procréation ou de gestation pour le compte d'autrui *(C. civ. art. 16-7, v. infra n° 132)*.

Les formules *« droit patrimonial », « valeur patrimoniale »* sont très larges donc très floues. Laissent-elles la possibilité *a contrario* de conclure n'importe quelle convention pouvant porter atteinte à l'intégrité physique, dès lors qu'elle ne comporte pas d'aspect patrimonial ? Comment peuvent-elles être compatibles avec des conventions déjà existantes conférant un aspect patrimonial au corps humain ? *(infra n° 141)*

2) Non rémunération du donneur

54. Le législateur, soit pour légitimer les atteintes légales au corps humain par une cause noble, l'altruisme, la solidarité humaine, soit pour protéger les personnes contre toute exploitation de leur corps moyennant contrepartie financière, interdit d'allouer une rémunération à celui *« qui se prête... au prélèvement d'éléments ou à la collecte de produits de celui-ci » (C. civ. art. 16-6)*.

L'énumération ne vise pas précisément les *dons* de gamètes mais elle les concerne, puisque le principe est déjà prescrit en la matière par l'article 13-1 de la loi n° 91-1406 portant diverses mesures d'ordre social du 31 décembre 1991 *(J.O. 5 janv. 1992)* affirmant que *« le don de sperme est gratuit »* et prévoyant des sanctions en cas de *« cession »* ; en outre, des sanctions pénales spécifiques sont prévues par l'article 511-9 al. 1 et 2, à l'encontre du préleveur et de l'entremetteur moins importantes toutefois que celles qui s'appliquent aux autres éléments et produits du corps humain. Cette atténuation est-elle liée à la nature du don , à l'influence des médecins ?

Le principe d'interdiction de rémunération s'applique également aux volontaires à l'expérimentation, puisqu'aux termes de l'article 16-6 du Code Civil *« aucune rémunération ne peut être allouée à celui qui se prête à une expérimentation sur sa personne »*. Mais d'une part, à la différence de l'utilisation de produits humains ou de gamètes, la loi ne comporte pas de sanctions en cas de violation de ce principe ; d'autre part, ce principe d'ordre public contrevient directement à la loi Huriet *(infra n° 189)*.

B. – LIMITES

55. Comme le souligne un auteur, « l'exigence de gratuité a tenu lieu de métaphysique au législateur » *(J.C. Galloux, art. préc. n° 29 et n° 27, citant Rap. Mattéi p. 163)*, ce qui l'amène à affirmer « tout et son contraire » *(B. Beignier, art. préc.)*. Les dispositions concernant la gratuité des éléments et produits du corps humain ont en effet une portée limitée, compte tenu des nombreuses dérogations existant en pratique, voire même dans d'autres textes tant en ce qui concerne la non patrimonialité du corps humain, que la non rémunération de produits du corps humain.

1) Sur la non patrimonialité du corps humain

56. Le principe de non patrimonialité du corps humain, consacré par l'article 16-1 nouveau du Code civil, n'est pas dépourvu d'ambiguïté voire d'hypocrisie car le corps humain a en droit une valeur patrimoniale, notamment en matière d'assurance décès ; de même, en matière d'indemnisation, les tribunaux accordent depuis longtemps une valeur patrimoniale au corps humain et il existe des barèmes d'indemnisation pour le préjudice corporel subi.

57. Au regard de l'assurance maladie et des conditions de prise en charge, le corps humain et ses éléments ont un coût évalué par les organismes prestataires, que ces organes soient pris en charge ou payés directement par les utilisateurs avec revalorisation régulière des tarifications : sang, organes, sperme, tarifs de paillettes, procréation assistée, lait maternel. On explique ces coûts par les fait qu'il s'agirait d'un service et non d'un don *(X. Labbé p. 421)*, mais l'explication est-elle convaincante ?

En outre, il existe de nombreux contrats ayant nécessairement pour effet de conférer une valeur patrimoniale au corps humain, dès lors qu'ils concernent l'activité humaine ; doit-on alors considérer comme illicites les contrats relatifs à certaines activités dont la validité, admise en pratique, devient cependant douteuse au regard des lois du 29 juillet 1994, par exemple la prostitution ? D'autre part, admettra-t'on encore la licité des spectacles sportifs risqués ou portant atteinte à la dignité humaine, par exemple le lancer de nains ?

En outre, il est des contrats de cession de produits humains parfaitement licites : vente de cheveux, instruments de prothèse désaffectés ; parfois organisés par les pouvoirs publics, par exemple le lait humain.

2) Sur la non rémunération du donneur

58. Le législateur affirme le principe de gratuité, mais dans d'autres textes il admet le versement d'une contrepartie financière ; ainsi, en matière d'expérimentation, l'article 16-6 nouveau du Code civil contredit directement l'article L. 209-15 du Code de la Santé Publique autorisant le *« versement d'une indemnité en compensation des contraintes subies »* pour les recherches sans bénéfice individuel direct. Conformément aux principes juridiques, le premier texte étant d'ordre public devrait impliquer l'illicéité des rémunérations versées en contrepartie d'expérimentation ; conscient de cette incohérence, le législateur a fait adopter une légère modification de terminologie à propos de ces rémunérations qui ne modifie rien dans la mesure où en pratique des rémunérations sont toujours versées *(infra n° 189)*.

Une autre incohérence apparaît lorsque, toute rémunération étant interdite, une indemnisation est cependant accordée. Ainsi la transfusion sanguine *« relève des principes éthiques du bénévolat et de l'anonymat du don » (C.S.P. art. L. 666-1)* et *« aucune rémunération ne peut être allouée au donneur » (C.S.P. art. L. 666-3)* sous peine de sanctions

(C.S.P. art. L. 671-3). Cependant, l'article L. 666-3 admet le *« remboursement des frais exposés dans des conditions fixées par le décret »* et le décret du 20 juillet 1994 applicable, apporte des précisions sur ce point. Après avoir interdit : *« tout paiement en espèce, toute remise de bon d'achat, coupons de réduction et autres documents permettant d'obtenir un avantage consenti par un tiers, ainsi que tout don d'objet de valeur, toute prestation ou octroi d'avantages » (art. D. 666-3-1)*, le décret souligne que la rémunération versée par l'employeur *« pendant la durée consacrée au don »* ne constitue pas un paiement au sens de l'article L. 671-3, dès lors que cette absence ne dépasse pas le temps consacré aux trajets d'aller et de retour, à l'entretien et aux examens médicaux, aux opérations de prélèvement et à la période de repos et de collation jugée médicalement nécessaire ; ce décret admet également « la remise au donneur de marques de reconnaissance » ainsi que *« l'offre d'une collation consécutive au don » (Déc. n° 94-611 ; art. D. 666-3-3)*, le *« remboursement des fais de transport exposés lors du don, à l'exclusion de tout remboursement forfaitaire » (Déc. préc. ; art. D. 666-3-4).* Cette ambiguïté suscite la critique *(B. Beignier, art. préc.).*

Comment justifier cette indemnisation malgré le principe d'interdiction de rémunération constamment proclamé dans les projets de loi, dans les rapports, dans les avis du Comité Consultatif national d'Éthique et consacré par une loi d'ordre public ? Pour certain *(S. Gromb, Le commerce du corps humain, Gand p. 367)*, l'indemnisation en matière d'expérimentation est accordée en contrepartie des contraintes subies comportant elles-mêmes un aspect matériel – déplacement, manque à gagner – et un aspect plus personnel. Selon d'autres auteurs, on ne vend pas une marchandise, on indemnise une prestation *(X. Labbée, Condition juridique du corps humain avant la naissance et après la mort, Presses Universitaires de Lille, p. 421).* Mais en définitive, comme le constate Mme Gobert, « dès l'instant qu'il est prélevé, le sang... se « cède » *(Réflexions sur les sources du droit et les « principes » d'indisponibilité du corps humain et de l'état des personnes, R.T.D. civ. 1992 p. 489).* D'ailleurs, en ce sens, l'on constate que le décret du 6 mai 1995 fait état du *« don »* de gamètes, et de la *« cession »* par le médecin (CSP art. R. 673-5-7).

59. En réalité, les limites du principe de gratuité – dont on ne peut nier qu'il soit un idéal – démontrent que dans l'échelle des valeurs ce principe est étroitement dépendant des besoins médicaux, du marché, de la science. Si l'altruisme est éminemment noble, les besoins à un moment donné peuvent être tels que ce principe risque d'être remis en cause. Sans aller jusqu'à considérer qu'il s'agit d'un « faux problème », que « rien ne justifie tant en morale qu'en droit cette gratuité » *(B. Beignier, l'Ordre public et les personnes art. préc. p. 36)*, il convient sans doute de relativiser les risques car on ne peut être certain que la gratuité soit le garant d'une éthique juridique irréprochable *(Cl. Neirinck p. 119).*

De plus, la gratuité n'est que partielle dans la chaîne de l'utilisation des produits humains. Comment concilier, en effet, le principe altruiste de gratuité des dons dans une finalité de solidarité, avec les profits générés par l'industrialisation, la conservation de ces produits ?

La protection des donneurs par l'interdiction de leur verser une contrepartie financière peut-elle justifier l'admission de profits liés à l'exploitation des produits du corps humain ? Faut-il étendre le principe altruiste à l'industrialisation et adopter des structures adéquates ?

Les donneurs, ou leur famille, en cas de décès, n'ont-ils pas au moins le droit d'être informé de ces utilisations ? le problème a été soulevé devant les tribunaux des États-Unis, à propos des cellules *(B. Edelman, L'homme aux cellules d'or, D.S. 1989, p. 225).*

§ 2 LIMITES DU POUVOIR DE DISPOSITION

60. En réalité, le critère de l'extra-patrimonialité est insuffisant car issu d'une conception erronée de la notion de *« commerce »* de l'article 1128 du Code civil. Il est générateur de risques pour la personne et n'aborde que partiellement la question du droit de la personne à disposer d'elle-même.

A. – INSUFFISANCES DU CRITÈRE D'EXTRA-COMMERCIALITÉ

61. Le législateur a adopté une conception erronée et réductrice du terme *« commerce »*, inclus dans l'article 1128 du Code civil, et l'a entendu au sens de spéculation, comme le montrent les divers rapports ainsi que le projet de loi sur la bioéthique *(Rap. Braibant p. 41 – Rap. Sérusclat p. 3 – Rap. Bioulac p. 7).*

Or, au sens juridique, l'article 1128 « n'impose nullement la gratuité. Il interdit à l'être humain de disposer de lui-même comme il le ferait d'une chose, que ce soit avec ou sans rémunération » (Cl. Neirinck p. 119). De même, M.A. Hermitte affirme que « la notion interdit non seulement le rapport marchand rémunéré, mais tout échange même gratuit, toute circulation. Ce n'est pas le commerce au sens vulgaire du terme, mais le commerce juridique qui est visé..., dès lors qu'une chose est hors commerce, elle ne peut être cédée même gratuitement car elle échappe à l'emprise de la volonté » *(Le corps hors du commerce, hors du marché, Arch. de philosophie du droit, p. 323).* Les choses hors commerce sont exclues du commerce juridique et ne peuvent faire l'objet de conventions, que ce soit à titre gratuit ou onéreux, la gratuité du don n'enlève rien à l'opération *(Labbé, p. 338, B. Begnier, art. préc. 6).*

62. En outre, ce critère est insuffisant pour assurer une réelle protection du corps humain à l'égard de la personne. Ainsi, faut-il admettre la validité d'actes de la personne de nature à porter atteinte à l'intégrité du corps humain, au prétexte qu'ils seraient gratuits et exclusifs de tout caractère patrimonial ?

D'autre part, ce critère laisse entière la question du droit de la personne à disposer d'elle-même, et pourrait laisser penser désormais que le consentement suffit à légitimer un acte, « en telle manière que la dignité humaine s'identifie désormais avec la liberté de disposer de soi-même, fut-ce au risque de s'aliéner ou de se détruire, à condition - dernier rempart - que ce ne soit pas dans un but lucratif et que le consentement soit libre et éclairé » (M.T. Meulders-Klein, p. 77).

B. – AUTRES LIMITES

63. Le principe de gratuité assure à l'évidence une moindre protection pour la personne que le principe d'indisponibilité traditionnel *(J.P. Gridel, p.643)* auquel il a été substitué involontairement ou volontairement. La notion d'indisponibilité était encore mentionnée dans l'article 17 du projet de loi, n° 2599 : *« Chacun a droit au respect de son corps. La loi garantit l'inviolabilité et l'indisponibilité du corps humain aux fins d'assurer la dignité de la personne ».* Le terme a disparu au cours de la procédure législative, faute de compréhension de son sens réel, a-t'on écrit *(Ch. Galloux, De corpore Jus, Premières analyses sur le statut juridique du corps humain, ses éléments et ses produits selon les lois, n° 94-653 et 94-654 du 29 juil. 1994, Les petites affiches, op. cit. p. 18).* A l'appui de cette opinion on constate que le rapport Sapin indique que le principe d'indisponibilité, c'est le principe de non patrimonialité.

D'éminents auteurs considèrent cependant que la disparition de l'expression est justifiée, le législateur ne faisant là que consacrer une réalité juridique ayant admis de plus en plus le droit de la personne à disposer d'elle-même *(G. Cornu, op. cit. n° 481)* et qu'au surplus elle est judicieuse, car le principe d'indisponibilité, rattaché historiquement à l'adage *« Noli me tangere »*, serait mal utilisé à propos de la disposition du corps humain, dans la mesure où il exprime l'éminente dignité humaine, principe désormais consacré par la loi *(B. Beignier, L'ordre public et les personnes, art. préc. p.39).*

64. Il semble cependant qu'il demeure nécessaire de protéger la personne contre les risques d'atteinte, fussent-ils subis à l'occasion d'actes à titre gratuits ; il s'agit là, comme le soulignait C. Labrusse, d'un *« ordre public de protection ».* Faut-il admettre que le principe d'indisponibilité survit pour des actes de nature à porter atteinte à l'intégrité physique, non autorisés par la loi, notamment pour les actes de disposition à titre gratuits ? La loi n° 94-653 ne mentionne pas le principe d'indisponibilité, mais la Cour de cassation en a fait un principe de droit à propos des mères porteuses *(infra n° 132)* qu'on ne peut nier *(M. Gobert, art. préc. p. 514)* et un éminent auteur affirme « Le corps humain demeure par principe indisponible » *(J.P. Gridel, Notions fondamentales de droit et droit français p. 643).*

65. La question du droit de la personne à disposer de son corps demeure donc toujours posée malgré la nouvelle législation, en dehors des autorisations légales de disposer et malgré les principes protecteurs, car le consentement de la personne est insuffisant à lui seul pour rendre licite une convention en relation avec le corps humain (cf. nullité de l'opération de tatouage, T.G.I. Paris 3 juin 1969, D. 1970, 7).

Comme le souligne M.G. Cornu (n° 488), « le principe d'auto-disposition est... soumis à diverses exigences et se heurte à d'irréductibles limites ». Le principe de l'extra-commercialité, affirmé par l'article 1128, implique l'illicéïté de tout contrat ayant le corps humain pour objet en dehors des dérogations légales. Mais les lois du 29 juillet 1994, en organisant la *circulation* des éléments et produits du corps humains étendent les possibilités de convention sur le corps humain qui devront cependant être conformes à la loi.

66. L'examen de la validité de la convention nécessite également la recherche du but poursuivi par les parties, en autorisant une atteinte à l'intégrité corporelle, finalité thérapeutique, solidarité humaine, intérêt scientifique... ; mais l'on admettra avec plus de réticence l'acte de disposition n'ayant pas une finalité thérapeutique directe *(C. Labrusse, p. 192).* Il existe un ordre public de protection imposant de protéger l'individu malgré lui et de lui interdire les actes comportant des risques pour sa santé.

La recherche d'une contrepartie financière pouvait avant 1994 paraître constituer une cause illicite mais, si les dons d'éléments ou de produits du corps humain n'étaient admis en général que sous réserve de gratuité *(J. Carbonnier, op. cit., n° 6),* quelques exceptions étaient cependant tolérées pour des substances renouvelables *(J. Carbonnier, ibid.),* et les rémunérations octroyées en contrepartie de dons de sperme, selon un usage fort courant, n'ont jamais semble-t'il entraîné de sanctions malgré les critiques émises par le Comité national d'éthique, du moins avant la loi de 1992. En revanche, cette tolérance est supprimée depuis l'entrée en vigueur des lois du 29 juillet 1994 consacrant la non patrimonialité du corps humain.

CHAPITRE IV

PRINCIPE D'ANONYMAT

§ 1 PRINCIPE

67. Les lois n° 94-653 et 94-654 confirmant les propositions de certains rapports et les règles éthiques existantes *(Cl. Neirinck, op. cit., p. 118)* imposent un principe d'anonymat entre donneurs et receveurs d'éléments ou produits du corps humain et il s'agit d'un principe d'ordre public *(C. civ. art. 16-9)*. L'article 16-8 du Code civil interdit ainsi l'identification du donneur et du receveur et précise que *« le donneur ne peut connaître l'identité du receveur, ni le receveur celle du donneur »*. Le principe est énoncé également dans les mêmes formes dans le Code de la Santé Publique (*art. L. 665-14)* pour le *« don d'éléments ou de produits du corps humain » (Code de la santé publique art. L. 665-14)* et dans une forme voisine en matière de procréation pour le don de gamètes *(C.S.P. art. L. 673-7)*, le don d'embryons *(C.S.P. art. L. 152-5 al. 3)*, le secret devant également être garanti pour le recours à la procréation médicalement assistée avec tiers donneur *(C. civ. art. 311-20)*.

Ce principe, étendu à l'absence de publicité en faveur d'une personne déterminée *(C.S.P. art. L. 665-12)*, est cependant jugé moins important que l'inviolabilité et l'indisponibilité *(Rap. Mattéi, p. 140)*.

68. Le principe est assorti de sanctions, mais curieusement celles-ci sont limitées à la violation de la règle de l'anonymat en matière de procréation ; elles concernent les donneurs de gamètes et des couples receveurs *(C. pén. art. 511-10)*, l'éventuelle désignation d'un couple receveur comme condition au don de gamètes *(C. Pén. art. 511-13)*, la divulgation d'informations nominatifs sur le couple donneur et le couple receveur à propos du don d'embryon *(C. Pén. art. 511-23)*.

Les premiers commentateurs sont assez sceptiques quant à la cohérence et l'intérêt de ces sanctions pénales qui s'expliquent essentiellement par les conséquences en matière de filiation.

§ 2 LIMITES

69. Sur le plan juridique, le principe d'anonymat connaît des limites. D'une part, il n'existe pas en matière de prélèvement d'organes sur une personne vivante, puisque ce prélèvement est subordonné à l'existence d'un lien de parenté *(C.S.P. art. L. 671-3)*.

En outre, la nécessité thérapeutique sans nul doute en faveur du receveur, est une limite légale à ce principe d'anonymat. La loi admet en effet qu'en cas de nécessité thérapeutique, les médecins du donneur et du receveur - mais seulement eux - peuvent avoir accès aux informations permettant l'identification de ceux-ci *(C. civ. art. 16-8 al. 2 ; sur accueil d'embryon, v. infra n. 120)*.

70. Le principe d'anonymat est sans aucun doute protecteur à la fois des donneurs et des receveurs dans les dons d'organes ou de produits humain. Pour la doctrine, l'anonymat s'inscrit dans la logique du don et c'est sans doute une « règle sage » qui évite « les dérives médiatiques » et les « problèmes psychologiques entre le donneur et ses proches et le bénéficiaire de la transplantation » *(J. Savatier, art. préc., p. 10)*.

D'autres auteurs considèrent toutefois qu'il facilite la réification des éléments du corps humain, car l'anonymisation du sang et des gamètes les rend assimilables à des médicaments *(Ch. Byk, La loi relative au respect du corps humain, n° 11)*. En outre, il ne paraît pas toujours conforme à l'intérêt de la Santé Publique *(Ch. Byk, note 18)* et à l'évolution scientifique : ainsi les accidents liés à l'utilisation d'éléments ou produits du corps humain peuvent amener le législateur ou les autorités sanitaires à faire des recherches a posteriori sur les antécédents médicaux des donneurs (par exemple, recherche des donneurs de sang). On peut également ajouter que certaines recherches nécessitent de connaître les membres d'une même famille présentant les mêmes gènes de prédisposition (par exemple étude de l'épilepsie, cf. *Quot. du médecin* 19 juin 1996) ; et que la Convention sur les droits de l'Homme et la biomédecine (v. *supra* n° 9), n'a pas confirmé ce principe d'anonymat.

En outre, en matière de procréation, on objecte qu'il est contraire au principe fondamental du droit de l'enfant à connaître ses origines ; c'est l'argument qu'avaient invoqué les députés dans leur saisine du Conseil Constitutionnel sur le fondement de la loi du 16 novembre 1912 autorisant un enfant à rechercher une paternité hors mariage, et sur celui de la responsabilité personnelle *(C. civ. art. 1382)* ; le Conseil a toutefois écarté ces deux arguments. Mais, pour les psychologues, il s'agit d'une « dépersonnification du donneur », et de « la paix pour les médecins » *(Ch. Byck, art. préc. note 18 et réf. citée)* sur le secret des origines *(J. Guyotat, in rapport N. Lenoir, t. 2, p. 130, infra n° 110)*.

CHAPITRE V

GARANTIES JUDICIAIRES

71. Les lois ont prévu des garanties judiciaires préventives et des sanctions. En premier lieu, la loi dispose que « le juge peut prescrire toutes mesures propres à empêcher ou faire cesser une atteinte illicite au corps humain ou des agissements illicites portant sur des éléments ou des produits de celui-ci » *(C. civ. art. 16-3)*.

72. La loi n° 94-653 (art. 9) prévoit des sanctions spécifiques à ces atteintes d'un type nouveau, sanctions intégrées dans le Code pénal. L'art. 511-1 dispose que *« le fait de mettre en œuvre une pratique eugénique tendant à l'organisation de la sélection des personnes est puni de vingt ans de réclusion criminelle »*.

73. La protection de l'exigence de gratuité en matière d'utilisation de produits et d'éléments du corps humain est assurée par de nouvelles sanctions intégrées dans le Code pénal applicable aux auteurs de prélèvements, mais non aux victimes. Ces sanctions sont plus importantes pour l'utilisation des organes que pour celle de tissus, cellules ou produits *(Loi n° 94-653, section 2)*.

Il est prévu sept ans d'emprisonnement et 700 000 F d'amende, pour le fait :

– d'obtenir d'une personne l'un de ses organes contre un paiement, quelle qu'en soit la forme, ou d'apporter son entreprise pour favoriser l'obtention d'un organe contre le paiement de celui-ci, ou de céder à titre onéreux un tel organe du corps d'autrui, y compris lorsque l'organe vient d'un pays étranger *(art. 511-2)*,

– de prélever un organe sur une personne vivante majeure sans que le consentement de celle-ci ait été recueilli dans les conditions prévues par l'article L. 671-3 du Code de la Santé Publique, ou de « prélever un organe sur un donneur vivant mineur ou sur un donneur vivant majeur faisant l'objet d'une mesure de protection légale, sans avoir respecté les conditions prévues aux articles L. 671-4 et L. 671-5 du Code de la Santé Publique » *(art. 511-3)*.

La loi prévoit une peine de cinq ans d'emprisonnement et de 500 000 F d'amende pour le fait :

– d'obtenir d'une personne le prélèvement de tissus, de cellules ou de produits de son corps contre un paiement, quelle qu'en soit la forme, ou d'apporter son entreprise dans le même but *(art. 511-4)*,

- de prélever un tissu ou des cellules ou de collecter un produit sur une personne vivante majeure, sans qu'elle ait exprimé son consentement ou les mêmes faits sur une personne vivante majeure faisant l'« objet d'une mesure de protection... » (art. 511-5).

I. – BIBLIOGRAPHIE

A. CHARAF ELDINE, *Le droit des transplantations d'organes,* Thèse Paris II, 1975 – « Les prélèvements d'organes », (commentaire de la loi du 22 décembre 1976, R.T.D. San. et Soc. 1978, p. 445) – DOLL, *La discipline des greffes, des transplantations et des autres actes de disposition concernant le corps humain,* Ed. Masson 1970 – P. DE GOUSTINE, *La détermination de la mort en droit positif,* R.T.D. San. et Soc. 1990, 595 – F. GRANET-LAMBRECHTS, *Les dons d'organes, de tissus, de cellules et de produits du corps humain : de la loi Caillavet aux lois de bioéthique,* R.T.D. San. et Soc. 1995, p. 1 – J. B. GRENOUILLEAU, Commentaire de la loi du 22 décembre 1976, D. 1977, Chr. p. 213 – M. A. HERMITTE, *Le corps hors du commerce, hors du marché,* Arch. de philosophie du droit, t. 33, p. 323 – J. HORS et J. S. CAYLA, *Pratique des prélèvements et transplantations,* Médecine et droit, Ed. Tech. 1994, n° 8, p. 115 – X. LABBÉE, *La condition juridique du corps humain avant la naissance et après la mort,* Presses Universitaires de Lille 1990 – J. MÉMETEAU, *Les droits du mourant,* La vie judiciaire, 1988, n° 2208 – TH. MEULDERS KLEIN, *Le droit de disposer de soi-même,* Étendue et limites en droit comparé, Actes des X Journées d'Études Juridiques Jean Dabin, Bruxelles, Bruylant 1982, p. 215-588 – J. MICHAUD, *Prélèvements-transplantations-greffes, Nouvelles dispositions,* Médecine et droit, Ed. Tech. 1994, n° 8, p. 114 – J. ROBERT, *La révolution biologique et génétique face aux exigences du droit,* R.D.P. 1984, p. 1255-1281 – R. SAVATIER, *Les problèmes juridiques des transplantations d'organes humains,* J.C.P. 69, I, 2247).

Annexe II

DOC 1

Conseil Constitutionnel – 15 janvier 1975

LE CONSEIL CONSTITUTIONNEL ; Saisi le ... déc. 1974 par M. Jean Foyer, Marc Lauriol, etc., députés à l'Assemblée Nationale, dans les conditions prévues à l'art. 61 de la Constitution, du texte de la loi relative à l'interruption volontaire de grossesse, telle qu'elle a été adoptée par le Parlement ;... – Considérant que l'art. 61 de la Constitution ne confère pas au Conseil Constitutionnel un pouvoir général d'appréciation et de décision identique à celui du Parlement, mais lui donne seulement compétence pour se prononcer sur la conformité à la Constitution des lois déférées à son examen ; – Considérant, en premier lieu, qu'aux termes de l'art. 55 de la Constitution : « Les traités ou accords régulièrement ratifiés ou approuvés ont, dès leur publication, une autorité supérieure à celle des lois, sous réserve, pour chaque accord ou traité, de son application par l'autre partie » ; – Considérant que, si ces dispositions confèrent aux traités, dans les conditions qu'elles définissent, une autorité supérieure à celle des lois, elles ne prescrivent ni n'impliquent que le respect de ce principe doive être assuré dans le cadre du contrôle de la conformité des lois à la Constitution prévu à l'art. 61 de celle-ci ; – Considérant, en effet que les décisions prises en application de l'art. 61 de la Constitution revêtent un caractère absolu et définitif, ainsi qu'il résulte de l'art. 62, qui fait obstacle à la promulgation et à la mise en application de toute disposition déclarée inconstitutionnelle ; qu'au contraire, la supériorité des traités sur les lois, dont le principe est posé à l'art. 55 précité, présente un caractère à la fois relatif et contingent, tenant, d'une part, à ce qu'elle est limitée au champ d'application du traité et , d'autre part, à ce qu'elle est subordonnée à une condition de réciprocité dont la réalisation peut varier selon le comportement du ou des États signataires du traité et le moment où doit s'apprécier le respect de cette condition ; – Considérant qu'une loi contraire à un traité ne serait pas, pour autant, contraire à la Constitution ; – Considérant qu'ainsi le contrôle du respect du principe énoncé à l'art. 55 de la Constitution ne saurait s'exercer dans le cadre de l'examen prévu à l'art. 61, en raison de la différence de nature de ces deux contrôles ; – Considérant que, dans ces conditions, il n'appartient pas au Conseil Constitutionnel, lorsqu'il est saisi en application de l'art. 61 de la Constitution, d'examiner la conformité d'une loi aux stipulations d'un traité ou accord international ; – Considérant, en second lieu, que la loi relative à l'interruption volontaire de la grossesse respecte la liberté des personnes appelées à recourir ou à participer à une interruption de grossesse, qu'il s'agisse d'une situation de détresse ou d'un motif thérapeutique ; que, dès lors, elle ne porte pas atteinte au principe de liberté posé à l'art. 2 de la Déclaration des droits de l'homme et du citoyen ; – Considérant que la loi déférée au Conseil constitutionnel n'admet qu'il soit porté atteinte au principe du respect de tout être humain dès le commencement de la vie, rappelé dans son art. 1er, qu'en cas de nécessité et selon les conditions et limitations qu'elle définit ; – Considérant qu'aucune des dérogations prévues par cette loi n'est, en l'état, contraire à l'un des principes fondamentaux reconnus par les lois dans le Préambule de la Constitution du 27 oct. 1946, selon lequel la Nation garantit à l'enfant la protection de la santé, non plus qu'aucune des autres dispositions ayant valeur constitutionnelle édictées par le même texte ; – Considérant, en conséquence, que la loi relative à l'interruption volontaire de la grossesse ne contredit pas les textes auxquels la Constitution du 4 oct. 1958 fait référence dans son Préambule non plus qu'aucun des articles de la Constitution ;

Art. 1er – Les dispositions de la loi relative à l'interruption volontaire de la grossesse, déférée au Conseil constitutionnel, ne sont pas contraires à la Constitution.

DOC 2

Du 15 janv. 1975 – Cons. const.
LE CONSEIL CONSTITUTIONNEL
(27 juillet 1994, Extraits)

...Sur les normes de constitutionnalité applicables au contrôles des lois déférées : – Considérant que la Préambule de la Constitution de 1946 a réaffirmé et proclamé des droits, liberté et principes constitutionnels en soulignant d'emblée que : « Au lendemain de la victoire remportée par les peuples libres sur les régimes qui ont tenté d'asservir et de dégrader la personne humaine, le peuple français proclame à nouveau que tout être humain, sans distinction de race, de religion ni de croyance, possède des droits inaliénables et sacrés » ; qu'il en ressort que la sauvegarde de la dignité de la personne humaine contre toute forme d'asservissement et de dégradation est un principe à valeur constitutionnelle ; – Considérant que la liberté individuelle est proclamée par les art. 1er, 2 et 4 de la Déclaration des droits de l'homme et du citoyen ; qu'elle doit toutefois être conciliée avec les autres principes de valeur constitutionnelle ; – Considérant qu'aux termes du dixième alinéa du Préambule de la Constitution de 1946 : « La nation assure à l'individu et à la famille les conditions nécessaires à leur développement » et qu'aux termes de son onzième alinéa : « Elle garantit à tous, notamment à l'enfant, à la mère..., la protection de la santé... ».

Sur les dispositions contestées par les députés auteurs de la seconde saisine : – En ce qui concerne les art. 8 et 9 de la loi relative au don et à l'utilisation des éléments et produits du corps humain, à l'assistance médicale à la procréation et au diagnostic prénatal : [...]

....

Considérant que les députés auteurs de la seconde saisine soutiennent que cette dernière disposition porte atteinte au droit à la vie des embryons qui selon eux possèdent dès la conception tous les attributs de la personne humaine ; qu'elle établit une discrimination rompant le principe d'égalité entre les embryons selon qu'ils auront été conçus avant ou après la date de la promulgation de la loi ; que de même la loi ne pouvait sans méconnaître le principe d'égalité entre embryons humains d'un couple autoriser les parents et le corps médical à « sélectionner ceux des embryons qui seront réimplantés de ceux qui ne le seront pas » et « à sélectionner ceux des embryons qui seront donnés à des couples tiers de ceux qui ne le seront pas » ; que la possibilité ménagée par la loi de mener des études sur les embryons porte atteinte au respect de l'intégrité de la personne et du corps humain ; que la sélection des embryons méconnaît le principe à valeur constitutionnelle de la protection du patrimoine génétique de l'humanité ; que la possibilité d'avoir des enfants dont le parent naturel est un « tiers donneur » met en cause les droits de la famille tels qu'ils ont été conçus et garantis par le Préambule de la constitution de 1946 ; que l'interdiction faite aux enfants qui seront nés d'une fécondation *in vitro* faisant intervenir un « tiers donneur » de connaître leur identité génétique et leurs parents naturels porte atteinte au droit à la santé de l'enfant et au libre épanouissement de la personnalité ; que le législateur ne pouvait reconnaître à la commission nationale de médecine et de biologie de la reproduction et du diagnostic prénatal un pouvoir d'avis conforme sans violer le principe constitutionnel de séparation des pouvoirs d'autant plus qu'il a renvoyé au pouvoir réglementaire la détermination de la composition de cette commission ; Considérant que le législateur a assorti la conception, l'implantation et la conservation des embryons fécondés *in vitro* de nombreuses garanties ; que, cependant, il n'a pas considéré que devait être assurée la conservation ,en toutes circonstances, et pour une durée indéterminée, de tous les embryons déjà formés ; qu'il a estimé que le principe du respect de tout être humain dès le commencement de sa vie ne leur était pas applicable ; qu'il a par suite nécessairement considéré que le principe d'égalité n'était pas non plus applicable à ces embryons ; Considérant qu'il n'appartient pas au Conseil constitutionnel, qui ne détient pas un pouvoir d'appréciation et de décision identique à celui du Parlement de remettre en cause, au regard de l'état des connaissances et des techniques, les dispositions ainsi prises par le législateur ; Considérant que, s'agissant de la sélection des embryons, il n'existe, contrairement à ce que soutiennent les saisissants, aucune disposition ni aucun principe à valeur constitutionnelle consacrant la protection du patrimoine génétique de l'humanité ; qu'aucune disposition du Préambule de la Constitution de 1946 ne fait obstacle à ce que les conditions du développement de la famille soient assurées par des dons de gamètes ou d'embryons de donner les moyens aux enfants ainsi conçus de connaître l'identité des donneurs ne saurait être regardée comme portant atteinte à la protection de la santé telle qu'elle est garantie par ce préambule ; qu'enfin, s'agissant des décisions individuelles relatives à des études à finalité administrative, dont les règles générales de composition sont définies par l'art. L. 184-3 nouveau c. santé publ. et à l'embryon, pouvait être prévue par le législateur sans qu'il méconnaisse par là sa propre compétence ;

En ce qui concerne les art. 12 et 14 de la même loi :

Considérant que l'art. 12 de la loi insère au début du chapitre IV du titre 1er du livre II c. santé publ. un art. L. 162-16 ; que celui-ci organise un diagnostic prénatal ayant pour but de détecter *in utero* chez l'embryon ou le foetus une affection d'une particulière gravité ; que l'art. 14 de la loi insère un art. L. 162-17 qui pose les conditions auxquelles peut être effectué un diagnostic biologique à partir de cellules prélevées sur l'embryon *in vitro* ; Considérant que les députés auteurs de la seconde saisine prétendent que ces dispositions, qui faciliteraient le recours à l'interruption volontaire de grossesse, portent atteinte au droit à la vie ; Considérant que l'art. L 162-16 qui concerne le diagnostic prénatal *in utero* n'autorise aucun cas nouveau d'interruption de grossesse ; que l'art. L. 162-17 ne concerne que les diagnostics effectués à partir de cellules prélevées sur l'embryon *in vitro* ; que dès lors le grief invoqué manque en fait.

En ce qui concerne l'art. 10 de la loi relative au respect du corps humain : – Considérant que l'art. 10 de la loi insère au chapitre 1er du titre VII du livre 1er c. civ. une section 4 intitulée « De la procréation médicalement assistée » comprenant deux articles nouveaux 311-19 et 311-20 ; que l'art. 311-19 dispose qu'en cas de procréation médicalement assistée avec « tiers donneur » aucun lien de filiation ne peut être établi entre l'auteur du don et l'enfant issu de la procréation et qu'aucune action en responsabilité ne peut être exercée à l'encontre du donneur ; que l'art. 311-20 régit les conditions dans lesquelles les époux et concubins demandeurs doivent préalablement donner leur consentement à un juge ou un notaire qui les informe des engagements qu'ils prennent de ce fait au regard de la filiation ; Considérant que les députés auteurs de la saisine mettent en cause l'anonymat des donneurs de gamètes vis-à-vis de l'enfant à naître au regard du principe de responsabilité personnelle posé par l'art. 1382 c. civ. ; qu'ils font valoir en outre l'existence d'un principe fondamental reconnu par les lois de la République qui procéderait des dispositions de la loi du 16 nov. 1912 permettant à l'enfant de rechercher la paternité hors mariage à certaines conditions ; Considérant que les dispositions de cette loi n'ont eu ni pour objet, ni pour effet de régir les conditions d'attribution de paternité en cas d'assistance médicale à la procréation ; qu'aucune disposition ni aucun principe à valeur constitutionnelle ne prohibe les interdictions prescrites par le législateur d'établir un lien de filiation entre l'enfant issu de la procréation et l'auteur du don et d'exercer une action en responsabilité à l'encontre de celui-ci ; que par suite les griefs des requérants ne sauraient qu'être écartés ;

Sur l'ensemble des dispositions des lois soumises à l'examen du Conseil constitutionnel : – Considérant que lesdites lois énoncent un ensembles de principes au nombre desquels figurent la primauté de la personne humaine, le respect de l'être humain dès le commencement de sa vie, l'inviolabilité, l'intégrité et l'absence de caractère patrimonial du corps humain ainsi que l'intégrité de l'espèce humaine ; que les principes ainsi affirmés tendent à assurer le respect du principe constitutionnel de sauvegarde de la dignité de la personne humaine ; Considérant que l'ensemble des dispositions de ces lois mettent en oeuvre, en les conciliant et sans en méconnaître la portée, les normes à valeur constitutionnelle applicables.

Art. 1er La loi relative au respect du corps humain et la loi relative au don et à l'utilisation des élément et produits du corps humain, à l'assistance médicale à la procréation et au diagnostic prénatal sont déclarées conformes à la Constitution.

CONS. CONST. 27 juillet 1994 – M. Badinter, prés.

TITRE II

LA NAISSANCE

74. La liberté sexuelle de chacun est totale en droit français, celui ci organisant seulement la protection de la liberté et de l'intimité (J.P. Gridel, op. cit. p. 646) ce qui rend toutes les pratiques sexuelles licites à l'exception de certaines d'entre elles susceptibles d'entrainer des sanctions pénales, notamment l'inceste. Cependant les homosexuels – jadis considérés comme des malades mentaux – invoquent des discriminations et revendiquent un droit à la différence *(J. Robert, Droits de l'homme et libertés fondamentales p. 336)* et, souscrivant à ce courant, le législateur a supprimé en 1982 les sanctions pénales pouvant frapper les actes homosexuels commis sur des mineurs *(L. 82-683 du 4 aout 1982 ,sur cette question Ph. Jestaz et P. Godé, R T. D. Civ. 1982 p. 795)*. La jurisprudence sociale s'était montrée hostile au concubinage homosexuel *(Cass. Soc. 11 juil. 1989, R.T.D. San. et soc. 1990, p. 116, obs. M. Harichaux)* mais une loi a étendu la notion d'ayant droit, et l'assurance maladie à ce titre,aux couples homosexuels *(L. 27 janvier 1987, J.O. 30 janvier 1987 et déc. du 27 mars 1987, J.O. 28 mars 1987 ; Sur libéralités entre concubins homosexuels, G. Champenois, obs. sous T.G.I. Paris 28 juin 1985, Defrénois 1985, 1161)*.

On pouvait croire que l'homosexualité conduisait au refus de procréation, mais la jurisprudence illustre les nouveaux miracles dus à la procréation artificielle, puisque la Cour de cassation eut à connaitre d'une revendication de garde d'enfant dont les deux parents étaient engagés chacun dans une relation homosexuelle *(Cass. civ. Ire 9 mars 1994, D.S. 1995, p. 199 note Montéiro, Les Petites Affiches 1994, n. 116 p. 21 note Massip, approuvant Bordeaux 22 avril 1992, J.C.P. 93, IV,185, R.T.D. civ. 1992 p. 552, v. infra n° 102)*.

75. La volonté de procréer ou de ne pas procréer est considérée comme une manifestation de cette liberté sexuelle. On doit cependant distinguer entre le refus qui est un droit conditionnel *(J. Robert, p. 219, 5e éd.)* et la volonté de procréer, manifestation de la liberté procréative *(J. Robert p. 205, 5e éd.)*.

Cette distinction entre l'aspect négatif et l'aspect positif de la procréation, se retrouve également dans l'évolution chronologique des questions liées à la procréation, la procréation dite artificielle étant apparue à partir des années 60 et n'ayant fait l'objet d'une législation importante qu'en juillet 1994.

CHAPITRE I

REFUS DE PROCRÉATION

76. Le refus de procréation se pratique depuis toujours, soit sous forme d'avortement, soit par le recours à la stérilisation, en principe interdite ; mais cette possibilité de refus a été facilitée par la législation accompagnant une orientation médicale soucieuse d'éviter les accidents et un courant féministe revendiquant la maitrise de la procréation, législation qui s'est traduite par la loi sur la contraception et une dépénalisation croissante de l'avortement.

§ I STÉRILISATION

77. La stérilisation s'entend de « *la suppression définitive de la possibilité de reproduction d'un être vivant* » *(Dict. Médecine, Ed. Flammarion).*

Il n'existe pas de législation en matière de stérilisation, mais l'on considère qu'en droit la stérilisation est illicite car assimilée à une mutilation volontaire, à des coups et blessures volontaires *(C. pén. art. 222-9)* depuis un arrêt de la cour de cassation de 1937 ayant condamné un médecin pour avoir pratiqué une stérilisation dans l'affaire dite des stérilisés de Bordeaux *(Cas. crim. 1er juillet 1937; S. 1938, 1, 193, note Tortat ; D.H. 1937, 537 ; Gaz. Pal 1937, 2, 358 ; Rev. Sc. crim. 1937, 680, obs. Magnol).* Le comité consultatif national d'éthique a rendu deux avis le 3 avril 1996 : 1) la stérilisation envisagée comme mode de contraception définitive (n° 50) ; 2) la contraception chez les personnes handicapées mentales (n° 49).

Mais cette condamnation juridique doit être atténuée pour certaines formes de stérilisation ; les médecins distinguent en effet plusieurs types de stérilisation en fonction de leur finalité : stérilisation thérapeutique, contraceptive, eugénique et de convenance *(J.H. Soutoul et F. Pierre, Gynécologie et reproduction, Ed. Maloine 1991 p. 241* et s.*).*

78. La stérilisation thérapeutique est licite. Le conseil de l'ordre des médecins qui condamnait la stérilisation en la considérant comme une mutilation, admet qu'elle puisse être réalisée pour « *des motifs sérieux qui amènent à déconseiller formellement et définitivement la grossesse* ». *(Résolution du 28 janvier 1983, Bull. Ordre avril 1983, p. 167)* ; il s'agit donc d'un acte médical dès lors que le but de l'intervention est de préserver la vie d'une femme que mettrait en danger une nouvelle grossesse (*J. Robert*, Rapport sur le corps humain et la liberté individuelle en droit français *in Le corps humain et le droit, Trav. Ass. Capitant, 1975, p. 472*).

Toutefois cette intervention ne saurait être pratiquée sans le consentement de la femme, comme l'indique le conseil d'état *(C.E. 27 janv. 1982, D.S. 1982, p. 276, obs. Penneau)*, ainsi que la cour de cassation en soulignant que cette intervention n'est pas *« destinée à prévenir un danger immédiat pour (la) vie mais seulement à empêcher un risque futur en cas d'une éventuelle grossesse et qu'elle impliquait de surcroit un choix strictement personnel de la part de l'intéressée » (Cass. civ. Ire 11 oct. 1988, J.C.P. 89, II, 21358, note Dorsner-Dolivet ; J.C.P. 89, II, 21222 note G. Memeteau à propos d'une ligature des trompes de Fallope pratiquée lors d'un accouchement)*. La résolution adoptée par le conseil de l'ordre indique également que « le consentement du sujet est indispensable », qu'un « délai de reflexion de deux mois doit être imposé ».et conseille également d'avertir le conjoint ; dans le même sens certains auteurs considèrent qu'une stérilisation contraceptive pratiquée à l'insu du conjoint constituerait une faute au sens de l'article 242 du code civil *(G. Mémeteau, Le droit médical, Ed. Litec n° 457)*.

Le médecin doit en outre, conformément aux règles, informer sur les risques résiduels de grossesse *(Cass. civ. I, 9 mai 1983, J.C.P. 84, II 20362, note Dornsner-Dolivet)*. Mais le consentement, fut-il éclairé, ne justifierait pas l'infraction.

VOIR ANNEXE III – P. 66

79. La question de la licéité se pose surtout à propos de la stérilisation à finalité anticonceptionnelle. En France en effet, malgré l'illicéité de principe des stérilisations qui pourrait entraîner la condamnation pénale du médecin, les stérilisations sont nombreuses en pratique ; plusieurs milliers de ligatures des trompes seraient réalisées en France, ainsi que de nombreuses vasectomies chez les hommes ; aussi les médecins s'inquiètent ; la société des anesthésistes réanimateurs rappelle en 1993 l'illégalité de l'acte sans motifs médicaux sérieux : *« Une pratique hors la loi. Plus de vingt mille actes de contraception par stérilisation sont pratiqués chaque année en France. Les médecins réclament une loi » (Impact Médecin 18 nov. 1994)*. Ils réclament d'autant plus une loi que certaines compagnies d'assurance ne veulent plus prendre en charge les complications de la stérilisation compte tenu de son caractère illicite *(A. Dorsner-Dolivet et J.H. Soutoul, Médecine et droit, sept. oct. 1993, p. 42. – G. Mémeteau Remarques sur la stérilisation non thérapeutique après les lois bioéthiques, J.C.P. 95, I, 3838)*.

Mais l'opinion des juristes est controversée à propos de l'opportunité d'une telle législation, Certains auteurs considèrent qu'au plan de la liberté individuelle la femme doit pouvoir se faire stériliser si elle le désire *(J. Robert, Rap. sur le corps humain et le droit, p. 472)* ; d'autres y sont opposés au motif qu'*« en se privant définitivement du droit de procréer l'individu.... pourrait devenir l'artisan d'une atteinte grave à son propre régime de liberté » (Regourd, Les droits de l'homme devant les manipula-*

tions de la vie et de la mort, Rev. dr. pub. 1981, p. 419). Pour sa part le C.C.N.E. a refusé de prendre parti dans son avis (n° 50) estimant qu'il s'agit d'un « débat de société » et il rappelle les principes de droit applicables : information sur le caractère irreversible, et exigence d'un consentement libre et éclairé.

80. La stérilisation à finalité eugénique soulève encore davantage d'oppositions.Pour certains cette intervention constitue une *atteinte inadmissible à la liberté et à la dignité humaine* tandis que d'autres considèrent que cette même dignité peut justifier une *lutte contre les tares*, un *combat pour l'amélioration de l'espèce, (cf. sur cette question T. Cornavin, Théorie des droits de l'homme et progrès de la biologie, in, Les droits de l'Homme, Droits, PUF 1985 p. 101).*

La question s'est posée tout particulièrement à propos des handicapés mentaux (*La douloureuse question de la procréation des handicapés mentaux, Pan. Méd. 4 avr. 1991*). Selon certains spécialistes, il conviendrait d'admettre la légitimité de la stérilisation en cas de risque grave « d'ordre psychique ou relationnel », c'est-à-dire pour des débiles profonds incapables d'utiliser des contraceptifs ou d'élever un enfant *(J.H. Soutoul et F. Pierre, La responsabilité médicale et les problèmes médico-légaux en gynécologie et reproduction, Ed. Maloine, 1989, p. 233).* Mais qui serait en droit de consentir pour eux ? Et pour quelle finalité ? L'état ? La famille ? *(G. Mémeteau, note sous C.E. 29 janv. 1988 sur l'eugénisme v. infra n° 94 et sur diagnostic préimplantatoire, n° 112).* Le comité consultatif national d'éthique dans son avis du 17 avril 1996 n'exclut pas le recours à la stérilisation sous réserve de certaines conditions médicales et psychologiques afin de respecter la liberté sexuelle de la personne tout en protégeant cette dernière notamment : absence d'autre possibilité de contraception pour une personne ayant une activité sexuelle, étant fertile, ayant au moins 20 ans, recherche du consentement de la personne concernée, choix d'une technique de stérilisation présentant les meilleures chances de réversibilité, intervention effectuée par un centre habilité.

§ 2 RÉGULATION DES NAISSANCES

81. Si *« la provocation à l'avortement et la propagande anticonceptionnelle »* étaient interdites par une loi du 31 juillet 1920, l'absence d'effectivité de cette loi répressive et l'évolution des idées, devaient susciter le dépôt d'un certain nombre de projets et propositions à partir de 1956 qui aboutirent à l'adoption de la loi Neuwirth de 1967, admettant la régulation des naissances et reconnaissant un « droit à la contraception ». Toutefois elle continuait à réglementer la vente de contraceptifs et subordonnait la vente de contraceptifs aux mineurs à la production d'une autorisation écrite des parents.

Ce régime a été modifié par la loi n° 74-1026 du 4 décembre 1974 prévoyant un développpement de l'information, la vente de contraceptifs en pharmacie sur présentation d'une prescription médicale et la prise en charge par la Sécurité sociale des produits contraceptifs. Les mineures peuvent obtenir gratuitement des contraceptifs sur prescription médicale, sans consentement écrit de leurs parents.

§ 3 INTERRUPTION DE GROSSESSE

82. L'interruption de grossesse est toujours très controversée dans la mesure où elle crée un conflit entre la liberté de la femme et le droit de l'enfant à naître et, qu'il s'agisse d'interruption volontaire ou thérapeutique de grossesse, le législateur est toujours à la recherche d'un difficile équilibre, compte tenu des croyances philosophiques, religieuses scientifiques opposées. *(v. J. Rubbelin-Devichi, Le droit et l'interruption de grossesse, Les Petites Affiches, 7 juin 1996, p. 19).*

A. – INTERRUPTION VOLONTAIRE DE GROSSESSE

1) Reconnaissance de l'interruption volontaire de grossesse

83. La législation répressive de 1920 en matière d'avortement – dont la seule exception était constituée par l'admission de l'avortement thérapeutique, – très critiquée vers les années 1970, a suscité l'adoption de la loi 75-17 du 17 janvier 1975 admettant l'interruption de grossesse pendant un délai de cinq ans, puis de la loi n° 79-1204 du 31 décembre 1979 procédant à l'adoption définitive des dispositions précédentes. La loi reconnaît à la femme la possibilité de demander à un médecin l'interruption de la grossesse *(C.S.P. art. L. 162-1)* et supprime les sanctions pénales applicables à l'avortement si les conditions de fond sont réunies.

Cette loi, jugée trop permissive, a rencontré de vives oppositions émanant des partisans du respect de la vie dès la conception qui ont exercé de nombreux recours fondés en premier lieu sur l'inconstitutionnalité d'une loi admettant la suppression d'embryons âgés de moins de dix semaines, malgré l'article Ier proclamant le *« respect de tout être humain dès le commencement de la vie »* argument rejeté par le conseil constitutionnel en 1975, *(Cons. Const. 15 janv. 1975, D. 1975, 529 ; supra n° 34)* ; le même rejet fut opposé à propos des embryons surnuméraires mais ces derniers ne présentent pas la même opposition d'intérêt avec la femme *(Déc. n° 94-343-344 du 27 juillet 1994 ; J.O. 29 juillet 1994. – J.P. Duprat, A la recherche d'une protection constitutionnelle du corps humain : la décision 94-343-344 D.C. du 27 juillet 1994, Bioéthique, Les Petites Affiches, n° spécial, 14 déc. 1994, p. 34, v. supra n° 34)*. D'autres recours contre cette loi de 1975 ont été exercés devant le conseil d'état mais vainement *(C.E. 29 mai 1985, n° 46946. Union syndicale des professions de santé respectant la vie humaine. C.E. 3 décembre 1980 Piettre, Rec. 458, à propos du remboursementde l'IVG. – C.E. 4 août 1982, n° 19852. Union syndicale des médecins respectant la vie humaine, pour opposition au code de déontologie),* puis à propos de l'autorisation de mise en vente de pillules abortives, Myfégine ou RU 486 *(C.E. 17 oct. 1990, concl. Stirn, R.T.D. San. et Soc. 1991 p. 58, obs. Auby et G. Viala. C.E 21 décembre 1990, Confédération nationale des associations familiales catholiques, AJ.D.A. 1991, 158, J.C.P. 91, éd. G. IV p. 132).*

84. Compte tenu des oppositions persistantes à l'interruption de grossesse par les partisans du droit à la vie de l'embryon dès la conception, les actions tentant de paralyser la pratique de ces IVG se sont multipliées et le législateur a du lui même adopter d'autres textes de nature à faciliter la réalisation de ce qui a été reconnu comme un droit – conditionnel – de la femme. Un délit d'entrave à l'interruption de grossesse a été instauré en 1993 *(L. n° 93-121 du 27 janvier 1993, J.O. 30 janv. 1993, C.S.P. art. L. 162-15)*, l'action pouvant être exercée par toute association constituée depuis au moins cinq ans dont l'objet comporte « *la défense des droits des femmes à accéder à la contraception et à l'avortement* » *(C.S.P. art. L. 162-15-1)* Les « commandos anti-I.V.G. » ont été condamnés à plusieurs reprises *(v. J. Rubbelin-Devichi, art. préc. p. 22)* et leurs arguments rejetés par la Cour de cassation *(Cass. crim. 27 nov. 1996, Le Monde 29 nov. 1996)*.

On constate par ailleurs un désintérêt croissant des médecins pour l'avortement et le jeu de plus en plus fréquent de la clause de conscience qui leur est reconnue par l'article L. 162-8 du code de la santé publique, clause non applicable aux pharmaciens à propos de la vente de contraceptifs *(cf. déclaration Ordre des pharmaciens, Quot. Méd. 5 décembre 1994)*. Cette tendance a amené les autorités en charge de la Santé Publique à adopter plusieurs textes *(Circ. interm. du 27 février 1992, J.O. 14 mars 1992)*, en vue notamment d'encourager les médecins hospitaliers à accepter la pratique d'avortements ; comme le souligne un de ces textes « *...il paraît maintenant nécessaire de franchir un nouveau pas et les mentalités évoluant, de prendre toutes mesures pour intégrer cette activité dans le fonctionnement normal des services médicaux des établissements publics de santé* » *(Circ. Min. Santé n° 11023 du 18 mars 1993 relative à la pratique des IVG dans les établissements de santé)* et une circulaire ministérielle demande aux préfets de prendre en considération les engagements des médecins au regard de l'IVG avant nomination dans un service de gynécologie obstétrique *(E.Hubert, JOAN 2 août 1993 p. 2364)*.

85. Parallèlement la législation a évolué vers une certaine dépénalisation avec l'adoption du nouveau code pénal, *(L. n° 22 juillet 1992, J.O. 23 juill.1992, p. 9864, 9875, 9887, 9893)*, les modifications introduites en matière d'avortement changeant l'esprit de la loi, selon les pénalistes, *(A. Giudicelli, Le droit pénal de la bioéthique, Les Petites Affiches, Bioéthique n° spécial, 14 déc. 1994, p. 84)*. En effet, la loi de 1975 était considérée comme un texte d'exception car il était de principe que l'avortement était un délit réprimé par l'article 317 du code pénal, en dehors des cas légaux d'interruption de grossesse *(Paris Ire ch. d'accusation 9 juil. 1982 : J.C.P. 1983, II 19969)*. En revanche avec la réforme du code pénal, le principe est désormais que, du moins en droit pénal, l'interruption de grossesse est légale, et parfois elle est illégale (art. 223-10, 223-11, 223-12) en cas de non respect des conditions imposées.

2) Conditions de l'interruption volontaire de grossesse

a) Conditions de fond

86. La première condition est que la femme enceinte se trouve placée dans une situation de *« détresse »*. L'appréciation de l'état de détresse de la femme, condition de licéité de l'I.V.G. aux termes de l'article L. 162-1 du code de la santé publique, relève de la femme elle-même, et plus précisément selon le Pr. Jacques Robert *« du droit de la femme de disposer seule de son corps »* (op. cit. p. 218). La *« détresse »* a été définie comme *« résultant pour la femme de la conjonction d'éléments sociaux, familiaux, financiers ou moraux »*, mais elle n'est pas constitutive de la notion de *« péril »* prévue par l'article 63 de l'ancien Code pénal ce qui obligerait un médecin à pratiquer l'I.V.G. *(Trib. cor. Rouen, 9 juil. 1975, D. 1976, 531, note Roujou de Boubée ; J.C.P. 76, II, 18258 note R. Savatier).* Certains auteurs ne manquent pas de souligner l'imprécision de la notion de détresse, pouvant parfois être confondue avec la convenance *(G. Mémeteau, Le droit médical, op. cit. n° 489).*

87. Comme il s'agit d'un *droit* de la femme, il a été admis par le conseil d'état et malgré les termes de l'article L. 162-4 du code de la santé publique, précisant *« chaque fois que cela est possible le couple participe à la consultation et à la décision à prendre »*, que le père ne pouvait s'opposer au droit de la femme d'interrompre la grossesse, le conseil rappelant que ce texte *« n'a ni pour objet, ni pour effet de priver la femme majeure du droit d'apprécier elle-même si sa situation justifie l'interruption de la grossesse » (C.E. 31 oct. 1980 Lebas, J.C.P. 82, II, 19732 note Dekeuwer-Défossez ; D.S. 1981, J. 38, conc. B. Genevois, RD.P. 1981, p. 216 note J. Robert, R.T.D. San. et Soc. 1981, p. 81, note J.M. Lemoyne de Forges, p. 247, note L. Dubouis).* Il a été jugé qu'elle pouvait constituer une faute, cause de divorce, si elle se heurte à la volonté exprimée par le mari *(Paris 15 nov. 1979, 24e ch. non publié)* au motif qu'elle ne constituait pas une cause d'adultère *(Paris 7 juil. 1981, 17e ch. non publié).* Cette opinion est conforme à la jurisprudence européenne *(Décision de la commission européenne 13 déc. 1980, cf. B. Edelman, in L'homme, la nature et le droit p. 114)* mais elle paraît à certains auteurs contraire à la philosophie dissuasive de la loi *(J.M. Lemoyne de Forges, obs. préc. ; contra, L. Dubouis).*

88. Pour les mineures célibataires l'interruption volontaire de la grossesse (I.V.G.) est subordonnée au consentement de *« l'une des personnes qui exerce l'autorité parentale ou, le cas échéant, du représentant »*, et ce consentement doit être accompagné de celui de la mineure, donné *en dehors* de la présence des parents ou du représentant légal *(C.S.P. art. L. 162-7) (s. critiques, J. Rubellin-Devichi, art. préc. p. 23).*

Il a été jugé qu'en cas d'immaturité de cette mineure, le juge des enfants pouvait autoriser l'I.V.G. malgré le refus de la mère *(Trib. pour enf. Evry, 8 nov. 1982, D. 1983, 218, note critique P. Raynaud, R.T.D. San.*

et soc. 1983, 525, obs. G. Memeteau. – M. Harichaux et T. Fossier, La tutelle à la personne des incapables majeurs : l'exemple du consentement à l'acte médical, R.T.D. San. et Soc. 1991, p. 1).

En cas d'interruption de grossesse concernant un majeur protégé, par hypothèse peu apte à apprécier son état de détresse, c'est le tuteur et le conseil de famille qui devraient solliciter cette I.V.G. par application des règles en matière d'incapacité *(pour une ITG v. infra)*, mais en cas de conflit, l'on doute que le juge des tutelles ait le pouvoir de faire cette demande à la place de la femme *(M. Harichaux et T. Fossier, art. préc. p. 13)*.

89. La deuxième condition est une condition de délai. Dans l'intérêt de la femme, l'interruption de grossesse ne peut être pratiquée qu'avant la fin de la dixième semaine de grossesse *(C.S.P. art. L. 162-1)*. On constate cependant que ce délai est réduit en cas de recours à une prescription médicamenteuse abortive, telle le RU 486, puisque cette méthode, autorisée officiellement en 1988 et remboursée à partir de 1990, est utilisée par la femme elle-même dans un délai inférieur à dix semaines, entre le 40e et 49e jour *(Pan. Méd. 9 nov. 1993)*.

L'interrruption de grossesse ne peut être pratiquée que par un médecin, dans un établissement public ou privé *(C.S.P. art. L. 162-2)*.

Une condition de résidence est imposée à peine de nullité du contrat *(T.G.I. Bobigny 15 déc. 1976, D. 1977, 245, note Le Tourneau)*.

b) Conditions de forme

90. Des garanties procédurales sont prévues par la loi pour éviter les excès de demandes et mettre la femme en mesure d'exprimer une demande parfaitement éclairée.

Le médecin doit, dès la première visite, informer la femme des risques de l'intervention *(C.S.P. art. L. 162-3)* et des aides dont elle peut bénéficier en cas de renonciation *(C.S.P. art. L. 162-3)*. Si elle persiste dans son intention elle doit consulter un autre centre *(C.S.P. art. L. 162-4)* et confirmer ensuite sa demande par écrit, dans un délai d'une semaine après la première demande *(C.S.P. art. L. 162-5)*.

Si le médecin veut user de la clause de conscience que la loi lui reconnaît, il doit informer l'intéressée de son refus *« au plus tard lors de la première visite »* *(C.S.P. art. L. 162-8)* mais doit assumer les obligations légales d'information *(C.S.P. art. L. 162-3 à 1-162-5)*.

B. – INTERRUPTION THÉRAPEUTIQUE DE LA GROSSESSE

1) Conditions de l'interruption thérapeutique de la grossesse

91. L'interruption thérapeutique de la grossesse avait été admise par un décret – loi du 29 juillet 1939 – dit Code de la famille – dans le cas où la *« sauvegarde de la vie de la mère (est) gravement menacée »*. La loi de 1975 en a élargi les possibilités en prenant en considération, outre l'état de la mère, celui de l'enfant à naitre et la loi du 29 juillet 1994 impose des conditions pour la réalisation du diagnostic prénatal.

L'interruption thérapeutique de la grossesse, à la différence de l'interruption volontaire, repose donc sur une cause médicale et peut être réalisée sans condition de délai *(C.S.P. art. L.162-12)* ; mais elle comporte des risques d'élimination abusive d'embryons que le législateur veut prévenir.

92. L'interruption thérapeutique de la grossesse peut être pratiquée dans deux cas : lorsque « *la poursuite de la grossesse met en péril grave la santé de la femme* » ou, s'il existe « *une forte probabilité que l'enfant à naître soit atteint d'une affection d'une particulière gravité reconnue comme incurable au moment du diagnostic* » *(C.S.P. art. L.162-12)*.

Ces deux conditions présentent des difficultés d'appréciation médicale *(J.H. Soutoul, G. Body, F. Pierre, L'interruption dite thérapeutique de grossesse, J. Gyncol. Obstét. Biol. Repr. 1990, 19, 677)* et peuvent conduire à des dérapages. Le premier critère légal de « *péril grave* », est jugé imprécis et insuffisant dans la mesure où il ne prend pas en considération les grossesses consécutives à des actes criminels de violence – agressions sexuelles ou inceste – *(J.H. Soutoul, G. Body et F. Pierre préc.)*. La seconde condition relative à l'état de l'enfant à naître implique une décision d'ordre médical fort difficile compte tenu des incertitudes et des risques et elle nécessiterait la réunion d'un collège de spécialistes. En outre comment situer objectivement la gravité de l'affection compte tenu de l'évolution des connaissances, *(par exemple identification récente du gène d'une forme fréquente de nanisme, Le Monde, 17 sept. 1994)* ou des risques de transmission de maladies graves *(lorsque des femmes sont contaminées par le virus HIV, cf. H. Soutoul, C. Body et Pierre, art. préc.)*.

La loi de 1994 impose des garanties de qualification aux médecins chargés de l'appréciation médicale. L'un des deux médecins doit exercer son activité dans un établissement hospitalier public, l'autre devant être expert *(C.S.P. art. L.162-12)* et s'il s'agit plus particulièrement de l'appréciation de l'état de l'enfant à naître, l'un de ces deux médecins doit exercer son activité dans un centre de diagnostic prénatal pluridisciplinaire *(L. n° 94-654 du 29 juillet 1994, complétant l'article L.162-12)*. En outre la loi, impose des conditions d'autorisation pour les établissements pratiquant les différents examens et analyses nécessaires à un diagnostic prénatal *(C.S.P. art. L. 162-16 al. 2 et 3)*. Une Commission nationale de médecine et de biologie de la reproduction et du diagnostic prénatal, créée par le décret n° 95558 du 6 mai 1995 *(J.O. 7 mai 1995)* est chargée, entre autres activités, de donner des avis au ministre sur les demandes d'autorisations et d'agrément *(C.S.P. art. R. 184-3-8)*.

93. A la différence de l'interruption volontaire de grossesse, le consentement de l'intéressée n'est pas exigé avec le même formalisme que dans le cas d'interruption volontaire de la grossesse et intervient postérieurement à l'appréciation médicale, mais il est implicite, puisqu'un des exemplaires de consultation médicale est remis à l'intéressée *(C.S.P. art. L. 162-12 al. 3)* ; une telle intervention ne pourrait être d'ailleurs être imposée à une femme sans son accord car elle porterait atteinte à son intégrité physique et tomberait désormais sous le coup de la loi pénale *(v. supra n° 39)*. La question du consentement est plus délicate lorsque la femme concernée est une personne majeure protégée, handicapée mentale notamment : dans un tel cas le tribunal de grande instance de Poitiers a refusé l'interruption thérapeutique de grossesse en faisant prévaloir la volonté du majeur qui, en ses moments de lucidité, souhaitait cette grossesse *(T.G.I. Poitiers 11 juin 1982, in G. Mémeteau, op. cit. n° 598)*.

2) Incidence du diagnostic prénatal

94. Les difficultés d'appréciation médicale, sont accrues sous l'influence des progrès dans le domaine du diagnostic prénatal sous toutes formes : échographie, test de dépistage notamment de la rubéole et et de la toxoplasmose, prélèvement fœtal pour recherche de la trisomie 21 ; les moyens d'exploration sont devenus si sensibles qu'ils font apparaître des déformations mineures *(I. Nisand et J.H. Soutoul, Le diagnostic prénatal. Propositions pour les décrets d'application, Médecine et droit, p. 129)*.

Aussi la question est de savoir s'il convient de répondre à toute demande d'examen ou de dépistage, voire de proposer un dépistage de trisomie 21 aux femmes sans considération d'âge alors qu'actuellement la prise en charge n'est accordées qu'à partir de 38 ans. Sur ce point, le comité d'éthique considérait dans son avis du 22 juin 1993 qu'un dépistage de masse systématique devait être exclu, mais qu'il fallait reconnaître un égal accès à cet examen, les discriminations fondées sur l'âge n'étant pas convenables sur le plan éthique. La question a de nouveau opposé récemment les partisans d'un élargissement de la prise en charge soulignant que sur mille enfants nés trisomiques chaque année, 60 pour cent naissent de femmes âgés de moins de 38 ans *(Le Monde, 9 oct. 1996)* et les opposants invoquant le risque de dérive eugénique *(J.M.L.M. 18 déc. 1996, Le Figaro 18 déc. 1996)* ; la controverse devrait être close avec la publication d'un arrêté du 23 janvier 1997, prenant en charge les marqueurs sériques permettant la détection de la trisomie 21 quel que soit l'âge de la femme enceinte. De même faut-il accéder à toute demande d'avortement thérapeutique, compte tenu des conditions énoncées par l'article L.162-12 du code de la santé publique ? *(sur diagnostic prénatal, M. Harichaux, Les obligations et les risques, in Vers un anti-destin, Ed. O. Jacob, 1992 p. 438. – D. Lochak : le difficile passage de l'éthique au droit, même ouvrage, p. 451)*. Afin de mieux encadrer les pratiques et de prévenir les dérives la loi n° 94-654 du 29 juillet 1994 *(art. 10 à 12)* comporte plusieurs dispositions insérées en tête du chapitre IV du code de la santé publique relatif aux actions de prévention concernant l'enfant et applicables à l'embryon *in utéro*.

En premier lieu elle définit le diagnostic prénatal pour mieux délimiter son domaine. Le nouvel article L. 162-16 *(L. 94-654 art. 12)* précise que le diagnostic prénatal s'entend *« des pratiques médicales ayant pour but de détecter in utéro chez l'embryon ou le fœtus une affection d'une particulière gravité. Il doit être précédé d'une consultation médicale de conseil génétique ».* L'objet, limité à la détection, est plus restrictif que la définition qu'en donnait le projet de loi n° 957 (le diagnostic prénatal a pour but une intervention diagnostique ou thérapeutique sur l'embryon *in utéro* ou le fœtus ; il ne peut avoir pour objet que de prévenir ou de traiter une affection d'une particulière gravité dans l'intérêt de l'enfant à naître).

Elle impose des analyses de cytogénétique et de biologie dans des conditions prévues par le décret n° 95-559 du 6 mai 1995 *(C.S.P. art. R. 162-16-1).*

En outre le diagnostic prénatal doit être précédé d'une consultation médicale de conseil génétique dont les obligations ont été précisées par le décret n° 95-559 du 6 mai 1995 *(nouvel art. R. 162-16-7 du code de la santé publique)* ; les médecins du conseil génétique doivent : *« évaluer le risque pour l'enfant à naître d'être atteint d'une maladie d'une particulière gravité, compte tenu des antécédents familiaux ou des constatations médicales effectuées au cours de la grossesse » (C.S.P. art. R. 162-16-7, 1°), « informer la femme enceinte sur les caractéristiques de cette maladie, les moyens de la détecter, les possibilités thérapeutiques et sur les résultats susceptibles d'être obtenus au cours de l'analyse », « informer la patiente sur les risques inhérents aux prélèvements sur leurs contraintes et leurs éventuelles conséquences » (C.S.P. art. R. 162-16-7 3°).*

De plus le décret indique que le médecin consulté délivre *« une attestation signée certifiant qu'il a apporté à la femme enceinte les informations définies ci- dessus ».* Cette information est remise au praticien effectuant les analyses. Elle doit être conservée par l'établissement public de santé ou le laboratoire d'analyses de biologie médicale dans les mêmes conditions que le compte rendu d'analyses) *(C.S.P. art. R. 162-16-7 3°).* Cette attestation d'information confirme une pratique instaurée par les médecins dans le cadre de consultations génétiques Mais elle ne vaut que comme attestation d'information, et ne saurait constituer une décharge de responsabilité. Dans le même sens la Convention sur les droits de l'Homme et de la biomédecine *(v. supra n° 9)* impose plusieurs conditions ; réalisation à des fins médiclaes ou de recherche médicale, et conseil génétique approprié *(Art. 12).* La Convention précise en outre que l'utilisation des techniques d'assistance médicale à la procréation n'est pas admise pour choisir le sexe de l'enfant à naître sauf en vue d'éviter une maladie héréditaire grave liée au sexe *(Art. 14).*

3) Sanctions

95. La loi de 1975 autorisant l'interruption de grossesse devant initialement être interprétée restrictivement *(Paris 9 juillet 1982, J.C.P. 83, 11, 1969, notre B.C.)*, les sanctions pénales de l'avortement étaient applicables au médecin ou à la femme en cas de non respect des conditions légales *(C. Pén. anc. art.317).*

Le nouveau code pénal a atténué la répression de l'interruption de grossesse illégale, les peines de prison étant ramenées de cinq ans à deux ans *(art. 223-11).* Les sanctions sont applicables à l'auteur de l'interruption de grossesse en cas de : réalisation de l'I.V.G. sans le consentement de la femme *(C. Pén. art. 223-10)*, non respect des délais, réalisation par un non médecin, ou dans un lieu autre qu'hospitalier *(C. pén. art. 223-11)*. En vue de maintenir la répression de l'auto avortement, le législateur a ramené de deux ans à deux mois de prison la sanction applicable à la femme pratiquant sur elle-même l'interruption de grossesse *(C. pén. art. 223-12)*, mais il prévoit que tribunal peut décider de ne pas appliquer la sanction *« en raison des circonstances de détresse ou de la personnalité de l'auteur» (C. pén. art. 223-12).*

En matière d'interruption thérapeutique de grossesse, des sanctions sont en outre prévues en cas de non respect des dispositions relatives à la réalisation du diagnostic prénatal *(C. pén. art. 511-20 nouv. et C.S.P. art. L. 162-18, C.S.P. art. L. 162-19).*

BIBLIOGRAPHIE (V. aussi bibliographie p. 10)

E. CLAVEL, *La clause de conscience du médecin dans la loi du 17 janvier 1975 relative à l'interruption volontaire de la grossesse,* J.C.P. 78, 1, 2915. – J. B. D'ONORIO, *Loi Veil : reflexions sur un premier bilan,* J.C.P. 1986, 1, 3246. – A. Dorsner-Dolivet et J.H. SOUTOUL, *La stérilisation humaine en pratique courante est toujours illicite,* Médecine et droit, n° 2 sept.-oct. 1993 p. 42. – M. DRAPIER, *La loi relative à l'interruption volontaire de grossesse dix ans après : histoire d'un compromis,* Rev. dr. pub. 1985, 443. – M. HARDOUIN, *Grossesse et liberté de la femme,* Dr. Soc. 1977, 287.–. M. HARICHAUX, *Diagnostic prénatal : les obligations et les risques, in «Vers un antidestin,* Ed. O. Jacob, 1992 p. 438 ; en col. avec T. FOSSIER, *La tutelle à la personne des incapables majeurs : l'exemple du consentement à l'acte médical,* R.D. San. et soc. 1991, p. 1 – G. HEERS, *Existe-t-il un droit à l'avortement ?* A propos de la responsabilité d'un hôpital du fait de la non révélation d'une anomalie fœtale conc. sur Tr. adm. Strasbourg 14 juin 1990., R.D. San. et soc. 1991 p. 69. – D. LOCHAK, *Diagnostic prénatal : le difficile passage de l'éthique au droit, in Vers un antidestin,* ouv. préc. p. 451. – G. MÉMETEAU, *Le refus de soins à enfant conçu,* R.D. San. et Soc. 1979, 317. – *Avortement et mère incapable* ou *vers l'avortement forcé,* R.D. San. et Soc. 1983, 525. Remarques sur la stérilisation non thérapeutique après les lois bioéthiques, J.C.P. 95, 1, 3838. – F. MEYER, *La protection de la vie anténatale,* R.D. San. et Soc. 1987, 571. – J. ROBERT, *La décision du conseil constitutionnel du 15 janvier 1975 sur l'interruption volontaire de la grossesse,* R.I.D. comp. 1975, p. 873.– J. RUBELLIN-DEVICHI, *Le droit et l'interruption de grosses,* Les Petites Affiches, 7 juin 1996, p. 19 – *Vers un anti destin ?*, sous la direction de G. HUBER, 1992, Ed. O. Jacob, 199 Colloque « Patrimoine génétique et Droits de l'Humanité » sous l'égide de la Commission des communautés auropéennes et du ministère de la Recherche et de la Technologie.

ÉLÉMENTS DE RÉFLEXION

1) Droit européen

Recommandation n° R (90) 13 du comité des ministres aux états membres sur le dépistage génétique anténatal. Le diagnostic génétique anténatal et le conseil génétique y relatif du 21 juin 1 990

Un arrêt de la C.J.C. E. du 4 oct. 1991 (The society for the Protection of Unborn-Children Ireland Ltd. c/ Stéphen Grogan e.a. (aff. C 159/90) a considéré que l'interruption médicale de grossesse est un service au sens de l'article 60 du traité et que le droit communautaire ne s'oppose pas à ce qu'un Etat membre prohibant cet acte

– l'Irlande –, interdise à des associations d'étudiants de diffuser des listes de cliniques situées à l'étranger pratiquant des interruptions de grossesse et les moyens d'entrer en contact avec elles (R.T.D. eur. 1992, p. 163, note H. Gaudemet Tallon). Cependant dans l'affaire *Open Door et Dublin-Well Woman Centre c/ Irlande Ldt,* la Cour européenne a jugé que l'Irlande apportait une restriction excessive à la liberté d'information (CEDH 29 oct. 1992, R.T.D. San. et Soc. 1993, p. 36, note L. Dubouis).

2) Pratique de la stérilisation

Les médecins, compte tenu de l'illicéité de la stérilisation volontaire, font signer en pratique un document informatif aux interessés (cf le document publié par J.H. Soutoul et F. Pierre, in La responsabilité médicale et les problèmes médico légaux en gynécologie et reproduction, Ed Maloine 1989, p. 237). Mais ce document est dépourvu de valeur juridique (cf. note de la Société française d'anesthésie réanimation, publiée in Médecine et droit, sept.-oct. 1993, p. 42).

VOIR ANNEXE III – P. 67

3) Interruption de grossesse

a) Aspects éthiques

La question de la non procréation malgré les problèmes qu'elle soulève n'entre pas en elle-même dans le champ d'application du comité national d'éthique. Cependant ce dernier à émis un avis à propos de l'utilisation de la Mifépristone (RU 486) du 16 déc. 1987.

VOIR ANNEXE IV – P. 68

b) Aspects religieux

La dernière encyclique papale « Evangélium vitae » (L'évangile de la vie) rendue publique le 30 mars 1995 rappelant de manière solennelle le devoir de respect de la vie sous toutes ses formes condamne formellement « l'avortement direct, c'est-à-dire voulu comme fin ou comme moyen « car il constitue un désordre moral grave, en tant que meurtre délibéré d'un être humain innocent », ce qui implique une relance du débat sur la loi Veil (Le Monde 1 avril 1995). Il condamne également la contraception Mais la doctrine de l'église catholique n'est pas si différente de celles des autres religions (cf. tableau comparatif, Introduction)

c) Bilan de la loi autorisant l'interruption de grossesse

En France on pratiquerait environ env. 200 000 I.V.G. par an. En ce qui concerne les ITG une réponse ministérielle fait état d'une diminution du nombre de ces interruptions de grossesse (4521 en 1978, et 2084 en 1985), mais cette évolution s'expliquerait par la plus grande précocité du diagnostic à partir de 1984 ayant pour conséquence la pratique d'interruptions de grossesse, sans formalités, avant la fin de la dixième semaine (Ques. éc. J.O. déb. Ass. nat. n° 3 A.N. (Q) du 21 janv. 1991, p. 226).

A l'étranger la question demeure également très controversée comme l'a montré la conférence du Caire organisée par les nations unies, qui a révélé les oppositions profondes entre les pays imprégnés de religion et les pays admettant l'avortement (Libération 7 sept. 1994). Aux États-Unis cette législation permissive est remise en question (Quot. Méd. 19 avril 1993), en revanche, une Britannique a obtenu l'autorisation médicale d'avorter d'un de ses jumaux (? M. 7 août 1996).

De même les controverses demeurent en Europe et l'assemblée parlementaire du Conseil de l'Europe a rejeté une résolution demandant de faire de l'I.V.G. « un droit fondamental » inclus implicitement dans la convention européenne des droits de l'homme (Quot. Méd. 13 mai 1993)

4) Le diagnostic prénatal donne-t-il un « droit à l'avortement » ?

Les techniques de diagnostic prénatal, nées à partir des années 70, sont constituées surtout par deux mélhodes : l'échographie qui permet de visualiser le fœtus grâce aux ultrasons et les prélèvements de cellules fœtales ou de sang fœtal afin de rechercher les abberations chromosomiques ou les maladies génétiques (Rap. N. Lenoir, op. cit. p. 51). Ces techniques connaissent un développement considérable, notamment l'échographie : Selon N. Lenoir, la France serait le premier pays pour le nombre d'échographies réalisées (Rap. Préc. p. 52) compte tenu à la fois d'un désir social et d'une offre de soins d'autant plus aisée que la prise en charge sociale de ces examens est en France particulièrement favorable :(N. Lenoir op. cit. p. 56)

Ces techniques bouleversent les prévisions et les connaissances en matière de procréation et donnent naissance à ce que l'on appelle la médecine prédictive.Mais selon J.F. Mattéi il peut exister un risque de dérives (Rap. J.F. Mattéi, op. cit. p. 99 et s. Vers un anti-destin op. cit.). Il existe en premier lieu un risque de dérive eugénique par l'élimination abusive, notamment en fonction du sexe ou les dépistages systématiques de trisomie 21, par exemple des femmes de 38 ans (J. F. Mattéi, ibid sur eugénisme infra n. 135). Dans certains pays, en Inde notamment, le choix du sexe a conduit à l'émination d'un grand nombre de fœtus : entre 8 000 et 10 000 fœtus de 1978 à 1982, cité par B. Edelman, Genétique et liberté, note 7) ; le comité d'éthique a rendu deux avis :

– Avis sur les problèmes posés par le diagnostic prénatal et périnatal du 13 mai 1985

– Dépistage du risque de la trisomie 21 fœtale à l'aide de tests sanguins chez les femmes enceintes 22 juin 1993.

Selon J.F. Mattéi, il existe également un risque de « dérive normative » (J.F. Mattéi, op. cit. p. 100). En effet les parents ont un choix douloureux à faire mais les techniques sont incertaines et les parents doivent se fonder non sur des certitudes mais « sur un simple risque statistique » (J.F. Mattéi ibid, en particulier, pour les échographies, seules 50 % des anomalies pourraient être révélées (N. Lenoir, op. cit. p. 55). En outre en cas d'échec du diagnostic, – donnant lieu par hypothèse à la naissance d'un enfant porteur de handicap –, se pose la question du droit à indemnisation et du *droit à l'avortement* les parents invoquant le fait que si l'anormalité leur avait été révélée, ils auraient pu demander une interruption thérapeutique de grossesse – les tribunaux ont considéré que le fait pour un enfant d'avoir été mis au monde au lieu d'avoir fait l'objet d'une interruption de grossesse ne saurait constituer une « perte de chance » (Versailles 8 juil. 1993, D.S. 1995, som. com. 98, obs. J. Penneau).

Il a été de même jugé en matière d'échec d'interruption de grossesse, la naissance d'un enfant ne constitue pas par elle-même un préjudice susceptible d'être indemnisé. Mais la Cour de cassation a admis l'indemnisation après faute d'un laboratoire dans un cas, faute d'un médecin dans l'autre dans deux arrêts importants (Cass. 26 mars 1996, D.S. 1996, p. 35).

VOIR ANNEXE V – P. 69

Annexe III

DOC 1

Extrait : J. Soutoul et F. Pierre, *La responsabilité médicale et les problèmes médico-légaux en gynécologie et reproduction,* Ed. Maloine 1989.

ACCORD EN VUE
D'UNE STÉRILISATION
VOLONTAIRE FÉMININE

Nous soussignés :
Mme   née le
Mr
certifions :

• avoir reçu une information complète sur les différents moyens contraceptifs adaptés à notre cas, ainsi que sur la stérilisation masculine et féminine.

• connaître les différentes techniques de stérilisation féminine en sachant :

– qu'il s'agit d'une obturation des deux trompes,

– qu'elle nécessite soit une ouverture de la paroi abdominale(laparotomie), soit un abord par le vagin, soit la pratique d'une cœlioscopie.

– qu'il s'agit donc d'une véritable intervention chirurgicale sous anesthésie générale, avec les risques inhérents à toute anesthésie générale. à toute chirurgie abdominale, ou les risques propres à la technique cœlioscopique.

• connaître le risque d'échec de la méthode qui peut se solder quelle que soit la technique utilisée par une grossesse intra ou extra-urérine (dans moins de 5 % des cas) suivant les statistiques mondiales.

• accepter pleinement et entièrement le caractère définitif de la stérilisation, sachant qu'une reperméabilisation n'est qu'hypothétique (grossesse obtenue dans 60 à 70 % des cas seulement et envisageable seulement dans des circonstances exceptionnelles).

• avoir pris connaissance de la technique qui a été envisagée, ainsi que de ses avantages et inconvénients, en sachant que des difficultés techniques ou des contre-indications découvertes en cours d'intervention peuvent imposer l'abstention de l'opérateur.

• enfin, donner notre consentement librement exprimé après un délai de réflexion.

A   le
D'un commun accord,

Vu et approuvé   Vu et approuvé
La patiente   Le conjoint

Le médecin responsable
de la stérilisation

DOC 2

LÉGISLATION ET STÉRILISATION
VOLONTAIRE

Note de la Société française d'anesthésie-réanimation. Avril 1993

La SFAR ayant été alertée récemment par certains de nos confrères sur un problème concernant les ligatures de trompes non thérapeutiques et la responsabilité de l'anesthésiste, la mise au point suivante apparaît nécessaire :

Les ligatures de trompes posent un problème aux praticiens dès lors qu'elles ne sont pas réalisées dans le seul but de prévenir une grossesse qui constituerait un risque pour la santé d'une patiente. La plupart des ligatures de trompes actuellement réalisées ne correspondent pas à cette indication mais à une stérilisation volontaire pour convenance personnelle. En l'état actuel de la législation en vigueur celle-ci est un acte illicite, assimilé à une mutilation volontaire. Elle tombe sous le coup de l'article 309 du Code pénal visant les coups et blessures volontaires. En cas d'incident ou d'accident de cause chirurgicale ou anesthésique, les compagnies d'assurance, qu'elles soient personnelles ou hospitalières n'ont pas le droit de couvrir un acte illicite et ne peuvent intervenir. Une administration hospitalière peut de plus évoquer la notion de faute détachable du service. L'autorisation écrite d'une patiente n'a par ailleurs aucune valeur médico-légale.

Doc 2

Avis du Comité consultatif national d'éthique pour les sciences de la vie et de la santé

AVIS SUR L'UTILISATION DE LA MIFÉPRISTONE (RU 486) RAPPORT.

N° 10 16 décembre 1987

Avis

L'avis du Comité consultatif national d'éthique est demandé dans des conditions très précises et se situe dans le cadre des lois existantes.

Plusieurs membres du Comité ont exprimé des réserves, leurs convictions ne leur permettant pas d'accepter l'interruption volontaire de grossesse. Ces réserves ont été enregistrées.

Le Comité consultatif national d'éthique a été saisi d'une demande d'avis sur l'utilisation de la mifépristone (RU 486). Cette molécule a, entre autres propriétés, celle d'être une anti-progestérone. Elle peut donc être utilisée comme un abortif. Il en résulte que les interruptions volontaires de grossesse ainsi provoquées permettent d'éviter toute intervention chirurgicale.

Tout en prenant acte de ce résultat, le Comité entend formuler à cette occasion certaines observations d'ordre général. L'administration d'un produit nouveau ne saurait, quelles que soient ses vertus intrinsèques et son caractère bénéfique, être admise en contradiction avec la législation.

C'est ainsi que la mifépristone qui n'exige qu'une prise unique pourrait conduire les intéressés à ne pas respecter les dispositions contenues dans la loi du 17 janvier 1975 modifiée par la loi du 31 décembre 1979 sur l'interruption volontaire de la grossesse. Or, ces dispositions répondent à des impératifs d'ordre général que la seule apparition d'un produit nouveau ne peut faire disparaître.

Par conséquent, il importe que l'usage d'un tel produit ne soit autorisé que dans le cadre des lois en vigueur et sous surveillance médicale. En effet, s'il peut avoir pour effet d'éviter le recours à une intervention chirurgicale, il ne doit pas, pour autant, entraîner une augmentation du nombre des IVG.

Les problèmes ainsi posés conduisent le Comité à insister dès maintenant sur l'importance qu'il y a, d'emblée, à n'autoriser la prescription et l'emploi de ce produit que dans des centres hautement spécialisés.

Ceci serait d'autant plus aisé que ces centres existent déjà à l'heure actuelle.

Annexe V

T.A. Strasbourg 14 juin 1990
R.D. San. Soc 1991 p. 69

DÉCISION

Le tribunal...

... Considérant que M. et Mme Sokal demandent que M. Bloch, qui aurait commis une erreur de diagnostic lors d'une échographie pratiquée sur Mme Sokal, en ne relevant pas que l'enfant à naître souffrait de malformation des membres supérieurs et le centre hospitalier régional de Metz-Thionville dans lequel a été pratiqué ledit examen, soient condamnés à réparer d'une part les préjudices qu'ils ont subis du fait de la naissance de cet enfant, dès lors qu'ils n'ont pu procéder à une interruption volontaire de grossesse pour motif thérapeutique et d'autre part des préjudices subis par leur enfant en raison des malformations dont il est atteint ;

Sur les conclusions dirigées contre M. Bloch :

Considérant que les conclusions dirigées contre le docteur Bloch sur le fondement de la responsabilité personnelle de ce dernier qui aurait commis une faute professionnelle d'une exceptionnelle gravité ne peuvent être accueillies, étant portées devant une juridiction incompétente pour connaître de ce litige opposant deux personnes de droit privé ; que, dès lors, elles doivent être rejetées ;

Sur les conclusions dirigées contre le centre hospitalier régional de Metz-Thionville :

En ce qui concerne les préjudices subis par l'enfant Sokal :

Considérant qu'il n'est ni établi, ni même allégué que les malformations des membres supérieurs dont est atteint l'enfant Sokal sont imputables à un fait du centre hospitalier régional de Metz-Thionville ; qu'en tout état de cause, l'erreur de diagnostic invoquée, qui aurait été commise lors de l'examen échographique pratiqué sur Mme Sokal pendant sa grossesse, ne peut, en aucune façon être à l'origine desdites malformations ; que même si les malformations de l'enfant à naître avaient été connues plus tôt, il n'est pas allégué qu'il existait une mesure thérapeutique susceptible d'être mise en œuvre avant la naissance de l'enfant et de nature a réduire voire supprimer lesdites malformations ; que, par suite, les époux Sokal ne sont pas fondés à demander au centre hospitalier régional de Metz-Thionville réparation des préjudices subis par leur enfant du fait desdites malformations ; que dès lors, leur requête à cette fin doit être rejetée ;

En ce qui concerne les préjudices subis par les parents Sokal :

Considérant en premier lieu qu'il résulte de l'instruction qu'après avoir procéde à l'examen échographique susmentionné, le docteur Bloch a remis à Mme Sokal un rapport dans lequel il ne mentionnait pas l'existence d'aucune malformation ; que compte tenu des spécificités de ce type d'examen, les observations qu'il permet de faire dépendent de la position du fœtus et qu'ainsi, les conclusions auxquelles il permet d'aboutir sont toujours marquées d'une part d'incertitude ; qu'en l'espèce, il ne résulte pas du dossier que les malformations affectant l'enfant à naître présentaient des caractères tels qu'elles devaient être décelées à l'occasion d'une échographie menée selon les règles de l'art ; que par suite, les requérants ne sont pas fondés a prétendre que le fonctionnement du service public hospitalier révèle l'existence d'une faute médicale lourde tenant à la circonstance que l'examen susévoqué n'a pas décelé sur le fœtus l'existence des malformations des membres supérieurs ; que par ailleurs, il ne ressort pas de l'instruction que l'examen en cause a éte présenté aux époux Sokal comme dépourvu de tout risque d'erreur d'appréciation et comme constituant une garantie complète que l'enfant à naître ne présentait aucune anomalie. Considérant en deuxième lieu et en tout état de cause que le moyen tiré par les époux Sokal de ce que l'interruption de grossesse constitue un droit laissé à la discrétion des parents, auxquels en l'espèce l'information incomplète donnée par le centre hospitalier régional de Metz-Thionville aurait porté atteinte, est mal fondé, dès lors que les articles L 162-1 et L 162-12 du code de la santé publique n'instituent par un tel droit, mais prévoient seulement, dans des conditions limitativement énumérées et selon des modalités restrictives, une faculté, dont la mise en œuvre doit rester conciliable avec le principe constitutionnel du respect de la vie de tout être humain, y compris avant la naissance ; qu'aux termes de l'article L 162-1 dudit code : « la femme enceinte que son état place dans une situation de détresse peut demander à un médecin l'interruption de sa grossesse. Cette interruption ne peut être pratiquée qu'avant la fin de la 10e semaine de grossesse ; qu'il résulte de l'instruction qu'à la date à laquelle a été pratiquée l'échographie, Mme Sokal était enceinte depuis 19 semaines ; qu'ainsi elle ne pouvait légalement recourir à l'interruption volontaire de grossesse prévue et réglementée à l'article L 162-1 précité du code de la santé ; qu'aux termes de l'article L 162-12 du même code : « L'interruption volontaire d'une grossesse met en péril grave la santé de la femme ou s'il existe une forte probabilité que l'enfant à naître soit atteint d'une affection d'une particulière gravité reconnue comme incurable » ; que, d'une part il n'est pas établi ni même allégué que la poursuite de sa grossesse aurait mis en péril la santé de Mme Sokal ; que d'autre part, les malformations dont est atteint l'enfant Sokal, et qui consistent en une malformation des membres supérieurs avec synostose huméro-radiale, agénésie cubitale et adactylie partielle, ne peuvent être regardées comme une affection d'une particulière gravité au sens des dispositions de l'article L 162-12 du code de la santé ; que, par suite, les époux Sokal n'ont subi aucun préjudice de la nature de celui qu'ils allèguent.

Considérant enfin que la seule circonstance de la naissance d'un enfant atteint de malformations congénitales survenant après un examen à l'occasion duquel lesdites malformations n'ont pas été décelées n'est pas en elle-même génératrice d'un préjudice de nature à ouvrir aux parents un droit à réparation par l'établissement hospitalier où cet examen a eu lieu ; que les époux Sokal auraient pu faire valoir, le cas échéant, s'ils avaient démontré une faute commise par le centre hospitalier, que l'information incomplète qui lui a été donnée ne leur a pas permis de se préparer dans de meilleures conditions à la naissance d'un enfant malformé et qu'ils ont ainsi subi un préjudice : qu'un tel préjudice n'est cependant nullement allégué en l'espèce ;

Considérant qu'il résulte de ce qui précède que les époux Sokal ne sont pas fondés à demander que le centre hospitalier régional de Metz-Thionville soit condamné a réparer le préjudice qui resulterait pour eux de la naissance d'un enfant atteint de malformations ; que, dès lors, leur requête à cette fin doit être rejetée ;

Considérant que dans les circonstances de l'espèce, il paraît inéquitable de laisser à la charge tant de M. Bloch que du Centre hospitalier régional de Metz-Thionville la totalité des sommes exposées par eux dans la présente instance ; qu'ainsi il y a lieu de condamner les époux Sokal à leur verser à chacun 1500 F ;

Décide :

Article 1er : La requête susvisée des époux Sokal est rejetée...

(M. MIET, rapporteur Mlle HEERS, *commissaire du gouvernement*).

CHAPITRE II

VOLONTÉ DE PROCRÉATION

96. Les progrès considérables accomplis depuis environ deux décennies en matière de biologie humaine, ont fait apparaître des perspectives de maternité à des femmes qui sans celà en eussent été privées. La question s'est cependant posée assez rapidement des limites de cette procréation artificielle au regard du droit, de la morale, de la philosophie, de ses rapports avec la procréation dite naturelle et de ses conséquences dont toutes ne sont pas encore appréciables.

97. Ces techniques nouvelles ont tout d'abord été gérées sur le plan pratique et médical, par les usages instaurés par les médecins eux mêmes, initiateurs de ces techniques. Cependant,bien que la pratique puisse être considérée comme une source du droit *(Le rôle de la pratique dans la formation du droit, Travaux Association H. Capitant, 1983),* ces médecins devaient ressentir assez vite la nécessité d'une législation, protectrice à la fois de la société et d'eux mêmes. malgré l'instauration en 1983 d'une comité consultatif national d'éthique *(supra n° 14).*

Ce désir de législation était également partagé par les auteurs des divers rapports car les avis du comité national d'éthique ont une portée limitée et de plus en plus les juges devaient être saisis des conséquences juridiques de nouvelles applications biologiques bien imprévisibles il ya quelques décennies.

98. Deux des lois du 29 juillet 1994, les lois n° 94-653 relative au respect du corps humain modifiant le code civil et 94-654 relative au don et à l'utilisation des élements et produits du corps humain, à l'assistance médicale à la procréation et au diagnostic prénatal intégrées dans le code de la Santé Publique, concernent la procréation médicalement assistée et la portée de ces lois a été renforcée par l'approbation du conseil constitutionnel *(supra n° 7).*

On a reproché à la loi n° 94-653 de ne pas avoir abordé le statut de l'embryon, une question jugée essentielle.On peut cependant considérer comme important et positif que la France se soit dotée d'une législation, le droit positif en matière de procréation assistée étant jusqu'alors partiel et incertain. Plusieurs décrets d'application ont été publiés : le premier concerne le consentement dans la procréation médicalement assistée *(Déc. n° 95-223 du 24 fév. 1995, J.O 3 mars 1995),* Les autres décrets du 6 mai 1995 *(J.O. 7 mai 1995)* concernent, l'un les conditions médicales de l'A.M.P. (Déc. n° 95-560), l'autre la Commission nationale de médecine et de biologie de la reproduction et du diagnostic prénatal (Déc. n° 95-558). La Convention sur les droits de l'Homme et la biomédecine (v. *supra* n° 9) consacre un article à la protection de lembryon (art. 18).

§ I ENCADREMENT DE L'ASSISTANCE MÉDICALE À LA PROCRÉATION (A.M.P.)

A. – DOMAINE DE L'A.M.P.

1) Définition

99. *« L'assistance médicale à la procréation »* – expression substituée à la *« procréation médicalement assistée »* par le Sénat afin de mettre l'accent sur l'aspect médical – a une portée assez large puisque selon l'article L. 152-1 du code de la santé publique, elle comprend les pratiques cliniques et biologiques permettant la conception in vitro, du transfert d'embryons – c'est-à-dire la FIVETE : techniques de fécondation in vitro et transferts d'embryons, (cf Rap. Mattéi, p. 88) – de l'insémination artificielle, ainsi que de toute technique d'effet équivalent permettant la procréation en dehors du processus naturel, des précisions sur ces techniques sont apportées par le décret n° 95-560 *(C.S.P. art. R. 152-9-1)*.

Cette loi doit donc régir tous les actes et méthodes relevant de la procréation médicalement assistée, pour organiser, légitimer, protéger, interdire mais en principe de manière transitoire, puisque la loi doit faire l'objet d'un nouvel examen par le Parlement dans un délai maximum de cinq ans *(L. 94-654, art.21)*.

100. L'objet de l'assistance médicale à la procréation tel qu'il est indiqué par la loi, confirmant les usages médicaux et correspondant aux conclusions des divers rapports, est de répondre à une finalité thérapeutique dans une double direction, l'A.M.P. doit d'abord, aux termes de l'article L. 152-2 du code de la santé publique, *« remédier à l'infertilité dont le caractèrepathologique a été médicalement diagnostiqué »*, qu'elle soit masculine ou féminine mais on a souligné le flou de la notion d'infertilité pathologique *(Cl. Neirinck, Le droit de la filiation et la procréation médicalement assistée, p. 57 ; pour les exemples étrangers, R. Andorno, infra sous n° 135)*. La loi précise également que l'assistance médicale à la procréation avec tiers donneur ne peut être pratiquée que comme ultime indication « lorsque la procréation médicalement assistée à l'intérieur du couple ne peut aboutir » *(art. L. 152-6)*.

Ensuite, à titre subsidaire, l'assistance médicale à la procréation peut aussi avoir pour objet, *« d'éviter la transmission à l'enfant d'une maladie d'une particulière gravité »*. Il ne s'agit pas, comme cela fut précisé lors des débats, de dévier sur des considérations eugéniques, mais de permettre, par ce procédé, des naissances qui sans cela n'auraient pas eu lieu. Cependant certains auteurs estiment que la notion de *« particulière gravité »* est assez floue, peut faciliter les dérives, et s'inscrit dans la recherche d'une *« société sanitairement parfaite » (G. Mémeteau P.M.A. et eugénisme : de la lettre au doute, Médecine et droit, Encyc. Méd. Chirurg. sept./oct. 1994, n° 8 p. 117).*

Pour que la procréation médicalement assistée ne constitue pas une procréation de convenance, l'accès aux techniques est limité.

2) Bénéficiaires de l'assistance médicale à la procréation

101. La sélection des bénéficaires de la procréation artificielle avait été jusqu'alors le fait des médecins promoteurs de ces nouvelles techniques ; ces derniers ont toujours considéré que ces méthodes constituaient une aide à la procréation et un palliatif de l'infertilité et devaient donc être réservées au couple, mais cet usage professionnel n'avait pas de fondement juridique ce qui a justifié à plusieurs reprises des actions devant les tribunaux après rupture du lien conjugal.

Cependant le législateur, suivant en cela les conclusions des divers rapports publiés antérieurement et les avis du Comité national d'éthique a globalement confirmé ces pratiques.

102. La loi n° 94-654 précise que l'assistance médicale à la procréation doit répondre *« à la demande parentale d'un couple » (C.S.P. art. L. 152-2 al. 1)*, dont les critères sont énoncés par l'alinéa 3 de l'article L.152-2.

Il doit s'agir d'un couple formé *« d'un homme et d'une femme »*. La précision n'est pas inutile compte tenu de demandes pouvant émaner de femmes homosexuelles comme le démontre l'affaire dont eut à connaitre la cour de cassation le 9 mars 1994 ; en l'espèce il y eut insémination artificielle d'une femme vivant une relation homosexuelle par le sperme d'un homme vivant le même type de relation, *(Cass. civ. Ière 9 mars 1994, D.S. 1995, p. 199, note Monteiro, ; Les Petites Affiches 1994, n° 116 p. 21, note Massip approuvant Bordeaux 22 avril 1992, J.C.P. 93, IV, 185, R.T.D. civ. 1992 p. 552, supra n° 74)*. Les CECOS ont toujours refusé en pratique d'accéder à ce type de demandes qui aboutirait à une procréation de convenance mais l'affaire précitée atteste des limites de ce refus, les inséminations avec sperme frais étant faciles à réaliser. *(v. droit comparé infra sous n. 135).*

103. Le couple doit être vivant. Cette condition exclut les demandes d'assistance médicale à La procréation exprimées par des femmes veuves. Le législateur condamne par la même un avis du Comité national d'éthique ayant admis que *« la disparition de l'homme ne fait pas disparaitre les droits que la femme peut considérer avoir sur ces embryons qui procèdent conjointement d'elle et de son partenaire défunt »* (Avis sur le transfert d'embryons après décès du conjoint (ou du concubin) du 17 décembre 1993 et rejoint les réserves exprimées par certains membres du comité *(cf. observations de M. Pierre Laroque sur cet avis)* ainsi que les critiques émises par la doctrine à propos des conséquences en matière de filiation d'une telle option *(Cl. Neirinck, note sous TGI Rennes 30 juin 1993 J.C.P. 94, II, 22250).*

L'homme et la femme doivent *« être en âge de procréer »* ; par cette condition le législateur veut exclure les demandes introduites par des femmes d'un certain âge ; mais cette condition, qualifiée de « machiste » *(F. Terré, « Les lois sur la bioéthique sont inutiles et dangereuses », Libération 18 janvier 1994 et M. Gobert, Apocalypse ? Non. Procréations médicalement assitées et droit de la famille, Gaz. Pal. 22/23 avril 1994 p. 2)*, introduite à la suite de faits divers révélant des procréations conduites chez des femmes de plus de 60 ans à l'étranger, paraît très théorique, car si un enfant naît chez une femme de 62 ans, ceci ne démontre-t-il pas a posteriori qu'elle était « en âge de procréer » ? *(v. infra et ex. cités par Cl. Neirinck, art. préc. p. 57)*. En outre le *« couple »* étant visé par la condition d'âge, la condition ne devrait-elle pas s'appliquer également à l'homme ?

104. L'homme et la femme doivent être *« mariés ou en mesure d'apporter la preuve d'une vie commune d'au moins deux ans et consentants préalablement au transfert des embryons ou à l'insémination »* (C.S.P. art. L. 152-2) ; le concubinage doit donc se concrétiser par une « vie commune d'au moins deux ans » ; les difficultés de preuve et d'appréciation du concubinage paraissent évidentes : exige-t-on une cohabitation effective, ou des relations stables affectives connues ? Sans doute les médecins se limiteront-ils à la présentation d'un certificat de concubinage *(Cl. Neirinck art. préc. p. 57 cf. Lansac, p. 124)*.

Le décret n° 96-650 du 6 mai 1995 impose aux établissements de garder copie des pièces attestant du respect de ces conditions *« dans le respect de la confidentialité » (C.S.P. art. R. 184-1-7)*.

105. Ces dispositions reprennent donc pour l'essentiel les tendances dégagées en jurisprudence,quant au droit à bénéficier d'une procréation artificielle,après la mort d'un conjoint.

Ainsi, à propos de la demande en restitution par une veuve des paillettes de sperme déposé par le mari auprès d'un C.E.C.O.S. aux fins d'insémination, avant sa mort, le tribunal de grande instance de Créteil a considéré que le centre avait une obligation de restitution car, *« ni les conditions de conservation ou de remise du sperme du mari décédé ni l'insémination de sa veuve ne sont interdites. Elles ne heurtent pas le droit naturel, l'une des fins du mariage étant la procréation »* ; le tribunal devait cependant octoyer un *« délai suffisant pour éxécuter la décision »* avant toute sanction judiciaire *(Trib. gr. inst. Créteil 1er août 1984, Gaz. Pal. 1984, 2, 561 conc. Lesec. – J.C.P. 84, éd. G. II, 20321, note Corone R.T.D. civ. obs. Nerson et Rubellin-Devichi, p. 703 ; D. 1992, somm. 61, obs. X. Labbée)*. Dans une autre décision les juges ont en revanche opposé un refus à une demande du même ordre en se fondant sur les termes de la convention d'« autoconservation de sperme » stipulant notamment que le sperme prélevé ne pourrait être utilisé qu'en présence du déposant et avec son consentement *(Trib. gr. inst. Toulouse 26 mars 1991, J.C.P. 92, éd. G.,II, 21807, note Ph. Pédrot. – Ch. Byk, J.C.P. 92, chr. I, 3597 n° 9* ; en l'espèce le mari était décédé du sida et la volonté de ce dernier n'apparaissait pas clairement). Il a été jugé que l'épouse ne peut se prévaloir de l'autorité parentale que son mari aurait voulu exercer *(T.G.I. Rennes 30 juin 1993, J.C.P. 94, II, 22350, note Cl. Neirinck, à propos de la demande d'un œuf fécondé congelé après décès du mari par accident).*

On relève cependant une décision étonnante, – et critiquée – du tribunal de grande instance d'Angers du 10 novembre 1992 ayant admis, en se fondant sur l'avis d'un comité local d'éthique et sur le choix de l'épouse d'une grossesse après le décès de son compagnon, – dont il est précisé que ce choix « relève de sa liberté de conscience », – que l'enfant, né après insémination post mortem, était légitime en considérant que la fécondation in vitro avait eu lieu pendant le mariage et que seule la gestation avait été retardée. *(D.S 1994, somm. p. 30).*

106. Le législateur a en outre prévu une procédure de vérification des motivations du couple. Préalablement à la mise en œuvre de l'assistance médicale à la procréation, des entretiens sont organisés entre les demandeurs et *« l'équipe médicale multidisciplinaire du centre »*, qui peut, en *« tant que de besoin »* faire appel au service social *(C.S.P. art. L. 152-10 al. 1)* afin d'informer le couple de manière précise sur les techniques, les risques et sur les possibilités d'adoption avant de recueillir leur consentement. Un délai de reflexion de un mois leur est ensuite laissé avant qu'il confirment leur demande par écrit *(C.S.P. art. L 152-10, 3°).*

Le décret n° 96-650 du 6 mai 1995 a par ailleurs précisé les modalités des activités, les règles de bonne pratique, les conditions d'aménagement des lieux *(C.S.P. art. R.184-1-5).*

Cette procédure légale, confirmation de pratiques existantes, est cependant critiquée dans la mesure où elle laisse tout pouvoir de décision à l'équipe médicale et certains auteurs se demandent si elle serait susceptible de recours *(J. Massip, art. préc. n° 1 9, note 33).*

Si l'assistance médicale à la procréation requiert en outre l'intervention d'un tiers donneur, les demandeurs doivent donner préalablement leur consentement au juge ou au notaire *(C.S.P. art. L. 152-10, 3°)* dans les conditions prévues par le code civil *(infra n° 122).*

B. – DISPOSITIONS SPÉCIFIQUES AU DON ET À L'UTILISATION DE GAMÈTES

1) Conditions relatives au don de gamètes

107. Jusqu'alors aucun texte ne légalisait formellement le don de sperme, mais la licéité était admise implicitement par le décret n° 88327 du 8 avril 1988 *(J.O. 9 avril 1988)* concernant les activités de procréation médicalement assistée.

La loi encadre désormais le don et l'utilisation des gamètes. Le don de gamètes consiste « en l'apport par un tiers de *spermatozoides ou d'ovocytes en vue d'une assistance médicale à la procréation » (C.S.P. art. L.673-1).* Par ailleurs la loi interdit les pratiques artisanales anciennes *« d'insémination artificielle par sperme frais provenant d'un don »* et *« tout mélange de sperme » (art. L. 673-3)*, pratiques évidemment non contrôlables qui permettraient de ne pas respecter les règles d'accès à l'assistance médicale à la procréation ; elles sont par ailleurs génératrices de risques pour ceux qui en bénéficieraient car non soumises aux garanties sanitaires légales ; le non respect de ces règles est passible de lourdes sanctions *(infra n° 209)*.

La loi impose certaines garanties médicales et scientifiques en ce qui concerne le donneur en confirmant nombre des pratiques instaurées par les CECOS qui ont dès l'origine établi des règles éthiques, sociologiques, scientifiques concernant le choix des donneurs *(Rap. N. Lenoir p. 34 ; J.L. Baudouin et C. Labrusse, Produire l'homme, de quel droit ? p. 38 et s.)*. Ainsi la loi, dans une vision altruiste du don confirme le principe que le donneur doit faire partie d'un couple ayant procréé *(art. L. 673-2)* et que le recours aux gamètes d'un même donneur ne peut délibérément conduire à la naissance de plus de cinq enfants *(art. L. 673-4)* afin d'éviter les risques de consanguinité.

Les organismes autorisés *(C.S.P. art. L. 673-5)* « fournissent aux autorités sanitaires les informations utiles relatives aux donneurs.

2) Principes applicables

108. Les dons de gamètes sont régis, par les principes généraux énoncés par la loi n° 94-653 et intégrés dans le code civil (supra titre I) : inviolabilité *(C. civ. art. 16-1)*, consentement *(C. civ. art. 16-4)*, non patrimonialité *(C. civ. art. 16-1 al. 2 et 16-5)*, anonymat (C. civ. art. 16-8), interdiction de la maternité, pour autrui *(C. civ. art. 16-7)*. Ils sont également régis par les dispositions spécifiques de la loi n° 94-654 incluses dans le code de la santé publique concernant le consentement, l'anonymat, la non patrimonialité, les garanties sanitaires et règles administratives, ainsi que par les décrets d'application.

a) Consentement

109. Il est de principe que le consentement du donneur doit être donné préalablement au prélèvement et qu'il est révocable à tout moment *(C.S.P. art. L. 665-11)*. En outre pour les dons de gamètes, le consentement doit être écrit ainsi que celui du conjoint (C.S.P. art. L. 673-2) mais la révocation du consentement n'est pas prévue par la loi.

De même les deux membres du couple receveur doivent donner un consentement par écrit et ce consentement peut être révoqué avant toute intervention par l'un ou l'autre des membres du couple (C.S.P. art. L.673-2). Le décret n° 95-560 indique que le consentement écrit du couple demandeur doit être fourni préalablement à la mise en œuvre et gardé par l'établissement (C.S.P. art. R 1841-7). Le consentement des demandeurs constitue le fondement de la « parentalité ».

b) Anonymat

110. Le législateur veut protéger tout particulièrement le principe d'anonymat et de confidentialité adopté depuis toujours par la pratique et sensé préserver également le caractère altruiste du don de gamètes. Prévu de manière générale par l'article 16-8 du code civil, il est applicable au don de gamètes étant précisé par l'article L. 673-7 du code de la santé publique que le bénéfice d'un don de gamètes ne peut en aucune manière être subordonné à la désignation par le couple receveur d'une personne ayant volontairement accepté de procéder à ce don en faveur d'un couple tiers anonyme, sous peine de sanction *(C. pén. art. 511-13)*.

La loi impose donc des règles aux établissements afin de conserver dans la confidentialité tous documents attestant du respect des conditions imposées pour bénéficier d'une A.M.P. prévues par l'article L. 152-2 *(C.S.P. art. R. 1841-7)* ainsi que pour chaque couple concerné, le dossier médical indiquant la date des ponctions de gamètes, la date des transferts d'embryons, l'état de santé du nouveau-né *(C.S.P. art. R. 1841-8)*, ainsi que les informations utiles relatives aux donneurs, informations précisées par le décret du 6 mai 1995 *(C.S.P. art. R. 1842-1, infra n° 114)* et également transmises aux autorités sanitaires (C.S.P. art. L. 673- 6). Le dossier est rendu anonyme *(C.S.P. art. R. 673-5-8)*. La loi interdit sous peine de sanction la divulgation d'informations permettant d'identifier une personne ou un couple qui a fait don de gamètes et le couple qui les a reçus *(C.S.P. art. L. 675-11)*. Afin de garantir l'anonymat des donneurs, le décret n° 95 560 précise que le donneur doit *« avant le recueil des gamètes donner expressément son consentement à la conservation de ce dossier » (C.S.P. art. R. 673-5-8 al. 2)* et impose aux établissements d'adopter des précautions contre le vol.

Sur le plan médical, cet anonymat pourrait nuire à la santé de l'enfant ; aussi la loi admet-elle une exception au principe au bénéfice des médecins qui peuvent *« accéder aux informations médicales non identifiantes en cas de nécessité thérapeutique concernant un enfant conçu par une assistance médicale à la procréation avec tiers donneur » (C.S.P. art. L. 673-6)*. Cette dérogation est entendu de manière plus restrictive que celle qui est prévue par l'alinéa 2 de l'article 16-8 du code civil et ne concerne que la nécessité thérapeutique relative à l'enfant *(Cl. Neirinck, art. préc. p. 56)*. Mais de manière plus générale le principe d'anonymat peut cependant susciter des réserves et l'on a pu regretter l'absence de débat sur l'opportunité de maintenir en l'état ce principe d'anonymat *(v. infra sous n. 135)*.

c) Non patrimonialité

111. Le principe de non patrimonialité consacré par les articles 16-1 al. 2 du code civil et L. 665-13 du code de la santé publique est transposable au don de gamètes ; aussi est-il interdit de rémunérer le donneur, sauf cas d'indemnisation de frais *(C.S.P. art. L. 665-13)*, sous peine de sanctions *(C.S.P. art. L.675-10)*, ou d'apporter son entremise pour favoriser l'obtention d'un don de gamètes contre un paiement *(C.S.P. art. L. 675-10 al. 2)* ; la rémunération à l'acte des médecins est également interdite *(C.S.P. art. L. 672-7)*.

d) Garanties sanitaires

112. La loi n° 94-654 impose de manière générale des garanties sanitaires à propos de toute utilisation d'éléments et de produits humains qui doivent être définies en Conseil d'Etat *(C.S.P. art. L. 665-15)* et sont transposables à l'utilisation des dons de gamètes. Ces règles comprennent « notamment des tests de dépistage des maladies transmissibles ». Il s'agit de la rubéole, toxoplasmose, syphilis, hépatite obligatoires pour les grossesses et il conviendrait d'ajouter la proposition de dépistage H.I.V ; cf. Lansac, Médecine et droit p. 124).

e) Diagnostic pré-implantatoire

113. On peut rattacher à ces garanties sanitaires compte tenu de la finalité de l'acte et malgré l'aspect quelque peu choquant de ce rattachement, le diagnostic pré-implantatoire, possibilité admise par le législateur *(C.S.P. art. L. 162-17 al. 1)*. Le diagnostic pré-implantatoire, diagnostic biologique effectué à partir de cellules prélevées sur l'embryon *in vitro* a pour objet de déterminer avant tranfert dans l'utérus certaines caractéristiques génétiques *(Rap. Lenoir p. 57)*.

Certains auteurs considèrent qu'il présente l'avantage de se situer en amont de l'implantation et d'éviter les désagréments du diagnostic prénatal et de l'avortement (S. Le Bris, Rap. Congrès Droit médical Gand, p. 519). Mais la pratique de cet examen peut, comme celle du diagnostic prénatal *(supra n° 94)* conduire à des dérives eugéniques. Aussi comme l'avis du comité national d'éthique qui l'a précédée (Avis sur les recherches sur l'embryon soumises à moratoire depuis 1986 et qui visent à permettre la réalisation d'un diagnostic génétique avant transplantation du 18 juillet 1990), la loi comporte plusieurs dispositions destinées à limiter le recours à cette pratique.

Ce diagnostic n'est autorisé selon les termes de l'article L. 162-17 al. 2 qu'à *« titre exceptionnel »* et sous réserve de plusieurs conditions concernant la santé des parents ; un médecin, exerçant dans un centre de diagnostic prénatal plurisdiciplinaire *« doit attester que le couple du fait de sa situation familiale a une forte probabilité de donner naissance à un enfant atteint d'une maladie génétique d'une particulière gravité reconnue comme incurable au moment du diagnostic »*. Et le diagnostic ne peut être effectué que *« lorsque a été préalablement et précisement identifiée, chez l'un des parents, l'anomalie ou les anomalies responsables d'une telle maladie »* les deux membres du couple devant exprimer leur consentement au diagnostic par écrit.

En outre pour le législateur, ce diagnostic, réalisé dans un établissement autorisé, *(C.S.P. art. L. 162-17 al. 6 et décr. n° 95-558 du 6 mai 1995, C.S.P. art. R. 184-3-10, 2°)*, doit avoir un but thérapeutique et ne peut avoir d'autre objet *« que de rechercher cette affection ainsi que les moyens de la prévenir et de la traiter »* (art. L. 162-17 al. 5).

Ce diagnostic est très controversé, la technique est empreinte de risques pour l'embryon *(D. Vigneau, Dessine-moi un embryon, Le Petites Affiches, n. spécial 1994, p. 68)* ce qui, selon certains auteurs vide de sens les principes légaux de protection *(D. Vigneau art. préc, p. 69)*.

f) Garanties administratives

114. La loi comporte un certain nombre de règles destinées à assurer la sécurité de ces opérations d'utilisation de gamètes ; elle impose une autorisation aux établissements concernés *(C.S.P. art. L. 673-5)*, des conditions de fonctionnement et de contrôle de ces établissements *(C.S.P. art. L. 184-1 et s.)* sous peine de sanctions *(C.S.P. art. L. 184-7)*.

Le décret n° 95 560 du 6 mai 1995, comporte plusieurs dispositions protectrices. En premier lieu le décret impose à chaque centre de tenir un *« Registre des gamètes » (C.S.P. art. R. 184-2-1)* contenant un certain nombre d'informations relatives au donneur : l'identité ou le code d'identification du donneur, la date et le lieu de la congélation, la date et les modes d'utilisation des gamètes, les indications relatives au lieu de conservation des gamètes et éventuellement l'identité des receveurs *(C.S.P. art. R. 184-2-1)*. Par ailleurs le dossier du donneur doit comporter un certain nombre d'indications de nature sanitaire, sous forme anonyme : antécédents médicaux personnels et familiaux, résultats de tests, nombre d'enfants issus du don, date des dons. Les praticiens agréés sont responsables de la bonne tenue de ce dossier *(C.S.P. art. R. 673-5-8 v. sur anonymat supra n° 110)*.

En outre en vue de protéger l'anonymat le décret n° 95-560 du 6 mai 1995 impose aux établissements de se prémunir sérieusement contre le vol ; les informations concernant les donneurs, l'identification des enfants nés et les liens biologiques doivent être conservés *« dans une chambre ou armoire forte »* à laquelle ont accès uniquement les praticiens agréés. *(C.S.P. art. R. 673 -5-8)*. Il s'agit là en effet d'une nouvelle responsabilité en perspective pour les médecins.

§ 2 PROTECTION DE L'EMBRYON HUMAIN

115. De nombreuses voix s'étaient fait entendre pour réclamer au législateur un statut protecteur de l'embryon à propos des embryons surnuméraires *(v. sur droit à la vie supra n° 31)*. Mais le législateur s'est refusé à prendre parti sur la question de fond de la nature juridique de l'embryon, – débat philosophique, moral et religieux autant que juridique sur les droits de l'enfant à naître – afin d'éviter toute remise en cause de la loi Veil ; les débats parlementaires illustrent largement les divergences, *(cf. G. Mémeteau, L'embryon législatif, D.S. 1994 chr. p. 360 pour réf.)*. Le conseil de l'ordre des médecins regrette que l'embryon surnuméraire soit considéré comme un objet et non comme un sujet de droit *(Communiqué du Conseil de l'Ordre des médecins du 22 oct. 1994)*. En revanche à propos du statut de l'embryon, le Pr Mattéi souligne que l'on doit distinguer entre l'embryon issu d'une procréation naturelle et l'embryon surnuméraire issu d'une fécondation en éprouvette – dénommé en réalité « zygote » dans les premiers stades, 2 à 3 jours – qui ne se developpera pas *(J.F. Mattéi, Les lois sur l'éthique biomédicale, Concours médical 25 mars 1995)*.

Aussi, tout en réaffirmant solennellement que *« la loi assure la primauté de la personne, interdit toute atteinte à la dignité de celle-ci et garantit le respect de l'être humain dès le commencement de la vie » (L. n° 94-653, art. 2)*, le législateur s'est limité à quelques dispositions protectrices de l'embryon (D. Vigneau, art. Préc., *G. Mémeteau, art.*

préc. p. 355). C'est ainsi que la loi n° 94-653 du 29 juillet 1994, introduit dans le Code pénal un titre Ier intitulé *« Des infractions en matière de santé publique »* et dans le chapitre Ier de ce titre « Des infractions en matière d'éthique biomédicale », une section 3 traitant « De la protection de l'embryon humain », reprenant les règles et les sanctions concernant l'embryon énumérées par la loi n° 94-654 et introduites dans le code de la santé publique. Mais comme un auteur l'a souligné, les dispositions relatives au don de gamètes sont traitées dans le Code civil alors que celles qui concernent le don d'embryon le sont dans le code de la santé publique, *(Cl. Neirinck, les Petites Affiches, p. 55).*

Ces deux lois comportent des dispositions destinées à assurer un respect de l'embryon durant sa vie. La loi comporte également des dispositions protectrices de la filiation de l'embryon.

A. – RESPECT DE L'EMBRYON

1) Conception de l'embryon

116. La loi, reprenant les conclusions de plusieurs rapports, n'admet la conception d'embryon in vitro *« que dans le cadre et selon les finalités d'une assistance médicale à la procréation telle que définie à l'article L. 152-2 » (C.S.P. art. L. 152-3),* ce qui exclut cette conception dans une finalité de recherche ou d'exploitation commerciale ; dans le même sens, la Convention sur les droits de l'Homme et la biomédecine dispose que « la constitution d'embryons humains aux fins de recherche est interdite (Art. 18-2). La loi précise en outre que cette conception ne peut être réalisée sans gamètes *« ne provenant pas d'un au moins des deux membres du couple »* ce qui renforce le but de remède à la stérilité assigné à l'assistance médicale. Mais on observe que si les lois interdisent sous peine de sanction la conception d'embryon en vue de la recherche ou d'une exploitation commerciale, le principe général posé dans cet article ne comporte pas de sanction.

117. En outre, la loi permet aux parents de décider la conception d'embryons en surnombre qui seront nécessairement conservés en attendant leur décision de *« projet parental ».* L'article L.152-3 alinéa 3 dispose en effet que « compte tenu de l'état des techniques médicales, les deux membres du couple peuvent décider par écrit que sera tentée la fécondation d'un nombre d'ovocytes pouvant rendre nécessaire la conservation d'embryons, dans l'intention de réaliser leur demande parentale dans un délai de cinq ans ». On a pu critiquer cette possibilité reconnue aux parents de décider d'emblée la production l'embryons surnuméraires, ce qui implique nécessairement une réduction embryonnaire *(D. Vigneau, art. préc. p. 66)* c'est-à-dire la destruction de un ou plusieurs embryons en cas de grossesse multiple et accroît le nombre d'embryons surnuméraires alors que demeurent des incertitudes quant aux effets de la congélation embryonnaire *(G. Mémeteau, L'embryon législatif, art. préc. p. 358 et réf. cit.).*

118. La loi du 29 juillet 1994 assigne une durée de vie de cinq ans aux embryons congelés antérieurement et la consultation annuelle des deux membres du couple pendant cette période pour savoir *« s'ils maintiennent leur demande parentale »* (C.S.P. art. L. 152-3, al. 3) ; mais aucune durée de vie n'est prévue pour les embryons congelés postérieurement à la loi ce qui reporte l'examen de cette question à la loi de révision prévue en 1999. Pourquoi cinq ans ? Cette durée ne risque-t-elle pas d'être remise en cause ? Ainsi en Grande Bretagne à la suite d'une naissance, après qu'un embryon eut été congelé pendant quatre ans, les médecins demandent à l'instance nationale d'éthique l'augmentation de la durée de conservation des embryons *(Quot. Méd. 6 sept. 1994).*

Les médecins craignent des difficultés sur ce régime contractuel notamment si le couple ne répond pas, s'il souhaite un délai de conservation plus long, s'il est séparé, si un des membres est décédé, notamment la femme, et que faire alors de la demande du mari ? *(sur difficultés prévisibles, cf. Lansac p. 124).* C'est sans doute à juste titre lorsqu'on lit les dispositions du décret n° 95-560 ; en effet d'une part les établissements ont un certain nombre d'obligations et doivent notamment établir un « registre d'embryons » *(C.S.P. art. R. 184-2-2)* sur lequel doivent figurer plusieurs catégories de mentions assez voisines de celles qui sont relatives au registre de gamètes : identité du couple à l'origine de l'embryon, nombre d'embryons, lieu et dates de féondation, lieu de conservation ; *(C.S.P. art. R. 184-2-2),* le registre doit également mentionner « le devenir de chaque embryon, notamment la date de décongélation », *(C.S.P. art. R. 184-2-2, 6°).* Ce registre représente donc une sorte d'état civil occulte... Comme pour les gamètes ce registre est tenu sous la responsabilité des médecins.

En outre le décret conserve aux géniteurs un droit de contrôle sur l'embryon : les établissements doivent conclure des accords pour le cas de cessation d'activité *(C.S.P. art. R. 184-1-13)* et doivent avertir les déposants de tout déplacement de gamètes ou d'embryons *(C.S.P. art. R. 184-1-14).*

Les embryons non utilisés ne faisant plus l'objet de demande parentale peuvent être confiés pour adoption, ou s'ils sont conservés depuis cinq ans, peuvent être détruits *(L. 94-654, art. 9),* solution admise par la cour de Toulouse le 18 avril 1994 *(cité par G. Mémeteau, « L'embryon législatif » chr. D.S. 1994, p. 357 et critiques de la solution).*

2) Accueil de l'embryon

119. La loi organise l'accueil d'embryon, sorte d'adoption pré-natale. Elle admet en effet que les embryons surnuméraires peuvent être confiés *« à titre exceptionnel » (C.S.P. art. L. 152-5)* à un autre couple. La loi impose des conditions de fond et de forme, mais, comme certains l'ont souligné, n'en traite pas moins l'embryon comme n'importe quel matériel génétique *(Cl. Neirinck, art. préc. p.56)* ce qui se traduit par une certaine réification de l'embryon.

a) Conditions de fond

120. Le couple demandeur doit répondre aux conditions énoncées par l'article L. 152-2 du code de la santé publique, c'est-à-dire aux conditions imposées pour bénéficier d'une assistance médicale à la procréation et il doit en outre être établi qu'une *« assistance médicale à la procréation sans recours à un tiers donneur ne peut aboutir » (C.S.P. art. L. 152-5)*.

L'accueil d'embryon est subordonné au consentement du couple donneur *(C.S.P. art. L. 152-5)*.

Le transfert d'embryon est également soumis aux règles de protection et en particulier au principe d'anonymat *(C. civ. art. 16-8 ; C.S.P. art. L. 665-14)* compte tenu des incidences en ce qui concerne la filiation de l'enfant. Comme en matière d'adoption plénière la loi n° 94-654 précise que *« le couple accueillant l'embryon et celui y ayant renoncé ne peuvent connaître leurs identités respectives. » (C.S.P. art. L. 152-5 al. 3)*. Une dérogation au principe est cependant admise pour les dons, en cas *« de nécessité thérapeutique » (C.S.P. art. L. 665-14, al. 2)* et par application de cette disposition, la loi précise que *« en cas de nécessité thérapeutique, un médecin pourra accéder aux informations médicales non identifiantes concernant le couple ayant renoncé à l'embryon » (Art. L. 152-5, al. 4)*. Compte tenu du principe de non patrimonialité, « aucun paiement quel qu'en soit la forme ne peut être alloué au couple ayant renoncé à l'embryon » *(C.S.P. art. L. 152-5 al. 4)*. Mais ne peut-il y avoir un risque de pression de la part de l'équipe médicale en faveur de l'accord ? *(Cl. Neirinck, Le droit de la filiation et la procréation médicalement assistée, p. 56)*.

Ce transfert est soumis aux règles sanitaires d'usage, notamment à des tests de dépistage de maladies infectieuses *(C.S.P. art. L. 152-5 al. 6)* notamment, rubéole, toxoplasmose, syphillis, hépatite, sérologie HIV *(supra n° 112)*.

b) Conditions de forme

121. L'accueil d'embryon prénatal suppose tout d'abord un consentement écrit du couple donneur *(C.S.P. art. L. 152-4 al. 1)*. En cas de décès d'un membre du couple, « *le membre survivant est consulté par écrit sur le point de savoir s'il consent à ce que les embryons conservés soient accueillis par un autre couple... » (Art. L. 152-4 al. 2)*.

122. Par inspiration de la procédure existant en matière d'adoption, le transfert d'embryon est soumis à un contrôle et à autorisation judiciaire. L'article L. 152-5 de la loi n° 94-654 dispose que : *« l'accueil de l'embryon est subordonné à une décision de l'autorité judiciaire, qui reçoit préalablement le consentement écrit du couple à l'origine de sa conception »*.

Le juge a une responsabilité importante car il doit s'assurer *« que le couple demandeur remplit les conditions prévues à l'article L 152-2 et fait procéder à toutes investigations permettrait d'apprécier les conditions d'accueil que ce couple est susceptible d'offrir à l'enfant à naître sur les plans familial, éducatif et psychologique » (Art. L. 152-5)*. Cette condition qui peut se réaliser sans rencontre avec le juge *(Cl. Neirinck, art. préc.*

p. 56) suscite plusieurs craintes : notamment celle de l'arbitraire du juge obligé de distinguer entre les « bons » couples et la destruction... *(G. Mémeteau, L'embryon législatif, art. préc. p. 357).*

3) Protection contre l'exploitation commerciale

123. Le législateur a voulu tout spécialement protéger l'embryon contre les risques d'exploitation commerciale conformément au principe général énoncé.par l'article L. 665-13 du Code de la santé publique et 16-1 et 16-5 du Code civil.

Aussi indépendamment de l'interdiction de tout paiement « quel qu'en soit la forme » au couple renonçant à l'embryon *(C.S.P. art. Art. L. 152-5 al. 5)*, la loi dispose qu'aucun embryon ne peut être conçu ou utilisé *« à des fins commerciales ou industrielles »* sous peine de fortes sanctions *(C.S.P. art. L. 152- 7)* ; elle sanctionne également le fait *« d'apporter son entremise pour favoriser l'obtention d'embryons humains contre un paiement quelle qu'en soit la forme ou de remettre à des tiers, à titre onéreux, des embryons humains » (C. pén. art. 511- 15* et *C.S.P. art. L. 152-12)*, ce qui peut s'appliquer à des médecins ou à toute association intermédiaire.

4) Protection contre l'expérimentation

124. Les risques d'expérimentation sur les embryons in vitro ou surnuméraires ont toujours soulevé de vives controverses au même titre que la destruction d'embryon dans l'I.V.G. *(supra n° 32)* ; en effet, soit l'on considère comme les scientifiques en général, que l'embryon est un amas de cellules indifférenciées – ou zygote – et l'on admet sans état d'âme l'expérimentation, soit l'on considère qu'il s'agit au minimum d'une personne potentielle et il est alors nécessaire de la respecter. Or l'on pouvait craindre que ces embryons soient utilisés, voire exploités, sans aucun respect, dans une finalité de recherche, avec une finalité légitime pour certains scientifiques.

Pour prévenir toute dérive de cette nature, la loi pose en principe que *« La conception in vitro d'embryons humains à des fins d'étude, de recherche ou d'expérimentation est interdite » (C.S.P. art. L. 152-8 al. 1)* ainsi que *« toute expérimentation sur l'embryon » (C.S.P. art. L. 152-8, al.2).* Cette disposition confirme la teneur de plusieurs avis du comité national d'éthique.

125. Mais le législateur a cependant admis une exception notable à ce principe. La loi dispose en effet qu'*« à titre exceptionnel, l'homme et la femme formant le couple peuvent accepter que soient menées des études sur leurs embryons » (Art. L. 152-8 al. 3)*. Un certain nombre de conditions légales sont prévues quant à l'objet de ces études : elles doivent avoir une *« finalité médicale »* – terme plus large que « thérapeutique » permettant des études au sens de la loi Huriet – et *« ne peuvent porter atteinte à l'embryon » (Art. L. 152-8 al. 5)*. Sur le plan procédural la loi indique que ces études ne peuvent être entreprises *« qu'après avis* *conforme »* d'une Commision nationale *(Art. L. 152-8 al. 6)*, dont les conditions ont été définies par le décret n° 95-558, *(C.S.P. art. R. 184-3-10)* et une publicité des études effectuées – liste des établissements et objet des études – doit être assurée par cette commission *(C.S.P. art. L. 152-8 al. 7)*. La Convention sur les droits de l'Homme et la biomédecine (supra n° 9) indique seulement que « lorsque la recherche sur les embryons *in vitro* est admise par la loi, celle-ci assure une protection adéquate de l'embryon » *(Art. 18-2)*.

Cependant la loi du 29 juillet 1994 n'indique pas la durée de vie des embryons susceptibles de faire l'objet d'études ; le Pr Mattéi précise qu'il s'agirait d'embryons nés dans le cadre de FIVETE âgés de 6 à huit jours, *(Rap. préc. p. 95)* et l'on sait que les scientifiques distinguent les embryons de moins de 14 jours et ceux qui sont plus âgés, sur lesquels aucun texte à l'étranger ne permet l'expérimentation *(infra sous n. 135)*. Le Pr Mattéi souligne encore que ces études offrent davantage de garanties que les recherches menées sur des embryons issus d'IVG ou d'ITG qui ne sont régies que par un avis du comité national d'éthique du 22 mai 1984 et qu'elles sont nécessaires si elles sont limitée à une finalité médicale *(Pr Mattéi, Rap. préc.)* Mais d'une part, compte tenu de la conception que l'on a de l'embryon, l'expérimentation est admissible ou ne l'est pas, d'autre part, ne peut-on s'interroger sur l'effectivité du contrôle des dispositions légales sur ce point ?

B. – FILIATION DE L'EMBRYON

126. La loi n° 94-653 comporte plusieurs dispositions relatives à la filiation de l'enfant né d'une procréation médicalement assistée, du moins d'une filiation hétérologue puisque dans le cas de procréation homologue, les règles de droit commun demeurent applicables *(Cl. Neirinck, Le droit de la filiation et la procréation médicalement assistée, Les Petites Affiches, « Bioéthique » 1994, n° 149, p. 54)*. Ces dispositions sont destinées à conférer à l'enfant une filiation indépendante du tiers donneur et incontestable par les parents ayant sollicité cette filiation assistée médicalement.

1) Exclusion de lien biologique entre le donneur et l'enfant

127. Le législateur a voulu une coupure radicale entre l'enfant et le père biologique. Aussi la loi interdit l'établissement de tout lien de filiation entre le tiers donneur et l'enfant issu de la procréation *(C. civ. art. 311-19 al. 1)* et corrélativement elle interdit toute action en responsabilité contre le donneur pour cause de filiation *(C. civ. art. 311-19 al. 2 ; Ch. Byk, La loi relative au respect du corps humain, J.C.P. 94, Ed. G., I, 3788 n° 22)*. Cette coupure est renforcée en France par le principe d'anonymat interdisant à l'enfant de pouvoir connaître un jour ses origines biologiques. Ce choix, qui peut être préjudiciable à l'enfant *(infra p. 94 sous n. 135)* a été invoqué devant le conseil constitutionnel qui l'a cependant admis *(v. solutions étrangères, infra sous n. 135 p. 92)* malgré une décision antérieure admettant que l'on ne peut nuire à autrui *(Cons. Cons. 22 oct. 1982).*

2) Effets de la filiation

128. Le législateur a voulu rendre la filiation de l'enfant incontestable. Aussi afin d'éviter les actions en contestation ultérieures le législateur exige que les époux ou les concubins demandant une procréation nécessitant l'intervention d'un tiers donneur *« donnent leur consentement au juge ou au notaire » (C. civ. art. 311- 20 al. 1,) et le décret n° 95223 du 24 fév. 1995 (J.O. 3 mars 1995 ; J. Massip Defrénois, art. 35992 préc. n° 20)* précise les modalités de ce consentement. Le président du tribunal de grande instance – ou son délégué – ou le notaire informe les époux ou concubins des effets de leur consentement en matière de filiation et doit recueillir le consentement conjoint des époux ou concubins par acte authentique *(Déc. préc. art. Ier et Art. 1157-2 nouv. du Code de procédure civile).* Le consentement à une P.M.A. produit normalement des effets définitifs, puisqu'il interdit *« toute action en contestation de filiation ou en réclamation d'état, à moins qu'il ne soit soutenu que l'enfant n'est pas issu de la PMA ou que le consentement a été privé d'effet » (C. civ. art. 311-20 al. 2).*

Toutefois par exception, dans deux cas, le consentement est privé d'effets : d'une part en cas de séparation du couple – décès, divorce séparation de corps, ou cessation de la communauté de vie – survenant *« avant la réalisation de la PMA »* ou d'autre part en cas de révocation du consentement de l'homme ou de sa femme, exprimé par écrit et avant la réalisation de la procréation médicalement assistée *(C. civ. art. 311-20 al. 3, Sur règles en matière de filiation, J. Massip, Art. 35992 préc. n° 26).*

129. Celui qui après avoir consenti à l'assistance médicale à la procréation ne reconnaît pas l'enfant qui en est issu engage sa responsabilité envers la mère et envers l'enfant *(C. Civ. art. 311-20 al. 4).* Il pourrait également être condamné à contribuer à l'entretien de l'enfant *(J. Massip ibid).* En outre la « paternité hors mariage » de l'intéressé est judiciairement déclarée dans les conditions prévues aux articles 340-2 à 340-6 *(C. civ. art. 311-20 al. 5).*

Mais les médecins font valoir les difficultés de preuve et s'inquiètent du délai de conservation des paillettes dans un but de preuve, et des renseignements dans une finalité scientifique *(cf. Lansac p. 126 et réf.)*

130. L'attribution d'effets définitifs à cette nouvelle filiation met donc fin à une situation inéquitable envers l'enfant lorsqu'un mari après avoir consenti à la P.M.A exerçait quand même une action en désaveu, ainsi qu'à des divergences jurisprudentielles ; certains tribunaux ayant en effet admis l'action en désaveu T.G.I. Nice 30 juin 1976, D. 1977, 45, note Huet Weiller, J.C.P. 77, II 18597, note Harichaux Ramu ; Gaz. Pal. 1977, 1, 48, note E. Paillet. ; T.G.I. Paris 19 fevrier 1985, D. 1986, 223, note E. Paillet), ou annulé une reconnaissance en accordant toutefois des dommages-intérêts *(Toulouse 21 sept. 1 987, J.C.P. 88, II 21036,* *note S. de la Marnière ; D. 1988, 184, note D. Huet-Weiller ; Rev. Tr. Dr. civ. 1987 p. 726, obs. Rubellin Devichi)* ou jugé l'action irrecevable *(T.G.I. Bobigny 18 janv. 1990, D. 1990, 332 note Saujot ; J.C.P. 90, II, 21592 note Guiho ; Gaz. Pal. 1990, 2, 709, note Massip)* ou subordonnant le désaveu à la preuve que l'enfant n'est pas issu d'une insémination artificielle mais né de relations adultères *(Paris 29 mars 1991 réformant T.G.I. Bobigny 18 janv. 1990 préc., D. 1991, 562, note Sériaux, J.C.P. 92, II, 21857, note Dobkine, R.T.D. civ. 1991, 519, note Huet-Weiller).*

131. Mais ces effets définitifs, joints à un anonymat absolu, confèrent un caractère particulier à cette filiation, ni biologique, ni liée à une possession d'état, entièrement dépendante de la volonté d'un couple à un moment donné ; ce qui a pour effet que tout en voulant rendre la filiation incontestable le législateur a conféré un statut d'autant plus précaire à l'enfant *(Cl. Neirinck, art. préc. p. 61)* que l'anonymat est quasi absolu. Comme le souligne également R. Andorno, le « primat technicien » l'a emporté et en définitive l'intérêt de l'enfant issu de ces nouvelles techniques passe au second plan (Les droits nationaux européens face à la procréation médicalement assistée : primauté de la technique ou primauté de la personne ?, R.I.D. comp. 1994, p. 141).

§ 3 INTERDICTION DE LA MATERNITÉ POUR AUTRUI

132. Une des conséquences de l'évolution de la procréation artificielle a été la possibilité imaginée par certains médecins de faire porter l'embryon par une femme tierce au couple, soit que la « mère porteuse » étrangère au couple porte l'enfant de ce dernier, soit qu'elle fournisse un ovule fécondé par le sperme du mari. La loi n° 94-653 interdit formellement cette forme de procréation ; elle dispose que *« toute convention portant sur la procréation ou la gestation pour le compte d'autrui est nulle » (C. civ. art. 16-7)* et prévoit des sanctions à l'encontre de ceux qui s'entremettraient entre une femme et un couple en vue de faciliter un tel accord *(C. pén. art. 227-12).*

133. La loi consacre l'illégalité d'un procédé qui avait dès l'origine paru illicite au motif qu'il vise à l'exploitation du corps de la mère porteuse, qu'il peut être considéré comme cession d'enfant lorsque la mère porteuse remet l'enfant au couple et constitue alors une fraude à la législation sur l'adoption ; le contrat était donc considéré comme nul.

La maternité pour autrui a été condamnée par la juridiction administrative prononçant l'illicéité des associations ayant pour objet de faciliter et d'encourager cette pratique *(C.E. 22 janvier 1988, obs. L. Dubouis, R.D. San. et soc. 1988, p. 317. Paris 11 oct. 1988, D. 1988, I.R. 275 ; R.D. San. et soc. 1989, obs. E. Alfondari, p. 91. V. aussi trib. gr. inst. Marseille 16 déc. 1987, R.D. et San. soc. 1988, 313).*

De même la cour de cassation, après avoir affirmé la nullité des associations intermédiaires pour illicéité de l'objet *(Cass. 13 déc. 1989, Bul. I, n° 387 p. 260, Rep. Defrénois, 1990, art. 34815, rap. J. Massip, J.C.P. 90, I 121526, note Sériaux)* a affirmé solennellement la nullité du contrat justifiée par l'indisponibilité du corps humain et de l'état des personnes dans un arrêt de l'assemblée plénière du 31 mai 1991 (*D.S. 1991, 417 Rap. Y. Chartier, note D. Thouvenin ; J.C.P. 91, éd. G. II, 21752, communic. J. Bernard, concl. Dontenwille, note F. Terré, et ref. citées, R.T.D. civ. 1991, p. 517, obs. D. Huet-Weiller, Rep. Def. 1991, art. 35088 p. 947, obs. J. Massip ; M. Gobert Reflexions sur les sources du droit et les « principes » d'indisponibilité du corps humain et de l'état des personnes (A propos de la maternité par substitution, RTD civ. 1992, 489)*) rendu sur pourvoi dans l'intérêt de la loi censurant une décision de la cour d'appel de Paris du 15 juin 1990 ayant admis le procédé et l'adoption plénière s'ensuivant (*D. 1990, p. 540, note F. Boulanger – R.D. civ. 1990 p. 458)* bien, que des arrêts rectificatifs de cette même cour aient, le 16 novembre 1990, susbtitué l'adoption simple à l'adoption plénière (*J. S. Cayla, R.D. San. et soc. 1991, p .200)*. Cette jurisprudence a été réaffirmée dans un arrêt du 29 juin 1994 (*Cass. civ. Iere, D.S. 1994, 581, note Y. Chartier Les Petites Affiches, 1995 p. 23, note J. Massip ; J.C.P. 94, II, 22362, note J. Rubellin Devichi)*, la cour ayant cette fois été saisie sur pourvoi d'une des parties.

La maternité pour autrui avait suscité de vifs débats en doctrine (*cf. not. C. Atias, Le contrat de substitution de mère, Dalloz, chr. IX – J.L. Baudoin et C. Labrusse-Riou, Produire l'homme, de quel droit ?, p. 110* et s. – *F. Giraud, Mère porteuse et droits de l'enfant – F. Terré, L'enfant de l'esclave)*.

VOIR ANNEXE VII - P.98

§ 4 SANCTIONS

134. Indépendamment de la nullité d'ordre public du contrat (*C. Civ. art. 16-7)*, la loi n° 94-653 prévoit l'application des sanctions pénales réprimant l'abandon d'enfant à ceux qui s'entremettraient entre un couple *« désireux d'accueillir un enfant »* et *« une femme acceptant de le leur remettre » (C. civ. art. 16-8)*.

L'importance des sanctions pénales est variable. Dans le domaine de l'assistance médicale à la procréation, la loi n° 94-654 prévoit cinq ans d'emprisonnement et 500 000 F d'amende en cas de :

– non respect de l'objet de l'AMP (*C.S.P. art. L. 152-14, supra n° 4)*,

– activités d'assistance médicale à la procréation à des fins autres que celles définies à l'article L. 152-2 (*C.S.P. art. L. 152-14)* ; mais les sanctions ne visent apparemment que les médecins,

– recueil ou prélèvement de gamètes sur une personne vivante sans son consentement (*C.S.P. art. L.675-9 ; C. pén. art. 511-6, supra n° 16)*,

– obtention de gamètes contre un paiement, quelle qu'en soit la forme à l'exception du paiement des prestations assurées par les établissements effectuant la préparation et la conservation de ces gamètes (*C.S.P. art. L. 675-10 ; C. pén. art. 511-9 al. 1)* ou apport de son entremise pour favoriser l'obtention de gamètes dans ces conditions (*C.S.P. art. L. 675-10 al.* 2 et *C. pén. art. 511-9 al. 2)*.

Il est prévu une peine de deux ans d'emprisonnement et 200 000 F d'amende en cas :

– insémination de sperme frais en violation de l'article L. 673-3 du Code de la santé publique,

– violation par les établissements participant aux activités d'A.M.P. des règles s'imposant à eux *(C.S.P. art. L. 184-7 et C. Pén. art. 511-14),*

– non respect des règles relatives au diagnostic préimplantatoire *(C.S.P. art. L. 162-20).*

135. En ce qui concerne plus spécialement la protection de l'embryon, les sanctions sont plus lourdes. Une peine de sept ans d'emprisonnement et 700 000 F d'amende sont prévues :

– en cas de non-respect des principes énoncés par les articles L. 152-4 et L. 152-5 pour l'accueil d'embryon (C.S.P. art. L. 152-11, et C. Pén. art. 511-16) ; toutefois la loi frappe moins lourdement le fait de *« divulguer une information nominative permettant d'identifier à la fois le couple qui a renoncé à un embryon et le couple qui l'a accueilli »* : deux ans d'emprisonnement et 200 000 F d'amende « (C. pen. art. 511-23),

– pour le fait d'obtenir des embryons contre paiement (C.S.P. art. L. 152-12) ou de s'entremettre pour procurer des embryons à de telles conditions,

– pour le fait de procéder à la conception d'embryons *in vitro* à des fins industrielles ou commerciales (C.S.P. art. L. 152-15 al. 1), ou de les utiliser à de telles fins (C.S.P. art. L. 152-15 al. 2),

– pour le fait de procéder à une étude ou une expérimentation sur l'embryon (C.S.P. art. L. 152-18).

BIBLIOGRAPHIE

Articles

R. ANDORNO, *Les droits européens face à la procréation médicalement assistée,* Rev. Int. Dr. comp 1994, n° 1. – Ch. BYK, *Les enfants de la procréatique et le droit : disparités nationales et harmonisation européenne,* Les Petites Affiches, Bioéthique, 1994 n° 149, p. 49 – *La recherche sur l'embryon humain,* J.C.P. 1996, I, 3949 – I. CORPART-OULRICH, *Le secret des origines,* RD San. et soc. 1994, p. 1 – J. FLAUSS-DIEM, *Filiation et accès à l'aide médicale à la procréation : point de vue des droits fançais et anglais,* Les Petites Affiches, 16 oct. 1996, p. 16 – M. GOBERT, *Apocalypse ? Non. Procréations médicalement assistées et droit de la famille,* Gaz. Pal.22/23 avril 1994. – F. GRANET-LAMBRECHTS, *La filiation en cas de procréation médicalement assistée avec don de gamètes,* Médecine et droit, Lois bioéthiques 1994, n° 8. – J. LANSAC, *Application des lois bioéthique concernant l'assistance médicale à la procréation,* Problèmes et solutions en Médecine et droit, Lois bioéthique 1994, n° 3. – S. LE BRIS, *Le diagnostic préimplantatoire, in Nouveaux défis pour le droit ?* 9e Congrès Mondial de Droit Médical Gand,1991. – J. Massip, *L'insertion dans le code civil de dispositions relatives au corps humain, à l'identification génétique et à la procréation médicalement assistée,* Rep. Defrenois 1995, art. 35975 et 35992. – J.F. MATTÉI *Entretiens, Les lois sur la bioéthique médicale,* Concours médical 26 mars 1995. – N.J. MAZEN, *L'insémination artificielle : une réalité ignorée par le législateur, in l'Insémination artificielle,* Col Médecine légale et toxicologie médicale, Ed. Masson 1977. – G. MEMETEAU *P.M.A. et eugénisme : de la lettre au doute,* Médecine et droit, Lois bioéthique 1994, n° 8 ;L'embryon législatif, D.S.

1994,chr. p. 355. – CI. NEIRINCK *Le droit de la filiation et la procréation médicalement assistée,* Les Petites Affiches, 1994, n° 149, p. 54. – M. F. NICOLAS-MAGUIN, *L'enfant et les sortilèges : reflexions à propos du sort que réservent les lois sur la bioéthique au droit de connaître ses origines,* D.S. 1 995, p. 75. – G. RAYMOND, *Aperçu rapide sur la loi n° 94-654 du 29 juillet 1994 relative au don et à l'utilisation des élements et produits du corps humain, à l'assistance médicale à la procréation et au diagnostic prénatal,* J.C.P. Ed. G.,1994, n° 37. Actualités.— D. VIGNEAU, *« dessine-moi un embryon »,* Les Petites Affiches,1994, n° 149, p. 62.

Ouvrages

J.L. BAUDOUIN et C. LABRUSSE-RIOU, *Produire l'homme. De quel droit ?* Ed. PUF 1987. *La procréation artificielle. rapport au premier ministre,* Doc. Franc. 1986. – G. DELAISI et P. VERDIER, *Enfant de personne,* Ed. O. Jacob. – R. FRYDMAN, *L'irrésistible désir de naissance,* P.U.F. 1986. – G.M. FAURÉ, *Le désir d'enfant à l'épreuve du droit,* Th. Montpellier 1991. – F. GIRAUD, *Mère porteuse et droits de l'enfant,* Publisud 1987. – J TESTART, *L'œuf transparent,* Ed. Flammarion, 1986. – F. TERRÉ, *L'enfant de l'esclave,* Ed. Flammarion 1987. – *Désirer un enfant* Ed. Centurion, 1994, (étude de théologiens et médecins chrétiens) – *Droit de la filiation et progrès scientifiques,* sous la dir. de C. Labrusse et G. Cornu, Ed Economica 1981 – *L'embryon humain. Approche multidisciplinaire.* Sous la direction de B. Feuillet-le Mintier, Ed. Economica, 1996.

ELÉMENTS DE RÉFLEXION

l) Evolution scientifique

a) Insémination artificielle

C'est l'année 1973 qui marque les grands débuts de la procréation artificielle, car si celle-ci était déjà pratiquée au XVIIIe siècle, elle a dû son essor à la possibilité de conserver le sperme dans l'azote liquide et à la création en 1973 de Centres d'études et de Conservation du sperme (C.E.C.O.S. ; sur historique : G. David, L'insémination artificielle : état de la science et problématique médico-psychologique, in Droit de la filiation et progrès scientifiques, Ed. Economica, p. 79). La technique de l'insémination artificielle s'est développée en pratique sous le seul contrôle des promoteurs de la technique – les C.E.C.O.S. – qui ont donc imposé leurs règles, leurs usages, leur morale (cf. rôle important du Pr G. David). La technique, du moins en ce qui conceme l'I.A.C, – insémination intra conjugale – a toujours été considérée comme licite dans la mesure où elle peut être considérée comme un « adjuvant » de l'acte conjugal et 30 000 enfants seraient nés par I.A.C. en 1993 (*Le Monde* 15 mai 1993). En revanche, I'I.A.D – insémination artificielle avec sperme de donneur – qui fait appel à un tiers donneur pour pallier la stérilité d'un homme a soulevé davantage de questions : des questions scientifiques – problème de détermination des donneurs, des receveuses – des questions morales, dans la mesure où l'on peut considérer qu'il s'agit d'un adultère scientifique –, des questions juridiques notamment sous l'angle de la filiation de l'enfant.

b) Fécondation in vitro

La fécondation in vitro a pour but de pallier les difficultés de fécondation de la femme par la voie naturelle. Selon la technique de fécondation *in vitro* et transfert d'embryon (F.I.V.E.T.E.), l'ovule est prélevé, puis fécondé en laboratoire avant d'être réimplanté dans l'utérus. On distingue la FIVETE homologue lorsqu'elle se produit au sein du couple et la FIVETE hétérologue quand elle fait intervenir un tiers extérieur. La France détiendrait un record en matière de fécondation in vitro :12 972 en 1988, contre 13 647 pour les Etats Unis (Rap. N. Lenoir préc. t. I p. 29). Les auteurs de rapports regrettent que cette technique soit offerte trop souvent sans véritable justification thérapeutique (Rap.Mattéi préc. p. 89) alors qu'elle devrait être un moyen « ultime ». Si en effet la technique a toujours paru licite dans la mesure où elle constitue une aide à la procréation, elle demeure empreinte de risques pour la femme et surtout elle est génératrice, en l'état actuel des connaissances scientifiques, de production d'embryons surnuméraires car selon l'usage trois embryons seulement seraient réimplantés lors d'une tentative, alors qu'il est nécessaire d'en obtenir davantage (Plus de 11 000 embryons congelés en attente d'une loi, L/M/ 31 mai 1994, chiffres publiés in *Contraception, Fertilité, sexualité* 1994, vol. 22. ; même sens Rap. Lenoir p.43).

c) Autres techniques

Les méthodes destinées à faciliter la procréation sont en constant progrès ; en dernier lieu il est proposé de remédier à la stérilité de l'homme par l'injection d'un spermatozoïde dans le cytoplasme de l'ovule (I.C.S.I. de *intra cytoplasmic sperm injection*), mais cette technique comporte des risques de manipulations, aussi a-t-elle suscité les critiques du conseil de l'ordre des médecins (*Le Monde* 5 juillet 1994,) et du comité consultatif national d'éthique dans un avis rendu public le 6 juillet 1994 (*Le Monde* 7 juillet 1994). Cependant cinquante laboratoires publics et privés viennent d'être autorisés à pratiquer cette technique (*Le Monde* 9 août 1996).

2) Evolution juridique

Le droit a été à la remorque de la science en matière de procréation artificielle.

a) Usages

Initialement ces techniques ont été gérées en pratique par les promoteurs, notamment pour la sélection des donneurs, le choix des receveurs. Pour le dépôt en vue d'insémination intra conjugale, les centres ont établi des modèles de contrat, qui régissent les obligations des parties et auxquels font référence les tribunaux.

VOIR ANNEXE VI – P. 97

Mais ces usages ne pouvaient régler toutes les questions et les médecins réclamaient d'autres normes. Déjà lors d'un colloque organisé en 1978 par G. Cornu et C. Labrusse, Le Pr David soulignait : « quelles que soient nos précautions, nous ne pouvons oublier que l'enfant que nous contribuons à faire mettre au monde aura une situation ambiguë et tout à fait illégitime. Il y a le problème de l'insémination *post mortem*, celui de l'insémination de la femme seule, et bien d'autres pour lesquels nous souhaitons maintenant avis et conseils. Il faut élaborer des règles que les médecins ne doivent pas être les seuls à concevoir » (Droit de la filiation et progrès scientifiques, op. cit. p. 86).

b) Jurisprudence

La première décision rendue en matière d'insémination artificielle l'a été en 1976 à propos de la filiation de l'enfant né par I.A.D. et d'une possible action en désaveu (T.G.I. Nice 30 juin 1976, J.C.P. 77; II, 18597, note M. Harichaux, D. 1977, 45, note D. Huet-Weiller, Gaz. Pal. 1977, 1, 1948, note E. P.). Le tribunal devait admettre l'action en désaveu en relevant que les conditions de l'article 316 du Code civil étaient remplies puisque « le mari était dans l'impossibilité absolue de féconder son épouse et que l'enfant est le fruit d'une insémination hétérologue », et que la détermination du consentement du mari à l'insémination artificielle de son épouse ne présente aucun intérêt pour la solution ». Cette décision fut suivie de plusieurs autres évoquant la même question mais adoptant parfois des solutions différentes (supra n° 130). Un autre groupe de décisions devait conduire à s'interroger sur la nature des relations contractuelles entre les centres et les déposants, mais surtout mettre en évidence les effets de la conservation scientifique des gamètes et le droit à bénéficier de l'insémination artificielle pour les veuves. La première décision saisie de cette question fut le tribunal de grande instance de Créteil le 1er aout 1984 ; il admet le caractère spécifique du contrat (1) et sa licéité (2) ainsi que la restitution des paillettes :

(1) « *Les règles du contrat de dépôt telles qu'elles sont définies par les articles 1915 et tombant dans le "commerce" mais une sécrétion contenant le germe de la vie et destinée à la procréation d'un être humain* ».

(2) *Ni les conditions de conservation ou de remise du sperme d'un mari décédé, ni l'insémination de sa veuve ne sont interdites ou même organisées par un texte législatif ou réglementaire.*
D'autre part, elles ne heurtent pas le droit naturel, l'une des fins du mariage étant la procréation.
Le tribunal de grande instance de Toulouse (26 mars 1991) a refusé la restitution en invoquant les termes du contrat – prévoyant la réutilisation mais non la remise – ainsi que les principes du droit, car la demanderesse invoquait le droit à l'autodétermination en matière de procréation :
« le juge, démuni des outils traditionnels – la loi et la jurisprudence – doit en l'espèce procéder à un arbitrage entre des valeurs qui s'opposent. La prohibition qui lui est faite d'énoncer une règle générale et impersonnelle ne le dispense pas de sa mission de jugement et ne lui interdit pas de définir ses références et et ses valeurs. Dès lors il est important de rappeler que l'existence du sujet et de la personnalité trouve son fondement dans quelques principes intangibles tels que « la reconnaissance et l'acceptation de l'autre dans l'acte de reproduction, l'altérité de la vie sexuelle, le lien généalogique paternel et maternel, la temporalité de la vie. La procréation implique et impose de telles règles dont le rappel doit faire comprendre que tout n'est pas possible et que tout n'est pas permis. Le désir de faire naitre un enfant n'est pas un droit imprescriptible de l'être humain qui justifierait l'acharnement procréatif et l'indifférence à l'égard de l'enfant à naître ».

La maternité pour autrui quant à elle, facilitée par les progrès de la biologie de la reproduction est une déviation non prévue à l'origine. Mais elle devait donner lieu à une décision fondamentale et solennelle de la cour de cassation.

VOIR ANNEXE VII – P. 98

c) Ethique

La procréation assistée a été le domaine privilégié de l'éthique. Le comité national d'éthique créé en 1983 a émis plusieurs avis, qui quoique consultatifs, sont importants pour éclairer les scientifiques :
– les prélèvements de tissus d'embryons et de fœtus humains morts, à des fins thérapeutiques, diagnostiques et scientifiques du 22 mai 1984 ;
– les problèmes éthiques nés des techniques de reproduction artificielle, du 23 octobre 1984 ;
– les recherches et utilisation des embryons humains *in vitro* à des fins médicales et scientifiques du 15 décembre 1986 ;
– les recherches sur l'embryon sousmises à moratoire depuis 1986 et qui visent à permettre la réalisation d'un diagnostic génétique avant la transplantation du 18 juillet 1990 ;
– l'organisation actuelle du don de gamètes et ses conséquences du 18 juillet 1990 ;
– les réductions embryonnaires et foetales du 24 juin 1991.

d) Le législateur fut particulièrement prudent face à ces nouvelles questions de société – Les textes peu nombreux, se limitaient essentiellement avant 1994 à la prise en charge des traitements de la stérilité (L. n° 78730 12 juil. 1978, 111, 47470, et arr. 7 fév. 1990 modifiant la nomenclature des actes de biologie médicale, J.O. 24 fev. 1990) à la règlementation des centres hospitaliers pratiquant la procréation assistée (Déc. n° 88327 du 8 avril 1988, J.O. 9 avril 1988, cf. J.CS. Cayla, Réglementation de la P.M.A. R.D. San et soc. 1988, 455, sur critiques J.M Lemoyne de Forges Les établissements hospitaliers et la P.M.A. RTDS et soc. 1989 p. 63 et la loi du 31 déc. 1991 D.M.O.S. complète la réglementation des établissements et des opérations liées au don de sperme et à la conservation. De ces textes on pouvait déduire la consécration implicite de la licéité de la procréation artificielle, mais de nombreuses questions étaient en suspens comme en témoignent la jurisprudence et les avis du comité d'éthique, aussi le souhait d'une législation en la matière était exprimé dans les différents rapports officiels (Rapport du Conseil d'Etat,.– Rap. N. Lenoir, Rapport Sérusclat, et en dernier lieu Rapport Mattéi 1993) et surtout par les médecins. L'appréciation sur ces lois en matière de procréation est parfois réservée. Sur le plan juridique et déontologique il est reproché au législateur d'avoir éludé la question du statut de l'embryon afin de ne pas remettre en cause la loi sur l'I.V.G. cf. (*Le Monde* 2 nov. 1994. – T. Terré, Libération 18 janv. 1994). S'agissant de la protection de l'embryon, on critique la possibilité d'études sur embryon, et secondairement le maintien du principe de l'anonymat – le problème sera peut-être celui de l'effectivité de la loi, malgré les nouvelles sanctions pénales compte tenu des pratiques se déroulant dans la relation médecin-malade, comme le montrent les faits rapportés par l'arrêt de la cour de cassation du 9 mars 1994 (Massip, Rép. Defrénois 1994, art. 35891, n° 102, Les Petites Affiches 28 sept. 1994, p. 21, supra n° 176).

Les scientifiques pour leur part craignent que les conditions imposées par la loi en ce qui concerne les dons de sperme – maximum de cinq enfants nés du même donneur et absence de cytomégalovirus (CTM) – réduise le nombre des donneurs « accroissant ainsi les délais d'attente et les risques de consanguinité (Fig. 31oct.1994) mais sur la relativité de ces textes :M.Gobert, Apocalypse ? Non Procréations médicalement assistées et droit de la famille, Gaz. Pal. ; 22/23 avril 1994). La procédure instaurée par la loi de 1994 et les nouvelles sanctions pénales devraient normalement empêcher à l'avenir les inséminations avec sperme frais, pratiquées initialement, mais certains auteurs sont sceptiques quant au caractère dissuasif des dispositions à l'égard de simples particuliers (J. Massip, art. 35992 préc. n° 20 note 37).

3) Droit comparé

L'étude remarquable des différentes législations européennes établie par R. Andorno sur les solutions adoptées (Les droits européens face à la procréation médicalement assistée : primauté de la technique ou primauté de la personne ? R.I.D.C. 1994, p. 141) démontre qu'à l'exception de l'insémination des femmes seules, la France a adopté une législation très ouverte à l'évolution scientifique.

VOIR ANNEXE VIII – P. 100

4) Droit européen

Ch. Byk Les enfants de la procréatique et le droit : disparités nationales et harmonisation européenne, Les Petites Affiches, « Bioéthique » 149, p. 49.-1994.

C'est surtout le Conseil de l'Europe qui devait avoir la mission d'étudier les conséquences de la procréation médicalement assistée à partir des années 1970. Mais un premier projet concernant l'insémination artificielle fut un échec compte tenu des divergences importantes entre les divers pays européens (Ch. Byck, art. préc. p. 51). M. Badinter qui devait préconiser le droit à la procréation médicalement assistée sur le fondement des articles 8 et 12 de la convention lors de la convention européenne sur les droits de l'homme à Vienne en mars 1985 (Conseil de l'Europe M.D.H. (85) 3, Strasbourg, ne fut pas suivi dans son argumentation.

Le conseil de l'Europe élabore cependant un projet de Convention pour la protection des droits de l'Homme et de la dignité de l'être humain reprend en grande partie les options françaises, d'autant plus que le rapporteur du projet est M. Michaud, vice président du comité consultatif d'éthique ? Mais si la convention est inspirée par « la primauté de l'être humain » (art. 2, 26) elle ne donne pas de définition de l'être humain (art. 1, 24).

Trois décisions de jurisprudence sont citées (Ch. Byck art. préc. p. 52) :

– la première déclare irrecevable la demande introduite par une association favorisant la maternité pour autrui et invoquant les obstacles à son activité.

– la seconde rejette la demande introduite par un couple d'homosexuelles invoquant l'ingérence de l'état néeerlandais dans sa vie privée à propos de la demande de droits sociaux (Com. eur. des droits de l'homme, req. 1566/89, C.J.K, A.M.H. et S.H. c/ Pays Bas)

– la troisième rejette la demande d'un donneur de sperme qui invoquait un droit de visite de l'enfant au motif que les contacts n'ont pas été suffisants pour créer les liens personnels protégés par l'article 8 de la Convention (Com. 8 fév 1993, n° 1 6944/90).

5) Aspects religieux

Les projets de loi avaient été critiqués par les évêques de France (La Croix 11 janv. 1994) en particulier pour l'absence de statut de statut de l'embryon et le principe d'anonymat (Mg Lustiger, cf., *Le Monde* 12 janvier 1994) les médecins catholiques étant cependant plus nuancés (*Le Monde* 11 janvier 1994). Dans la récente encyclique Evangélium vitae, le pape s'oppose aux procréations artificielles « moralement inacceptables, parce qu'elles séparent la procréation du contexte intégralement humain de l'acte conjugal » et qu'elles « ouvrent la porte à de nouveaux attentats contre la vie » en raison de la production d'embryons surnuméraires. La même opposition s'étend aux manipulations et transplantations de cellules fœtales en ce qu'elles sont considérées comme du « matériel biologique ». Mais la doctrine catholique n'est pas tellement différente de celle des autres religions (cf, Bioéthique et Droit, Et. ras. par M. Harichaux et R. Draï, P.U.F. 1988) comme le montre le tableau comparatif publié par Impact Médecin le 7 avril 1995 à la suite d'un colloque organisé par les gynécologues obstétriciens (cf. introduction).

6) Aspects socio juridiques

a) Sur le droit à procréation artificielle

Ces techniques de procréation, en séparant artificiellement le recueil de sperme et la fécondation par la conservation, en dissociant sur le plan humain la fécondation et la gestation soulèvent la question d'un droit à bénéficier de ces techniques, autrement dit d'un *« droit à l'enfant »*. En faveur d'un tel droit on rappelle habituellement les propos de M Badinter, dans la conférence faite à Vienne en 1985 (supra) affirmant, que ces moyens « devaient être mis à la disposition de tout être humain, célibataire ou marié, vivant seul ou en couple, réputé libre de son corps et de ses choix » (*Les droits de l'homme face au progrès de la médecine, de la biologie et de la biochimie*, Le débat, sept. 1985 n° 36).

a) La question s'est posée pour l'insémination post mortem. On pourrait justifier cette dernière en la rapprochant de la législation concernant le mariage posthume, mais l'argument est criticable en droit (Ph Pédrot, note sous T.G.I. Toulouse 26 mars 1991, J.C.P. 92, 11 21807), ou encore en s'appuyant sur la « maîtrise procréative » de la femme seule dans la filiation charnelle (G.M. Fauré, Le désir d'enfant à l'épreuve du droit, Th. Montpellier 1991 p. 314) ou en invoquant certains exemples étrangers notamment la loi espagnole, exigeant cependant qu'elle soit prévue par testament et qu'elle soit réalisée dans un délai de six mois (Ph. Pédrot, art. préc.).

Mais à l'encontre d'un tel droit on fait valoir d'autres principes, le caractère illicite d'une telle convention, contraire à l'ordre public (Civ. art. 6), le droit et l'intérêt de l'enfant lui-même à bénéficier de ses deux parents (G.Cornu, La famille unilinéaire, Mél. Raynaud p.137.) droit confirmé par la convention européenne des droits de l'homme (Arrêt du 13 juin 1979 Publ. de la Cour, série A, vol. 31) et les conséquences psychologiques de l'enfant-remède.

b) La question s'est posée plus récemment, à partir de 1992, pour des femmes ayant atteint l'âge de la ménopause, à partir d'exemples étrangers ayant défrayé la presse (femmes devenues mères en Italie par procréation artificielle à l'âge de 61 ans, *Le Monde* 5 août 1992, de 59 ans , Fig. 28 déc. 1993 , de 63 ans, Fig. 28 octobre 1994). La question n'est pas utopique car il semble que le désir de maternité s'accroît chez les femmes à un âge de plus en plus avancé compte tenu de diverses raisons : activité professionnelle, contraception, seconde union et deux études scientifiques, française et anglaise, révèlent qu'en France plus de cent grossesses de femmes ménauposées ayant entre 40 et 55 ans ont été recensées depuis deux ans (Impact Médecin n° 7 janvier 1994, même sens pour une étude anglaise réalisée par le Pr Edwards, *Le Monde* 11 mars 1994). Sur le plan juridique le ministre de la santé avait exprimé son opposition à cette pratique (*Le Monde* 5 janvier 1994) et le législateur l'a suivi en imposant « l'âge de procréer » comme condition d'obtention d'une assistance médicale à la procréation (C.S.P. art. L. 152-2, v. supra n° 9). Si sur le plan scientifique nombre de médecins sont réservés à l'égard de cette pratique, d'autres en revanche expriment des réticences vis-à-vis de la limite légale, qu'ils estiment être une ingérence arbitraire dans la thérapeutique et sans doute difficile à respecter dans la mesure où l'âge de procréer est difficile à déterminer et susceptible d'évolution (cf. not. Pr Sureau, Fig. 5 janv. 1994).

c) Un détenu a-til le droit de recourir à la P.M.A. pour devenir père ? Plusieurs demandes se sont apparemment exprimées en ce sens depuis 1987 et une divergence est apparue entre le ministre de la justice et le ministre de la santé ; le premier, M. Nallet a dans une circulaire autorisé un médecin à recourir à cette pratique en « appréciant, conformément aux règles de la déontologie médicale, si une telle méthode peut être mise en application » (*Le Monde* 11 mars 1991, v. sur ce point Ch. Byk, Chr. J.C.P. 92, 1, 3597, n° 9) ; le refus d'un médecin fondé sur l'égalité des détenus dans l'absence de possibilité de paternité a amené le ministre de la santé, M. Evin à une déclaration d'opposition à cette pratique en invoquant à juste titre l'absence de but thérapeutique, condition de réalisation du transfert (*Le Monde* 12 mars 1991).

Le législateur de 1994 encadrant l'assistance médicale à la procréation écarte toute orientation de palliatif et répond négativement au « droit à l'enfant ». Mais outre le problème du contrôle de l'effectivité de la loi en France se pose la question des possibilités d'accès à ces techniques dans les pays voisins (infra annexe VIII) compte tenu des nouvelles règles communautaires. Il existe d'autres problèmes éthiques non résolus par le législateur et soulevés par les médecins, par exemple : Faut-il répondre favorablement à la demande d'un couple dont l'un des membres est séropositif ? (M. Lansac, Médecine et droit p. 124).

b) Sur le droit de l'enfant à connaître ses origines biologiques

Les lois du 29 juillet 1994, en imposant l'anonymat des donneurs et en interdisant toute recherche de paternité, ne reconnaissent pas à l'enfant le droit à connaître ses origines approuvées en cela par le conseil constitutionnel, mais cette solution suscite cependant toujours la controverse.

a) En faveur de l'anonymat, les promoteurs invoquent l'altruisme et le souhait que l'enfant à naître trouve dans le couple stérile sa véritable famille. La plupart des rapports officiels se prononcent en ce sens (De l'éthique au droit, 1988 p. 53, Rap. sur les sciences de la vie et les droits de l'homme, 1992 p. Fasc. 2 p. 66. Rap. Bioulac, p. 33) mais il existe des opinions opposées dans d'autres rapports (M.F. Nicolas-Maguin p. 76 et réf. note 6). Le Pr Mattéi considère également que l'anonymat est la moins mauvaise des solutions. (p. 86) mais qu'il devrait toutefois s'accompagner « de la nécessaire trace de caractères biologiques non identifiants, dont la connaissance pourrait être utile à l'enfant ultérieurement ».

La doctrine invoque à l'appui de l'anonymat, l'existence du secret en matière d'adoption et surtout d'accouchement sous X, prévu par l'article 341-1 du code civil, (sur ce dernier, F. Dreiffus – Netter, L'accouchement sous X, Mel. D. Huet-Weiller, Ed. P.U. et L.G.D.J. 1994, p. 99. B. Trillat, L'accouchement anonyme : de l'opprobre à la consécration, Mél. D. Huet-Weiller, p. 513) qui pourrait être remis en cause si on ne maintenait pas la règle de l'anonymat (cf. Rapport du Haut Conseil de la population et de la famille du 21 mai 1990). Mais d'une part ces accouchements sont peu nombreux : 500 à 700 sur 712 000 naissances en 1993 (chiffres cités par B. Trillat, art. préc.) et d'autre part ils suscitent la controverse (B. Trillat art. préc.) tant en ce qui concerne la justification que l'absence de transparence pouvant se preter à des trafics nationaux ou internationaux en relation avec l'adoption (B. Trillat p. 516 et s.).

C. Labrusse Riou, admet l'anonymat mais avec réserves au motif surtout que la vérité pourrait avoir des effets dévastateurs sur la filiation (Ethique et droits de l'homme,

Actes Sud 1988, p. 74) et Mme Gobert considère que le secret est le *« meilleur moyen d'assurer la sérénité des familles adoptives ou de favoriser l'adoption »* (M. Gobert, Gaz Pal. 22/23 avril 1994 p. 2).

b) En faveur du droit à la vérité sur l'ascendance, on invoque :

– la Convention européenne des droits de l'homme, art. 8 proclamant le droit au respect de la vie privée et familiale ; la cour européenne estime dans un arrêt du 7 juil. 1989 (Gaskinc/ Royaume Uni) que *« le respect de la vie privée impose de permettre à chacun d'établir les détails de son identité d'être humain et qu'en principe interdire l'accès à de telles informations sans justification précise constitue une violation de l'article 8 de la convention »* (v. M.F. Nicolas-Maguin, D.S. 1995, p. 75)

– on a parfois invoqué l'article 7-1 de la Convention des Nations Unies relative aux droits de l'enfant du 20 novembre 1989 (en ce sens M.F. Nicolas Maguin, art. préc. p. 79) qui dispose que *« l'enfant est enregistré aussitôt sa naissance et a, dès celle-ci, le droit à un nom, le droit d'acquérir une nationalité et, dans la mesure du possible, le droit de connaître ses parents et d'être élevé par eux »*. Mais la plupart des auteurs écartent l'application de ce texte au motif que le « donneur ne peut être qualifié de "parent" et que l'article 7-1 ne reconnaît ce droit que dans la mesure du "possible" (Massip, n° 191 note 19 ; J. Massip L'insertion dans le code civil de dispositions relatives au corps humain, à l'identification génétique et à la procréation médicalement assitée, Rep. Defrenois, art. 35975 n° 10. – M. Gobert, art. préc.). De plus selon la cour de cassation la convention de New York ne peut être invoquée devant les tribunaux français (Cass. civ. Ire 10 mars 1993, D. 1993, 361, note J. Massip).

– Mais surtout l'on constate que les législations étrangères intégrent progressivement dans leur législation le droit à connaître ses origines (P. Murat Procréation assistée et « droits de l'enfant, RDSS 1991 p. 387, cf. Doc. III) la Grande Bretagne, en se fondant sur l'arrêt Gaskin, a admis que les enfants issus d'une IAD puissent avoir accès à certaines informations relatives aux donneurs, à partir de dix-huit ans. La constitution fédérale suisse garantit depuis 1992 l'accès d'une personne aux données relatives à son ascendance.

Le principe de l'anonymat paraît en effet discutable ; le conseil constitutionnel a certes rejeté les arguments invoqués dans la saisine en la matière – violation de la loi du 16 novembre 1912 permettant à un enfant de rechercher une paternité hors mariage, et de l'article 1382 du code civil – mais les commentateurs de la décision du conseil constitutionnel soulignent, à ce propos que le rejet d'inconstitutionnalité est parfois « un peu rapide », et que la solution retenue « n'est pas d'une évidence aussi caractérisée que peut le laisser penser la rédaction de la décision » (B. Mathieu Bioéthique : un juge consitutionnel réservé face aux défis de la science. A propos de la décision n° 94-343-344 DC du 27 juillet 1994 R.F.D. adm. 10 (5) sept-oct. 1994). En réalité, comme certains le soulignent les parlementaires ont été «convaincus » par les médecins ; mais cet intérêt utilitariste correspont-il à l'intérêt de l'enfant ? Il n'est pas normal de cacher à ce dernier son mode de filiation (cf. v. M. Cacheux déb., A.N. 28 avril 1992 : *« Le secret sur l'identité des donneurs exclut-il que l'enfant soit informé du mode de procréation qui lui a permis de naître ? L'enfant ne devrait-il pas avoir au moins accès à la carte génétique de ses parents biologiques » ?* (*Le Monde* 30 avril 1992).

Sous l'angle médical, la règle du secret des origines a été justifiée initialement par les promoteurs de l'IAD par la paix des familles, par la crainte du manque de donneurs.

Les psychologues pour leur part dénoncent l'absence de transparence, la fiction, le traumatisme possible de l'enfant (M. Nicolas Maguin note 11 pour ref. – G. Delaisi de Parseval, «Le désir d'enfant saisi par la médecine et par la loi », Esprit n° 156, nov. 1989, p. 86).

Le droit est à la remorque de la science : alors que la loi sur la filiation en 1972 fondée sur la réalité biologique ignorait la procréation artificielle (v. M. Harichaux sous trib. gr. nst. Nice 1976), la règle de l'anonymat et du secret consacrée par les lois de bioéthique, admissible pour les organes, est pour la procréation assistée à contrecourant de l'évolution scientifique génétique. M.F. Nicolas conclue « le temps est venu d'admettre et non de nier la complexité des rapports nés d'une procréation médicalement assitée et de réconcilier le développement des techniques médicales au respect des droits de l'homme » (art. préc. p. 79).

c) Procréation et eugénisme

a) Jusqu'alors l'eugénisme en matière de procréation était essentiellement évoqué à propos de la stérilisation eugénique et très controversée dans la mesure où elle prive un être humain de procréer compte tenu de ses handicaps (supra n° 80).Pour de nombreux auteurs, c'est une atteinte inadmissible à la liberté et à la dignité humaine (L. Cornavin, Droits, p. 101). Pour d'autres, c'est la même dignité humaine qui implique de permettre à l'homme de pouvoir contrôler la destinée de sa reproduction... La stérilisation des malades mentaux existe toujours, ainsi en 1986 la presse devait révéler qu'en Suède 13 000 personnes ont été stérilisées de 1941 à 1975 par l'application d'une loi « d'hygiène sociale » inspirée par des travaux américains des années 30 (*Le Monde* 19 nov. 1986. – *L'express* 28 nov. au 4 déc. 1986) ; en 1987, la justice britannique ordonnait la stérilisation d'une jeune handicapée, à la demande des parents (*Le Monde* 20 mars 1991).

b) Mais les progrès de la biologie humaine conduisent, même dans des buts légitimes – à des options à caractère indéniablement eugénique. Ces dernières s'exprimaient déjà dans le choix des donneurs de sperme (critère médicaux, tests, antécédents familiaux, enquête génétique, sur ce choix, Rap. N. Lenoir p. 34). Ces options sont renforcées avec les règles sanitaires instaurées dans la procréation assistée en particulier à l'occasion des dons de gamètes et d'embryons, et de manière légitime d'ailleurs car la transmission d'une maladie serait génératrice de responsabilité pour les auteurs de cette transmission. Mais ce sont surtout les techniques du diagnostic prénatal (supra n° 94) et du diagnostic pré-implantatoire (supra n° 113), et la sélection des embryons surnuméraires qui comportent le plus de risques de dérapages. Sur eugénisme, G. Mémeteau, De la lettre au doute, médecine et droit, n° 8 sept-oct 1994. – Mattéi JO AN 21 nov. 1992 p. 5785. Comme certains le soulignent on peut désormais distinguer deux catégories d'êtres humains : les suffisamment normaux pour mériter de naître et les trop gravement atteints pour avoir une chance de vivre (Sapin, Conc. méd. 1er avril 1995).

Certains pays imposent ces mesures eugéniques, par exemple la Chine qui a publié une loi destinée à « améliorer la qualité de la population des nouveaux-nés » et impose : un report du mariage si un des futurs époux souffre de troubles mentaux ou de maladie infectieuse, la contraception ou la stérilisation si un des époux a une grave maladie génétique, l'avortement si le fœtus est atteint de défauts ou de maladies génétiques (*Quot. Méd.* 16 fév. 1995).

7) Aspects économiques

La procréation artificielle ou l'assistance médicale à la procréation est très dépendante du contexte économique et de la prise en charge. Le coût des procréations médicalement assistées est estimé entre 800 et 1 milliard de francs (Chérioux, O. Déb. Sén. 13 janv. 1994, p. 102). S'il paraît évidemment indispensable de permettre à celles qui en ont besoin d'accéder à ces techniques, les spécialistes soulignent, à propos des records de FIVETE en France que les conditions de prise en charge par la sécurité sociale particulièrement favorables, n'y sont sans doute pas étrangères : prise en charge de quatre tentatives (Rap. Mattéi, p. 89), une tentative étant évaluée à 8 000 F en dépenses de santé et le coût de la venue au monde d'un enfant par FIVETE à 250 000 F, et les dépenses de santé pour la fécondation *in vitro* à 80 millions de francs (Rap. Lenoir préc. p. 43). Le Pr Mattéi, regrette également que la technique soit offerte trop souvent sans véritable justification thérapeutique (Rap. préc. p. 89) alors qu'elle devrait être un moyen « ultime » (cf. aussi G. Memeteau p. 358).

A l'inverse dans d'autres pays ayant un système de santé moins favorables, par exemple en Grande-Bretagne, l'âge fixé pour bénéficier d'une FIV peut dépendre des ressources économiques du pays ainsi, l'autorité de santé refuse une FIV à une femme de 37 ans, décision confirmée par la Haute Cour et ne l'accorde qu'aux femmes de 25 à 35 ans pour des raisons budgétaires (*Quot. méd.* 21 oct. 1994).

Annexe VI

FÉDÉRATION FRANÇAISE DES CENTRES D'ÉTUDES ET DE CONSERVATION DES ŒUFS ET DU SPERME HUMAINS

CECOS DE NECKER
149, rue de Sèvres
75015 PARIS
42.73.88.57 ou 42.73.688.56
Demande de Conservation de sperme pour insémination artificielle avec sperme de conjoint.

Demande formulée par :
Nom : Prénom :
Date et lieu de naissance :

Adresse précise :

N° de Sécurité sociale :

tout changement d'adresse doit être signalé au CECOS.

CONDITIONS

1) La demande de conservation du sperme est strictement personnelle.

2) Le CECOS DE NECKER effectue la congélation et assure la conservation du sperme pour une durée d'un an renouvelable et cumulable sur une période de 3 ans (sauf pour les hommes atteints de maladie de longue durée).

3) Le sperme conservé ne sera remis qu'à Monsieur présent et consentant.

4) Le CECOS NECKER n'est pas responsable de la qualité fécondante du sperme restitué.

5) L'intervention du CECOS cesse dès la remise de chaque dose.

6) Les doses seront détruites en cas de non-renouvellement annuel de la demande de conservation.

7) Numéro d'identification « des paillettes ».

8) Dans le cas où la congélation de sperme est associée à un traitement stérilisant à visée thérapeutique, les cotations B250 et B110 correspondant à une somme de 648 F ainsi que la conservation annuelle (durée maximale de 3 ans), côté B120 et correspondant à une somme de 216 F sont remboursés par la Sécurité sociale.

Dans tous les autres cas, ces frais restent à la charge du patient.

Fait à, le

Monsieur Pour le CECOS
Signature Signature

(Modèle de contrat aimablement communiqué par le CECOS de Necker).

DOC 1

Cass. Ass. Plén. 31 mai 1991

....

ARRÊT

LA COUR : – Sur le pourvoi dans l'intérêt de la loi formé par M. le procureur général près la Cour de cassation : –Vu les art. 6 et 1128 c. civ., ensemble l'art. 353 du même code ; – Attendu que la convention par laquelle une femme s'engage, fût-ce à titre gratuit, à concevoir et à porter un enfant pour l'abandonner à sa naissance contrevient tant au principe d'ordre public de l'indisponibilité du corps humain qu'à celui de l'indisponibilité de l'état des personnes ; Attendu, selon l'arrêt infirmatif attaqué (Paris, Ire ch. C, 15 juin 1990) que Mme X..., épouse de M. Y..., étant atteinte d'une stérilité irréversible, son mari a donné son sperme à une autre femme qui, inséminée artificiellement, a porté et mis au monde l'enfant ainsi conçu ; qu'à sa naissance, cet enfant a été déclaré comme étant né de Y.... sans indication de filiation maternelle ; – Attendu que, pour prononcer l'adoption plénière de l'enfant par Mme Y..., l'arrêt retient qu'en l'état actuel des pratiques scientifiques et des mœurs, la méthode de la maternité substituée doit être considérée comme licite et non contraire à l'ordre public, et que cette adoption est conforme à l'intérêt de l'enfant, qui a été accueilli et élevé au foyer de M. et Mme Y... pratiquement depuis sa naissance ; qu'en statuant ainsi, alors que cette adoption n'était que l'ultime phase d'un processus d'ensemble destiné à permettre à un couple l'accueil à son foyer d'un enfant, conçu en exécution d'un contrat tendant à l'abandon à sa naissance par sa mère, et que, portant atteinte aux principes de l'indisponibilité du corps humain et de l'état des personnes, ce processus constituait un détournement de l'institution de l'adoption, la cour d'appel a violé les textes susvisés ;

Par ces motifs, casse... mais seulement dans l'intérêt de la loi et sans renvoi.

Cass., Ass. Plén., 31 mai 1991. – MM. Drai, 1er prés. – Le Gunehec, Cochard, Jouhaud, Senselme, Dutheillet-Lamonthézie et Bézard, prés. – Mme Giannotti et M. Chartier, rap. – M. Dontenwille, 1er av. gén. – Cassation de Paris, 15 juin 1990.

DOC 2

Cass. Civ. 1re 29 juin 1994

....

(Y... c/ Mme X...) – ARRÊT

LA COUR : – Sur le moyen unique :– Vu les art. 6 et 1128 c. civ. ensemble les art. 353 et 361 du même code ; – Attendu que la convention par laquelle une femme s'engage, fût-ce à titre gratuit, à concevoir et à porter un enfant pour l'abandonner à sa naissance contrevient tant au principe d'ordre public de l'indisponibilité du corps humain qu'à celui de l'indisponibilité de l'état des personnes ; – Attendu que Mme Chantal X..., alors épouse de M. Patrick Y..., étant atteinte de stérilité, son mari a donné son sperme à Mme Z... qui, inséminée artificiellement, a porté et mis au monde l'enfant ainsi conçu ; qu'à sa naissance, le 17 nov. 1985, cette enfant, prénommée Solène, a été déclarée comme étant née de Mme Z... ; qu'elle a été ensuite successivement reconnue par celle-ci puis par M. Y... ; que Mme Z..., qui avait aussitôt remis l'enfant aux époux Y..., a, le 16 juin 1986, donné son consentement à l'adoption plénière de la jeune Solène par ceux-ci ; que, toutefois, M. Y... ne s'est pas associé à cette procédure et Mme X..., ayant quitté le domicile conjugal en emmenant l'enfant, a formé une action en divorce ; qu'après avoir déposé une requête en adoption plénière, Mme X... a assigné son mari devant le tribunal de grande instance qui a accueilli sa demande ; que la cour d'appel (CA Poitiers, ch. civ., 22 janv. 1992), statuant après le divorce des époux Y..., a infirmé partiellement cette décision et prononcé l'adoption simple de l'enfant par Mme X... ;

Attendu que pour se prononcer ainsi, l'arrêt attaqué retient qu'il est du devoir de la société de protéger l'enfant contre les erreurs des adultes et que l'adoption est conforme à l'intérêt de la jeune Solène, qui vit depuis sa naissance auprès de Mme X... ; qu'il ajoute que la solution contraire priverait injustement cette dernière de tout droit sur l'enfant alors que M. Y... pourrait exercer ses droits de père naturel ; – Attendu qu'en se déterminant ainsi, alors que cette adoption n'était que l'ultime phase d'un processus d'ensemble destiné à permettre à un couple l'accueil à son foyer d'un enfant conçu en exécution d'un contrat tendant à l'abandon à sa naissance par sa mère, et que, portant atteinte aux principes de l'indisponibilité du corps humain et de l'état des personnes, ce processus constituait un détournement de l'institution de l'adoption, la cour d'appel a violé les textes susvisés ; et attendu qu'il y a lieu, conformément à l'art. 627, al. 2, NCPC, de mettre fin au litige en appliquant la règle de droit appropriée ;

Par ces motifs, casse..., dit n'y avoir lieu à renvoi ; rejette la demande de Mme X... tendant à l'adoption de l'enfant Solène Z...

Cass. 1re Civ., 29 juin 1994. – MM. Grégoire, f. f. prés. – Gélineau-Larrivet, rapp. – Mme Le Foyer de Costil, av. gén. – SCP de Chaisemartin et Courjon, Me Vuitton, av. – Cassation de CA Poitiers, 22 janv. 1992 [ch. civ.].

Annexe VIII

CLASSIFICATION EN 2 GROUPES
PAR R. ANDORNO
(article précité page 92)

1er GROUPE			
	Espagne (n. 35/1988 du 22 nov. 1988)	Grande-Bretagne Human Fertilization and Embryologie Act 1er nov. 1990	France Lois 29 juillet 1994
Accès PMA	IAD		
Femme seule	Oui : toute femme de plus de 18 ans – Insémination post-mortem	Pas de règles mais en pratique possibilités si intention et consentements écrits – Insémination post-mortem	Non
Embryon	– Recherches possibles sur gamètes et ovules – Distinction entre embryon de moins de 14 jours et autres	– Recherches possibles sur embryon jusqu'au 14e jour – Production d'embryons pour la recherche, l'exportation	Pas d'expérimentation mais études à titre exceptionnel
Maternité pour autrui	Illicite (art. 10)	Licéité si gratuité mais le contrat peut ne pas être exécuté	Illicite
Filiation	– Anonymat don de gamètes – Connaissance identité du père biologique en cas de péril pour l'enfant – Désaveu possible	– Anonymat don de gamètes – Pas de connaissance de l'identité des parents biologiques sauf caractéristiques génétiques	– Anonymat don de gamètes – Pas de connaissance de l'identité des parents biologiques

2e GROUPE					
	Allemagne L. 745/90 Règles Com. Benda	*Autriche* L. 4 juin 1992	*Suède* L. 20 déc. 1984 et 14 juin 1988	*Norvège* Le 12 juin 1987	*Suisse* 17 Mai 1992
Accès PMA					
IAD	Il faut une autorisation	Interdiction IAD sauf dérogation	IAD pour femme mariée	Non	Non
Femmes seules	Non. Sanctions en cas d'insémination post-mortem	FIV hétérologue illicite	FIV homologuée	FIV homologuée	
Couples	Mariés Concubins : il faut une autorisation	Consentement du mari devant notaire		Marié	
Embryon		Conservation du sperme : un an au plus – 3 embryons fécondés pour éviter embryons surnuméraires – expérimentation interdite	Expérimentation possible jusqu'au 14e jour		
Maternité pour autrui	Illicite				
Filiation	Possibilité de connaître les origines biologiques à partir de 16 ans	Possibilité connaissance des origines biologiques à 14 ans	Connaissance données relatives au donneur quand majorité suffisante		Accès aux données relatives aux ascendants

TITRE III

LA VIE

136. La vie, la possibilité de sauver des vies humaines, c'est ce que nous offrent les transplantations d'organes mises au point par d'éminents chirurgiens (S.T.I.) avec leurs conséquences, leurs risques et par suite l'attention du législateur. Mais la vie c'est aussi celle de tous les jours, et les exploits scientifiques ne peuvent faire oublier l'homme malade, l'homme souffrant, (S.T. II).

SOUS-TITRE I

Utilisation du corps humain

137. L'utilisation croissante d'éléments du corps humain, et du corps humain lui-même depuis plusieurs décennies peut engendrer des oppositions d'intérêt entre une demande médicale de plus en plus pressante justifiée par la solidarité humaine et la nécessité de protéger ceux qui se prêtent à un prélèvement ou une expérimentation. Aussi le législateur a dû s'adapter à cette évolution biologique pour gérer au mieux l'utilisation de ces *ressources humaines*, compte tenu des principes traditionnels de protection des personnes, pour autoriser et encadrer l'utilisation de ces produits : autorisation de prélèvements anatomiques sur cadavres pour greffes de cornée en 1949 *(L. n° 49-890 du 7 juillet 1949, J.O. 8 juillet 1949)*, fixation du régime de la transfusion sanguine en 1952 *(L. 21 juillet 1952) légalisation des transplantations d'organes en 1976, L. n. 76-1181 du 22 déc. 1976, J.O. 23 déc. 1976 ; déc. n° 78-501 du 31 mars 1978 modifié par le décret n° 90-844 du 24 septembre 1990 et circulaire du 3 avril 1978*. Les prélèvements sur les militaires font l'objet de règles spéciales *(Annexe n° 5 à une lettre commune défense-santé du 20 avril 1983 : B.O.S.N.S. 83-23-956, 30 juin 1983)*.

Compte tenu de la nature et du régime des éléments du corps humain en cause on peut distinguer : l'utilisation des organes produits et éléments du corps humain (1), le régime applicable à la transfusion sanguine (2) et l'utilisation des données génétiques (3).

CHAPITRE I

DON ET UTILISATION D'ORGANES, DE PRODUITS ET D'ÉLÉMENTS DU CORPS HUMAIN

138. L'utilisation des organes, produits et éléments du corps humain est désormais régie par les lois n° 94-653 et 94-654 du 29 juillet 1994, la première pour les principes généraux et la seconde pour l'application des principes spécifiques. Cette législation a pour objet d'assurer une protection pour l'utilisation d'éléments détachés du corps humain, les organes « qui conservent une certaine vie biologique » *(J. Savatier, art. préc. p. 8)*. La protection est d'autant plus nécessaire que les objectifs des pouvoirs publics sont de développer les activités de greffes d'organes, de tissus et cellules du corps humain *(Circ. n° 235 du 2 avril 1996, MTAS/MAT VI 96/6)*.

La loi 94-654 du 29 juillet 1994 régissant les produits et éléments du corps humain ne concerne pas la transfusion sanguine regroupée sous un titre II *(L. art. 3 v. infra n° 174)*. Elle ne régit pas non plus les produits pour lesquels il est d'usage de ne pas appliquer les principes généraux de protection précisée par les articles 665-11 à 665-15 et dont la liste doit être indiquée par décret *(C.S.P. art. L. 665-16)*.

La loi ne s'applique pas à l'utilisation du lait humain *(C.S.P. art. L. 184)* mais l'arrêté relatif au fonctionnement des lactariums s'inspire cependant des principes légaux de protection *(Arr. 10 fév. 1995, J.O. 30 mars 1995)*.

La loi n° 94-654 se substitue à la loi antérieure relative aux greffes de cornée du 7 juillet 1949, à la loi du 22 décembre 1976 concernant les prélèvements d'organes, et aux dispositions concernant les dons de sperme prévues par l'article 13 de la loi n° 91-1406 du 31 déc. 1991 *(art. 20)* sans en modifier réellement le contenu. Quelques décrets ont été publiés, notamment le décret n° 96.375 du 29 avril 1996 *(J.O. 5 mai 1996)* relatif au consentement, le décret n° 96-1041 du 2 décembre 1996 *(J.O. 4 déc. 1996)* relatif au constat de la mort. Il convient en outre de tenir compte de la Convention sur les droits de l'Homme et la biomédecine *(supra n° 3)*.

La loi n° 94-654 intègre dans le Code de la santé publique les principes généraux déjà mentionné dans le Code civil par la loi n° 94-653, (1) et indépendamment du régime applicable aux organes (2) élabore un régime spécifique à l'utilisation des tissus, cellules et produits du corps humain (3).

§ 1 PRINCIPES GÉNÉRAUX DE PROTECTION APPLICABLES AU DON ET À L'UTILISATION DES ÉLÉMENTS ET PRODUITS DU CORPS HUMAIN

139. Comme l'indique la loi n° 94-654 la *« cession et l'utilisation des éléments et produits du corps humain »* sont régies par les principes généraux – d'ordre public – mentionnés dans le Code civil *(v. supra n° 36 et s.)*, par les « principes généraux » applicables au « don et à l'utilisation des éléments et produits du corps humain » contenus dans cette loi et intégrés dans le Code de la santé publique *(C.S.P. art. L. 665-10)* ainsi que par les règles particulières concernant d'une part les organes et d'autre part les *« tissus, cellules et produits »*.

Ces principes généraux, conformes à ceux qui sont énoncés par la loi n° 94-653 rappellent la nécessité d'un consentement, le principe de gratuité, les règles sanitaires.

A. – CONSENTEMENT

140. La loi n° 94654 rappelle tout d'abord que le prélèvement d'éléments du corps humain et la collecte de ses produits ne peuvent être pratiqués sans le consentement préalable du donneur *(C.S.P. art. L. 665-11)*, consentement pouvant être révoqué à tout moment *(C.S.P. art. L. 665-11 al. 2)*.

B. – NON PATRIMONIALITÉ

141. Plusieurs dispositions visent à éviter la non commercialisation et concernent soit les donneurs soit les intermédiaires, principe rappelé par la Convention sur les droits de l'Homme et la biomédecine *(art. 2, v. supra n° 9)*.

La loi n° 94-654 interdit de rémunérer les donneurs : *« aucun paiement qu'elle qu'en soit la forme, ne peut être alloué à celui qui se prête au prélèvement d'éléments de son corps ou à la collecte de ses produits » (C.S.P. art. L. 665-13)*. Toutefois, comme la loi n° 94-653, la loi n° 94-654 admet une possibilité d'indemnisation étant précisé que « seul peut intervenir, le cas échéant, le remboursement des frais engagés selon des modalités fixées par décret en Conseil d'état » *(C.S.P. art. L. 665-13)*.

Pour prévenir toute commercialisation la loi interdit également la publicité en faveur d'un don d'éléments ou de produits du corps humain au profit d'une personne ou au profit d'un établissement ou organisme déterminé mais elle admet cependant l'information du public en faveur des dons d'organes, déjà couramment effectuée, information réalisée sous la responsabilité du ministre chargé de la santé *(C.S.P. art. L. 665-12)*.

Enfin la loi précise qu'aucune rémunération à l'acte ne peut être perçue par les praticiens effectuant des prélèvements d'organes

(C.S.P. art. L. 671-13), ou effectuant des transplantations *(C.S.P. art. L. 671-17)* au titre de cette activité.

Les principes de non patrimonialisation et de gratuité sont cependant assez fictifs dans la mesure où il existe un coût et une prise en charge au regard de la sécurité sociale, *(cf. M. Harichaux, La prise en charge du coût des transplantations d'organes, R.D. San. et soc. 1989, p. 562 ; et pour revalorisation Arr. 24 mars 1993 préc. n° 73)*.

C. – ANONYMAT

142. Le principe d'anonymat *(supra n° 67)* est applicable aux dons d'organes et produits du corps humain aussi, d'une part *« le donneur ne peut connaître l'identité du receveur, ni le receveur celle du donneur »*, et d'autre part *« aucune information permettant d'identifier à la fois celui qui a fait don d'un élément ou d'un produit de son corps et celui qui l'a reçu ne peut être divulguée ». (C.S.P. art. L. 665-14, al. 1)*. Cette règle peut se justifier par le souci de prévenir un recours éventuel entre receveur et donneur ou l'inverse *(Rev. C.H.U. de Nîmes, 1992, p. 10)*.

Il ne peut être dérogé à ce principe d'anonymat qu'en cas de nécessité thérapeutique *(C.S.P. art. L. 665-14 al. 2)*.

D. – SÉCURITÉ SANITAIRE

143. L'utilisation d'organes et de produits et d'éléments du corps humain comporte des risques scientifiques – connus et encore inconnus – dont certains ont fait cruellement l'expérience, de nature à engager la responsabilité des autorités sanitaires. Aussi la loi dispose que prélèvements et collectes seront soumis à des règles sanitaires définies par un décret en Conseil d'état *(C.S.P. art. L. 665-15 al. 1)*. Ces règles comportent notamment des tests de dépistage des maladies transmissibles *(C.S.P. art. L. 665-15 al. 2)*.

De même les autorités sanitaires intensifient leur vigilance pour prévenir tout risque. Un décret du 24 mai 1994 *(Déc. n° 94-416)* modifie le décret n° 92-174 du 25 février 1992, *(J.O. 27 mai 1994)* dans le sens du renforcement des obligations de recherche de marqueurs biologiques d'infection et dans le sens de l'extension des affections à rechercher chez les donneurs *(infections V.I.H., Hépatites B et C, syphilis, toxoplasmose)* à l'occasion de tout prélèvement d'organes de tissus ou de cellules d'origine humaine et l'obligation pour les médecins de vérifier les résultats de la recherche. Un arrêté du 24 mai 1994 *(J.O. 27 mai 1994)* par application de l'article ler modifié du décret n° 94-416 du 24 mai 1994 précité, fixe la liste des tissus et cellules pouvant être prélevés sur un cadavre : cornée, os cortical, peau. Une circulaire du 20 octobre 1994 *(Circ. DGS/DH/94 n° 78)* attire l'attention des médecins sur la nécessité de respecter ces deux textes en attendant les décrets. Un arrêté publié au *J.O.* du 5 février 1997 interdit l'usage thérapeutique de certains produits issus de cadavres humains (tympans, hypophyses).

Un arrêté du 18 mars 1994 interdit la mise ou le maintien sur le marché à titre gratuit ou onéreux des produits cosmétiques et des produits d'hygiène corporelle contenant des extraits de tissus, cellules ou produits d'origine humaine – en particulier des extraits placentaires – en considérant que les « *maladies à déclaration tardive telle que la maladie de Creutzfeld Jacob conduisent à ne pas employer d'extraits humains dans les produits cosmétiques même si cette voie de transmission n'a jamais été démontrée.* » Et l'utilisation, l'importation des dure-mères d'origine humaine sont interdites *(Arr. 25 oct. 1995, J.O. 27 oct. 95).*

De même en matière d'utilisation de lait humain l'arrêté du 10 février 1995 impose la réalisation de nombreux tests chez les donneuses de lait *(Arr. art. 2)*, indépendamment de ceux qui ont pu être réalisés pendant la grossesse.

En vue de renforcer la sécurité, une circulaire prescrit divers moyens de contrôle *(Circ. D.G.S./95 n° 105 du 26 déc. 1995 M. TAS/MATVI 96/11).*

E. – ORGANISATION ADMINISTRATIVE

144. Plusieurs organismes ont en charge la gestion des organes et produits du corps humain. Un établissement français des greffes a été crée par la loi du 18 janvier 1994 *(art. 56, J.O. 19 janv. 1994 devenu art. L. 673-8 par la loi n° 94-654, art. 4, II)* pour se substituer à l'Association France Transplant créée initialement par des médecins pour assurer la gestion des greffes et réunissant également France tissus et France greffe de moelle ; cet établissement public placé sous la tutelle du ministre chargé de la santé, doté d'un conseil médical et scientifique, est chargé notamment d'enregistrer les patients sur une liste de répartition des greffons, de définir les règles de répartition des greffons, de donner des avis en matière d'exportation et d'importation *(Déc. n° 94-870, 10 oct. 1994, J.O. 10/11 oct. 1994).*

Un organisme – le Comité de transparence – est chargé de contrôler les activités de prélèvement et d'utilisation des organes, des tissus et des cellules humaines à l'exception du sang et des gamètes *(Arr. 23 oct. 1992, J.O. 31 oct. 1992).*

La loi distingue deux régimes : le régime applicables aux organes et celui qui concerne les tissus, cellules et produits du corps humain.

§ 2 RÈGLES DE PROTECTION SPÉCIFIQUES À L'UTILISATION DES ORGANES

145. – La loi du 22 décembre 1976, qui avait consacré la licéité des prélèvements d'organes *(L. n° 76-1181, 22 déc. 1976 : J.O. 23 déc. 1976 ; J.C.P. 77, III, 45160 ; Déc. n° 78-501 31 mars 1978 : J.O. 4 avr. 1978 ; J.C.P. 78, III, 47194. – Circ. 3 avr. 1978 : J.O. 5 avr. 1978, p. 130 – D. circ. n° 264 du 13 oct. 1988, S.S.P. 89/2 p. 11)* et avait été complétée par quelques textes complémentaires (notamment un décret organisant une certaine déconcentration dans les décisions concernant la gestion des prélèvements d'organes, (*Déc. n° 90-844 du 24 sept. 1990, J.O. 25 sept. 1990 modifiant le décret du 31 mars 1978 ; cf. J.S. Cayla R.D. San. et Soc. 1991, p. 20*) est donc abrogée par la loi n° 94-654 qui se substitue à elle.

Cette dernière ne modifie guère les règles énoncées en 1976, car texte de compromis eu égard à des impératifs contradictoires – possibilité d'utilisation plus importante de produits et éléments du corps humain et protection des donneurs –, la loi accroît à la fois le champ d'application de la loi de 1976, et les garanties en ce qui concerne les donneurs, vivants ou décédés mais légalise également l'utilisation d'un plus grand nombre de produits humains.

A. – ORGANES RÉGIS PAR LA LOI

146. La loi n° 94-654 a un domaine d'application plus large que la loi du 22 décembre 1976 puisque désormais la moelle osseuse est considérée comme un organe (*C.S.P. art. L. 671-1*). La loi s'applique également aux greffes de cornée régies jusqu'alors par une loi du 7 juillet 1949 (*loi n° 49-890 du 7 juillet 1949 ; J.O. 8 juil. 1949 ; J.C.P. 49, III, 14454, modifiée à plusieurs reprises*).

Par rapport aux législations ainsi annulées la loi a le mérite de rendre les conditions de prélèvement homogènes pour ces différents organes prélevés soit sur une personne vivante soit sur une personne décédée.

B. – PROTECTION DU DONNEUR VIVANT

1) Qualité de donneur

147. Par rapport au régime instauré en 1976, la loi n° 94-654 renforce les garanties concernant les dons par une personne vivante, catégorie de prélèvements relativement réduite et surtout inspirée par la générosité familiale (*J. Savatier, Les prélèvements sur le corps humain au profit d'autrui, Bioéthique, Les loi du 29 juillet 1994, Les Petites Affiches, n° spécial déc. 1994*).

En premier lieu le prélèvement sur un donneur vivant ne peut être effectué que dans l'intérêt thérapeutique direct d'un receveur (*C.S.P. art. L. 671-3*), condition un peu plus rigoureuse que celle que prévoyait la loi de 1976 : « *but thérapeutique sur un être humain* ». Ensuite ce don d'organe ne peut intervenir qu'au sein du groupe familial ; la loi exige un lieu de parenté entre le donneur et le receveur, ce dernier devant avoir la qualité de père ou de mère, de fils ou de fille, de frère ou de soeur du donneur ; cette condition familiale n'existe pas toutefois en cas de prélèvement de moelle osseuse en vue d'une greffe (*C.S.P. art. L. 671-3 al. 1*). Cette exigence de parenté, plus étendue qu'en 1976 – on n'exigeait de lien de parenté que pour les prélèvements sur mineur – sans doute imposée par le contexte médical des greffes, implique qu'une transplantation de rein ou le don partiel du foie ne sont pas admis entre sujets non apparentés *(J. Hors et J.S. Cayla p. 116)*.

En outre la loi admet, ce qui est nouveau, qu'en cas d'urgence le donneur peut être le conjoint *(C.S.P. art. L. 671-3 al. 2)*, mais certains soulignent que le consentement du donneur peut ne pas être libre et qu'il conviendrait alors d'y assimiler le don entre concubins *(Dic. perm. p. 9742)*. La Convention sur les droits de l'Homme et la biomédecine exige également l'intérêt thérapeutique du receveur, l'absence d'organe ou de tissu approprié d'une personne décédée, et de « méthode thérapeutique alternative d'efficacité comparable » *(art. 19-1)*.

148. La loi n° 94-654 renforce également les garanties à propos des prélèvements effectués sur un mineur ou un majeur incapable vivant. La loi 94-654 interdit tout prélèvement d'organes sur une personne vivante mineure (à l'exception de moelle osseuse, *(C.S.P. art. L. 671-5)* et seulement au profit du frère ou de la soeur de ce dernier *(C.S.P. art. L. 671-5 al. 1)*, avec des garanties de consentement accrues ; or la loi du 22 décembre 1976 autorisait les prélèvements sans distinction sur mineur vivant dès lors qu'ils étaient au profit « d'un frère ou d'une sœur » *(L. art. Ier al. 2 et déc. n° 78 501 art. 3 et s.)*. Cette loi, pas plus que la loi du 22 décembre 1976, ne fait allusion au prélèvement d'organes sur un mineur émancipé *(voir à ce propos, C.E. 18 mars 1983, J.C.P. 83, II, 20111, obs. J.M. Auby, et obs. L. Dubouis, R.D. San. et soc. 1984, p. 169)*, mais comme l'avait souligné le conseil d'état en 1983, il convient de faire application des règles de capacité civile du mineur émancipé et notamment de l'article 481 du code civil.

La loi n° 94-654 interdit également les dons faits par une personne vivante majeure faisant l'objet d'une mesure de protection légale *(C.S.P. art. L. 671-4)* ce qui ne fait que confirmer la loi du 22 décembre 1976, mais qu'en est-il pour les majeurs incapables ne faisant pas l'objet d'une protection légale ?

2) Consentement du donneur

149. La loi renforce également les garanties en matière de consentement. Si le donneur est un majeur vivant, il doit être *« préalablement informé des risques qu'il encourt et des conséquences éventuelles du prélèvement » (C.S.P. art. L. 671-3 al. 3)* ; jusqu'alors le médecin n'était tenu de l'informer que *« des conséquences éventuelles de sa décision »* par le médecin du service.

Le décret n° 96-375 du 29 avril 1996 *(J.O. 5 mai 1996)* relatif aux Modalités de consentement aux prélèvements d'organes d'une personne vivante remplace les dispositions du décret du 31 mars 1978, mais sans grande modification. Selon le décret du 29 avril 1996 le donneur majeur doit être informé *« sur toutes les conséquences prévisibles d'ordre physique et psychologique du prélèvement ainsi que sur les répercussions éventuelles de ce prélèvement sur la vie personnelle, familiale et professionnelle du donneur »* ainsi que *« sur les résultats qui peuvent être attendus de la greffe pour le receveur » (C.S.P. art. R. 671-3-1 al. 2 nouv.).* Il doit exprimer son consentement devant le tribunal de grande instance, ou un magistrat désigné par lui – dans le décret du 31 mars 1978, cette procédure n'existait que dans le cas de don d'organe non régénérable – et ce dernier doit s'assurer que le consentement a été exprimé dans les conditions légales après que le majeur ait obtenu les informations prescrites *(C.S.P. art. R. 671-3-3 nouv.)* ; toutefois en cas d'urgence le consentement est recueilli par tout moyen, par le procureur de la République *(C.S.P. art. L. 671-3 al. 3).* Le consentement est révocable sans forme et à tout moment *(C.S.P. art. L. 671-3 al. 3, 1978, art. 2).*

150. S'agissant d'un donneur mineur, la loi renforce également les garanties de consentement (sur ce régime : *A. Batteur, De la protection du corps à la protection de l'être humain. « Les anormaux » et les lois du 29 juillet 1994, Les Petites Affiches, n° spécial déc. 1994*) et exige pour les prélèvements – de la moelle osseuse, les seuls permis – le consentement de chacun des titulaires de l'autorité parentale ou du représentant du mineur alors que la loi de 1976 n'exigeait que « le consentement du représentant légal (art. Ier). Le *« consentement est exprimé devant le président du tribunal de grande instance ou le magistrat désigné par lui » (C.S.P. art. L. 671-5, al. 2).* En cas d'urgence, le consentement est recueilli par tout moyen par le procureur de la République *(C.S.P. art. L. 671-5 al. 3).*

Le décret du 29 avril 1996 précise les modalités d'information et de consentement du donneur mineur – de moelle osseuse, seul don permis –. Une information dans les conditions de l'article R. 671-3 al. 2 *(v. supra)* doit être fournie à chacun des titulaires de l'autorité parentale ainsi qu'au mineur *« eu égard à son âge et à son degré de maturité »* comme le précise l'article R. 671-3-4 du Code de la santé publique. Le consentement de chacun des deux titulaires de l'autorité parentale ou du représentant légal du mineur est donné comme pour un majeur devant le président du tribunal de grande instance ou devant un magistrat désigné *(C.S.P. art. L. 671-5 al. 2* et *R. 671-3-5).*

L'autorisation d'effectuer le prélèvement est accordée par un comité d'experts, saisi par le directeur de l'établissement de santé dans lequel doit être effectué ce prélèvement. Le comité (sur nouvelle composition du comité *CSP art. L. 671-6* et *R. 671-3-9)* doit s'assurer *« que le mineur a été informé du prélèvement envisagé en vue d'exprimer sa volonté s'il y est apte » (C.S.P. art. L. 671-5 al. 4)* et le décret du 29 avril précise sur ce point que : *« si le mineur est capable de discernement, le comité procède à son audition, en ayant soin de ménager la sensibilité, afin de s'assurer qu'il a été informé du prélèvement envisagé et de ses conséquences. Il s'assure notamment au cours de cette audition, qu'il n'existe de la part du mineur aucun refus de cette intervention » (C.S.P. art. R. 671-3-8 al. 2).* La nouvelle législation a substitué à l'expression ancienne du décret de 1978 « mineur capable de s'exprimer » l'expression « capable de discernement » ce qui devrait impliquer un âge plus élevé *(C.S.P. art. L. 671-5 al. 4).* Le refus du mineur fait obstacle au prélèvement *(C.S.P. art. L. 671 al. 5).* Ce comité se prononce dans le respect des règles imposées par la loi, apprécie la justification médicale de l'opération, les risques que celle-ci est susceptible d'entraîner, ainsi que ses conséquences prévisibles sur les plans physiques et psychologiques ; et ses décisions de refus d'autorisation ne sont pas motivées *(C.S.P. art. L. 671-6 al. 3)*.

La Convention sur les droits de l'Homme et la biomédecine *(v. supra n° 9)* ajoute encore d'autres conditions en exigeant que le don soit de nature à préserver la vie du receveur, et qu'on ne dispose par d'un donneur compatible jouissant de la capacité de consentir *(Art. 20.2)*.

C. – PROTECTION DU DONNEUR DÉFUNT

151. Les prélèvements post mortem soulèvent la difficile question du statut du défunt et du respect qui lui est dû. Dans le souci sans doute d'exprimer davantage ce respect, le législateur de 1994, à propos de cette catégorie de prélèvements substitue au terme « *cadavre* » employée par la loi du 22 décembre 1976, l'expression de « *personne décédée* ».

Par respect pour la personne décédée et sa famille la loi n° 94-654 impose en outre aux médecins ayant procédé aux prélèvements sur une personne décédée de « *s'assurer de la restauration décente de son corps* » *(C.S.P. art. L. 671-11)*.

La loi n° 94-654 confirme globalement les garanties en matière médicale et adopte quelques modifications en matière de consentement. Mais il importe également de savoir comment se fait l'attribution des greffons.

1) Garanties médicales

a) Objet des prélèvements

152. La loi n° 94-654 distingue désormais, si l'on fait référence aux conditions de consentement, trois catégories de prélèvements sur une personne décédée. Elle autorise en effet, comme dans la loi de 1976 (art. 2) les prélèvements d'organes qui ne peuvent être effectués « *qu'à des fins thérapeutiques ou scientifiques* » *(C.S.P. art. L. 671-7 al. 1)*, ce qui englobe les autopsies hospitalières *(Guide d'exercice professionnel, op. cit. p. 1152)* et d'autre part les « *prélèvements à des fins scientifiques autres que celles ayant pour but de rechercher les causes du décès* » *(C.S.P. art. L. 671-9)* ; si les prélèvements à finalité uniquement scientifique – non prévus spécifiquement par la loi initiale – existaient en pratique, ils sont maintenant soumis à un régime légal différent des autopsies quant au consentement.

153. En ce qui concerne les prélèvements sur les mineurs et les incapables majeurs, la loi du 22 décembre 1976 était ambigüe et ne mentionnait – à propos du consentement du représentant légal – que le prélèvement sur le cadavre d'un mineur ou d'un incapable « *en vue d'une greffe* » *(L. n° 76-1181, art. 2 al. 2)* ; aussi à propos d'une autopsie pratiquée sur une enfant élevée dans la confession musulmane, le conseil d'état avait considéré que lorsque le prélèvement est effectué à des fins thérapeutiques ou scientifiques ou pour déterminer la cause d'un décès, il pouvait être effectué sans autorisation dès lors qu'il n'y avait pas eu d'opposition exprimée ou connue *(C.E. 17 fév. 1988, D.S. 1989, 41, conc. Stirn, en l'espèce)*.

La loi n° 94-654 a le mérite d'être plus précise ; dans les dispositions relatives au consentement il est fait mention de manière explicite des prélèvements *« en vue d'un don »*, *(C.S.P. art. L. 671-8)*, des prélèvements effectués *« en vue de rechercher les causes du décès » (C.S.P. art. L. 671-9)* ainsi que des *« prélèvements à des fins scientifiques autres que celles ayant pour but de rechercher les causes du décès » (C.S.P. art. L. 671-9 al. 2)*, ce qui permet de préciser les conditions de consentement.

b) Conditions médicales du décès et du prélèvement

154. Des garanties doivent être prévues en ce qui concerne la détermination du moment précis de la mort, compte tenu de la nécessité d'aller vite pour la réussite de la transplantation.

Jusqu'alors les critères scientifiques de la mort, établissant le caractère irréversible de l'altération du système nerveux central, sont énumérés par une circulaire du 24 avril 1968, et jugés par tous insuffisants mais c'est à ce texte que font référence les décrets du 31 mars 1978 *(Déc. n° 78501 art. 21 al. 2)* et la circulaire du 3 avril 1978 prise en application de la loi du 22 déc. 1976.

La loi n° 94-654 renvoie à un décret en Conseil d'État le soin de définir les conditions permettant le constat de la mort *(C.S.P. art. L. 671-7 al. 1)* et ce décret vient d'être publié *(Déc. n° 96-1041 du 2 décembre 1996, J.O. 4 déc. 1996)*, ce qui répond aux objections de ceux qui critiquaient une définition énoncée par ciculaire. Le décret énonce plusieurs critères scientifiques pour le constat de la mort : trois critères cliniques – absence totale de conscience et d'activité motrice spontanée, abolition de tous les réflexes du tronc cérébral, absence totale de ventilation spontanée *(C.S.P. art. R. 671-7-1)* auxquels s'ajoutent les critères du caractère irréversible de la destruction encéphalique – soit deux électroencéphalogrammes nuls et aréactifs à intervalle de quatre heures, soit une angiographie objectivant l'arrêt de la circulation encéphalique *(C.S.P. art. R. 671-7-2)*. Il ne semble pas que cette nouvelle définition des critères scientifiques de la mort encéphalique, qui était nécessaire dans le cadre des transplantations d'organes apporte beaucoup de modifications en pratique *(sur le projet, Quot. Méd. 6 sept. 1996)*.

155. Pour éviter tout abus dans les prélèvements, la loi n° 94-654 reprenant une obligation déjà prévue par le décret n° 78-501 *(art. 20 al. 2)*, précise que *« les médecins qui établissent le constat de la mort d'une part, et ceux qui effectuent le prélèvement ou la transplantation d'autre part, doivent faire partie d'unités fonctionnelles ou de services distincts » (L. art. 671-10 al. 1)*. Cette dualité s'applique également au cas de prélèvement de tissus ou de collecte de produits du corps humain sur une personne décédée *(art. L. 672-6)*.

En outre les médecins ont en l'état du décret de 1978 d'autres obligations formelles et doivent : préciser les procédés utilisés, la date et l'heure des constatations et *(art. 22 al. 1)* établir un compte rendu détaillé de leur intervention et de leurs constatations sur l'état du corps et des organes prélevés et ceci dans les formes énoncées par la circulaire du 3 avril 1978.

156. Les prélèvements d'organes en vue d'un don *(C.S.P. art. L. 671-12)* ne peuvent être effectués que dans des établissements autorisés. De même les établissements dans lesquels s'effectuent les transplantations sont soumis aux dispositions du code de la santé publique concernant l'autorisation et la carte sanitaire *(C.S.P. art. L. 671-16)*. Lorsque ces organes peuvent être conservés, les établissements procédant à cette activité sont soumis au même régime que celui qui s'applique en matière de conservation de tissus *(C.S.P. art. L. 672-10)*.

En vue d'améliorer la gestion des organes et d'accroître la transparence de ces opérations, un comité de transparence a été créé (Arr. 23 oct. 1992, J.O. 31 oct. 1992) : « Instance de conseil et d'évaluation compétente en matière de prélèvement et d'utilisation thérapeutique des organes, des tissus et des cellules d'origine humaine, à l'exception du sang et des gamètes » *(Arr. préc. art. 1er)*, ce comité est consulté par le ministre de la santé sur toutes les questions relatives au prélèvement, à l'importation et l'exportation, à la transformation, au conditionnement, à la conservation et à la cession des organes, tissus et cellules mentionnées à l'article 1er, ainsi qu'aux « transplantations et aux greffes » *(Art. 2, 1° et 2°)*.

2) Consentement

157. Indépendamment des garanties scientifiques, la loi n° 94-654 comme celle de 1976, comporte des garanties visant au respect de la personne du donneur et à la recherche du consentement de ce dernier à ces prélèvements post mortem.

Mais la question des modalités du consentement pour les prélèvements post mortem est au coeur de l'opposition entre ceux qui prônent le respect de la personne du défunt et l'exigence d'un consentement préalable dépourvu d'ambiguïté et ceux qui invoquent l'insuffisance des dons d'organes ; cette question a donc fait l'objet de nombreuses discussions et amendements, certains voulant maintenir le système de la présomption de consentement déjà admis en 1976, d'autres souhaitant un refus explicite.

En définitive la loi n° 94-654 admet deux modalités de consentement en fonction de la finalité des prélèvements : le système de la présomption de consentement ou l'exigence d'un consentement exprès du donneur avant sa mort ou connu par sa famille.

a) Présomption de consentement du donneur

158. La loi n° 94-654 reprend le système de la présomption de consentement déjà admis par la loi du 22 décembre 1976, favorable aux prélèvements, puisque la personne n'ayant pas fait connaître son refus est présumée accepter, et reprenant la formule inscrite dans la loi du 22 décembre 1976 *(art. 2 al. 1)*, la loi indique que « le prélèvement peut être effectué dès lors que la personne concernée n'a pas fait connaître de son vivant, son refus d'un tel prélèvement » *(C.S.P. art. L. 671-7 al. 2)*.

Ce système est adopté pour les prélèvements effectués *« à des fins thérapeutiques ou scientifiques »*, ces derniers ayant pour finalité de rechercher la cause d'un décès ; dans ce cas la famille est informée des prélèvements *(C.S.P. art. L. 671-9)*.

159. Le refus de la personne *« peut »* désormais être mentionné sur un registre national automatisé aux termes de l'article L. 671-7 al. 3, dont les conditions de fonctionnement et de gestion doivent être déterminées par décret *(C.S.P. art. L. 671-7 al. 3)* et il est révocable à tout moment. Les scientifiques sont favorables à ce registre automatisé, accessible par Minitel avec une garantie de secret à l'égard des tiers *(R. Mattéi, op. cit. p. 153 ; Pr Kreiss, L. M. 14 avril 1994 ; Pr Dausset, L. M. 6 et 12 juin 1993)*. Certains juristes considèrent également que l'instauration d'un registre automatisé représente un *« progrès considérable pour le respect du droit de la personne »* dans la mesure où il sera *« fiable, anonyme, accessible en permanence et modifiable à volonté » (J. Hors et J.S. Cayla, Pratique des prélèvements et transplantations, Médecine et droit, éd. Tech., 1994, n° 8 p. 116)*. « Le législateur a donc écarté la suggestion de faire figurer le refus sur une carte d'assuré social comme prévu dans le projet de loi – ou sur une carte spécifique – par crainte de non respect de la confidentialité.

Le décret d'application admettra-t-il d'autres formes de refus ? Sous l'empire de la législation antérieure les modalités d'expression du refus paraissaient assez larges, la personne pouvant exprimer son refus par tout moyen et être en général ou seulement limité à certaines catégories de prélèvements (Déc. n° 78501 du 31 mars 1978 art. 8). En outre la circulaire du 3 avril 1978 donne des indications sur le lieu de localisation du registre à l'hôpital, les mentions à apposer, étant en outre précisé que le registre, moyen pratique – local – de centralisation n'**est** pas exclusif d'autres moyens de preuve d'expression du refus ou de l'acceptation.

Mais il apparaît dans certains sondages que peu de personnes sont informées sur les possibilités de refus (98 % selon un sondage réalisé par la SOFRES en 1993 et cité par le Pr Mattéi, p. 153).

160. La loi prévoit cependant que *« si le médecin n'a pas directement connaissance de la volonté du défunt, – acceptation ou refus – il doit s'efforcer de recueillir le témoignage de sa famille » (CSP art. L 671-7 al. 4)*. Certains soulignent l'esprit conciliant de cette recommandation... tandis que d'autres considèrent que cette procédure existait déjà en pratique. En particulier, pour les personnes n'étant pas en état de s'exprimer, la circulaire du 3 avril 1978 précisait que des indications concernant sa volonté présumée peuvent figurer dans le registre et que toute personne pouvant témoigner d'une volonté de refus de l'intéressé *« en particulier les membres de sa famille et les proches »* y consignent leurs témoignages, justifications à l'appui *(Déc. préc. art. 9 al. 2)*.

Comment sera interprétée la notion de famille ? Sans doute conviendrait-il d'y inclure les concubins (en ce sens, J. Savatier Les prélèvements sur le corps humain au profit d'autrui, *Les Petites Affiches*, n° spécial). En l'absence de famille faut-il en déduire que les prélèvements sont libres ? On attribue au refus, exprimé de plus en plus fréquemment par la famille, la baisse des dons d'organes *(R. Mattéi, p. 154)*.

b) Expression du consentement

161. La loi exige plus qu'une présomption de consentement pour d'autres prélèvements n'ayant pas un but thérapeutique ; si les prélèvements sont *« à des fins scientifiques autres que celles ayant pour but de rechercher les causes du décès »*, la loi exige le *« consentement du défunt exprimé directement ou par le témoignage de sa famille » (C.S.P. art. L. 671-9 sur proposition de l'assemblée nationale cf. Dict. perm. p. 9743)*.

c) Consentement du mineur ou du majeur protégé

162. En cas de prélèvement sur le cadavre d'un mineur ou sur un majeur faisant l'objet d'une mesure de protection légale incapable en vue d'un don la loi n° 94-654 renforce les garanties de protection du consentement. Elle exige alors que chacun des titulaires de l'autorité parentale ou le représentant légal consente au prélèvement *« expressément par écrit » (C.S.P. art. L. 671-8)*. La loi paraît donc renforcer les garanties en matière de consentement puisque la loi de 1976 indiquait seulement que le prélèvement ne peut être effectué « qu'après autorisation du représentant légal » *(art. 2)*.

Toutefois la loi peut paraître insuffisamment protectrice lorsque les prélèvements sont effectués sur des majeurs incapables de fait mais ne faisant pas l'objet de protection légale.

163. Lorsque les prélèvements sont effectués sur un mineur *« à des fins scientifiques autres que celles ayant pour but de recherches les causes d'un décès »*, c'est-à-dire dans un but purement scientifique, la loi se montre moins exigeante, et il suffit du consentement exprimé par « un des titulaires de l'autorité parentale » *(C.S.P. art. L. 671-9 al. 2 sur critiques, Dic, perm. p. 9743)*.

En cas d'autopsie, le régime est le même que pour les majeurs, c'est-à-dire qu'il n'existe aucun prélèvement préalable mais que la famille est informée *(C.S.P. art. L. 671-9)*. Sous l'empire de la loi du 22 décembre 1976, le conseil d'état avait considéré – à propos d'une autopsie réalisée sur une enfant de confession musulmane – que lorsque le prélèvement est effectué à des fins thérapeutiques ou scientifiques ou pour déterminer la cause d'un décès, il pouvait être effectué sans autorisation dès lors qu'il n'y avait pas eu d'opposition exprimée ou connue *(C.E. 17 fév. 1988, D.S. 1989, 41, conc. Stirn. Une opposition à autopsie pourrait-elle être exprimée ? v. supra n° 160)*.

d) Place du consentement familial

164. La famille paraît tenir une place plus importante dans cette législation puisque le médecin *« doit s'efforcer de recueillir (le) témoignage »* concernant le consentement du défunt en cas de prélèvements à finalité thérapeutique, qu'elle doit témoigner du consentement du défunt en cas de prélèvements à finalité scientifique autres que des autopsies et qu'elle doit être informée de ces dernières.

Mais la famille peut-elle à titre personnel s'opposer à un prélèvement ? Sous l'empire de la loi de 1976, le Conseil d'état a écarté toute possibilité d'opposition de la part de la famille après le décès, en l'absence d'opposition déclarée de la part du défunt *(Cons. d'état 18 mars 1983 : J.C.P. 1983, II, 20111, note J. M. Auby et obs. L. Dubouis, R.D. San. et soc. 1984, p. 169)*. Cette interprétation avait été critiquée par la doctrine *(Charaf Eldine, op. cit. p. 453. – Regourd, art. préc. p. 428)*.

Le rôle de la famille paraît être variable selon les équipes : tantôt certaines équipes tiennent compte de l'avis de la famille, tantôt d'autres, s'en tenant à une lecture stricte de la loi, préfèrent user de persuasion pour ne pas perdre un greffon (J. Fourcade, Transplantations : la loi et la pratique ne font pas tout, Revue du C.H.U. de Nîmes sept. 1992, n° 10).

3) Existe-t-il un droit à recevoir un greffon ?

165. La légalisation des transplantations d'organes, a assez rapidement soulevé la question des critères de répartition des greffons eu égard au nombre de demandes et à l'insuffisance des dons et certains ont dénoncé des risques d'arbitraire et de discrimination des malades en attente d'une transplantation.

Initialement c'est l'Association France Transplant qui fut chargée de gérer une liste nationale d'attente *(Arr. 24 sept. 1990 J.O. 25 sept. 1990, art. Ier)*, établie par type de transplantation *(art. 3)* sur laquelle figure le nom des malades en attente dans les divers hôpitaux autorisés ; les règles nationales de répartition sont établies par les commissions de spécialité de l'Association et approuvées par le ministre de la santé. Des règles spéciales sont prévues pour les malades étrangers non résidents : ils ne sont inscrits sur la liste d'attente que lorsque le ministre de la santé de leur pays d'origine a certifié l'impossibilité d'effectuer ces transplantations dans le pays d'origine en donnant les raisons, et que leur prise en charge est assurée *(art. 7)*. Cependant certaines discriminations ont été soulignées par la presse : priorités géographiques aux malades locaux *(par exemple à Marseille, Quot. Méd. 3 juin 1991)* ou à certains malades étrangers fortunés.

Aussi la question de la répartition des greffons a-t-elle été transférée aux pouvoirs publics par une loi du 18 janvier 1994 *(L. n° 94-43, art. 56 devenu l'article L. 673-8 du Code la santé publique par L. n° 94-654)* ; la loi précise que *« peuvent seules bénéficier d'une greffe d'organes, de moelle, de cornée ou d'autres tissus dont la liste est fixée par arrêté après avis de l'établissement public, les personnes quel que soit leur lieu de résidence, qui sont inscrites sur une liste nationale »*. C'est l'organisme public créé par cette même loi, l'établissement français des greffes, *(supra n° 144)* qui est chargé de l'enseignement, de la gestion et de l'attribution des greffons ainsi que d'établir et soumettre à homologation *« les règles de répartition et d'attribution des greffons »* pour lesquelles il demande avis au conseil médical *(sur fonctionnement, Déc. n° 94-870 du 10 octobre 1994, J.O. 10/11 oct. 1994)*. Un arrêté du 24 nov. 1994 *(J.O. 25 nov. 1994)* se substitue à l'arrêté du 24 sept. 1990 pour la gestion de la liste nationale des patients susceptibles de bénéficier d'une greffe dans les mêmes termes étant précisé que les règles nationales de répartition sont maintenant établies par l'établissement français des greffes et non plus par les commissions de spécialités.

Les règles de répartition des greffons avaient tout d'abord été publiées dans un arrêté du 6 novembre 1955 *(J.O. 11 novembre 1995)* à titre transitoire pour une durée d'un an et de nouvelles règles ont été fixées par un arrêté du 6 novembre 1996 *(J.O. 10 novembre 1996)* applicables à compter du 1er février 1997. Ces règles comportent des règles communes à tous les greffons quels qu'ils soient – définition du receveur potentiel, répartition par l'Établissement français des greffes, échelons géographiques de répartition, priorités, règles spécifiques aux différents greffons – greffons cardiaques, pulmonaires et cardiopulmonaires, greffons hépatiques, greffons rénaux, greffons pancréatiques ou intestinaux.

Mais cette modalité de répartition des greffons entre malades et entre équipes par décision administrative n'est pas sans soulever nombre d'interrogations éthiques et juridiques. Comme le souligne J. Savatier *(art. préc. p. 13)*, les malades placés en rang utile ont le choix de leur équipe mais non les autres ; de plus les malades non placés en rang utile risquent de perdre une chance de survie ce qui peut faire naître un contentieux.

§ 3 UTILISATION DE TISSUS, CELLULES ET PRODUITS DU CORPS HUMAIN

166. La loi n° 94-654 est novatrice en ce qu'elle régit pour la première fois, les conditions juridiques d'utilisation des tissus, cellules et produits du corps humain, utilisés en pratique depuis plusieurs années et de manière croissante par les médecins et scientifiques, en dehors de toute législation et souvent considérés par ces derniers comme *des res nullius. (M. Harichaux, Le corps-objet, in Bioéthique et droit, PUF, 1988, p. 130)*.

La loi distingue deux régimes applicables aux tissus, cellules et produits du corps humain en fonction de leur nature, de l'utilité pour la personne et des modalités d'utilisation, les déchets du corps humain et les tissus ou cellules prélevés dans un but thérapeutique ou scientifique.

A. – DÉCHETS DU CORPS HUMAIN

167. Une première série de dispositions concerne l'utilisation des déchets opératoires et le placenta, c'est-à-dire aux termes de l'article L. 672-1 de la loi n° 94-654 les *« tissus, cellules et produits humains prélevés à l'occasion d'une intervention médicale et le placenta, lorsqu'ils sont conservés en vue d'une utilisation ultérieure »*. Ces éléments et produits ont pour caractéristiques d'avoir été obtenus *« à l'occasion »* d'une intervention médicale ou d'un accouchement et peuvent donc être considérés comme abandonnés par la personne qui les a fournis. Entrent notamment dans la catégorie des déchets opératoires, les os enlevés à l'occasion d'une prothèse de hanche, les veines saphènes à l'occasion d'un stripping.

168. L'utilisation de ces déchets opératoires et placenta est donc légalisée mais facilitée par rapport à l'utilisation d'organes puisque aux termes de l'article L. 672-1 du code de la santé publique elle est soumise à quelques-uns seulement des principes généraux applicables au don et à l'utilisation des éléments et produits du corps humain.

Cette utilisation est subordonnée au respect de l'interdiction de publicité *(C.S.P. art. L. 665-12, supra n° 53)*, à l'interdiction de tout paiement sous quelque forme que ce soit à celui qui se prête à la collecte de ses produits *(C.S.P. art. L. 665-13, supra n° 54)*, au principe d'anonymat, entre donneur et receveur *(C.S.P. art. L. 665-14, supra n° 67)*. Cette utilisation doit en outre respecter les règles de sécurité sanitaire, notamment l'obligation de dépistage, définies par l'article L. 665-15 ainsi que les dispositions spécifiques prévues dans la section 4 de la loi applicables aux établissements assurant la conservation et l'utilisation de ces produits (infra n° 172). Ces règles s'appliquent à toute personne sans condition de capacité.

Mais l'article L. 665-11, impliquant l'exigence d'un consentement pour le prélèvement et la collecte d'éléments du corps humain n'étant pas visé, dans les obligations il faut en déduire qu'aucun consentement n'est exigé. Selon certains auteurs, il existerait chez les opérés – qu'on ne peut appeler donneur – un consentement tacite à cette utilisation postérieure à l'acte : *« en consentant à l'intervention médicale pratiquée dans son propre intérêt thérapeutique cette personne a par là même, autorisé le prélèvement » (J. Savatier, Les prélèvements sur le corps humain au profit d'autrui, art. préc. p. 11)*.

Il semblerait cependant indispensable que les patients soient informés au préalable de cette utilisation, notamment celle du placenta, est-on prêt à accepter l'utilisation a posteriori de ce déchet pour des produits cosmétiques ou dans un but commercial en général ? *(M. A. Hermitte, Bioéthique et droit p. 219* ; en ce sens également Rap. Mattéi, proposant une enquête sur cette utilisation).

B. – PRÉLÈVEMENTS DE TISSUS ET CELLULES ET COLLECTE DANS UN BUT THÉRAPEUTIQUE OU SCIENTIFIQUE

169. D'autres dispositions s'appliquent aux tissus, cellules ou collecte de produits humains prélevés ou collectés à titre principal cette fois, sous réserve des dispositions concernant la protection des personnes qui se prêtent à des recherches bio médicales *(C.S.P. art. L. 672-2)*. Elles concernent les conditions d'obtention de ces tissus, cellules et produits *(C.S.P. art. L. 672-4 à L. 672-6)* et les conditions de fonctionnement des établissements et organismes effectuant les prélèvements

(C.S.P. art. L. 672-7 à L. 672-9), soit auprès d'une personne vivante soit sur une personne décédée.

1) Protection des donneurs

a) Donneur vivant

170. Il s'agit cette fois de produits prélevés ou collectés non plus en vue d'une exploitation commerciale mais uniquement *« dans un but thérapeutique ou scientifique » (C.S.P. art. L. 672-4).*

La loi interdit les prélèvements ou la collecte de tels produits sur une *« personne vivante mineure ou sur une personne vivante majeure faisant l'objet d'une mesure de protection légale »* (C.S.P. art. L. 672-5).

On observe que rien n'est prévu en ce qui concerne les incapables de fait.

b) Donneur décédé

171. La loi autorise également les prélèvements sur une personne décédée, et un décret en Conseil d'état doit fixer les *« situations médicales et les conditions dans lesquelles le prélèvement de tissus et des cellules et la collecte de produits du corps humain sur une personne décédée sont autorisés » (C.S.P. art. L. 672-6 al. 1).*

Ce prélèvement ne peut être effectué qu'*« à des fins thérapeutiques ou scientifiques » (C.S.P. art. L. 672-6 al. 2)* et dans les conditions prévues pour les prélèvements d'organes sur une personne décédée *(C.S.P. art. L. 672-6 al. 2 v. arrêt du conseil d'état du 3 juillet 1993).*

2) Garanties scientifiques et administratives

172. Comme en matière de prélèvement d'organes la loi impose des conditions aux centres de prélèvement : autorisation des établissements *(C.S.P. art. L. 672-7)* absence de rémunération à l'acte des médecins effectuant les prélèvements *(C.S.P. art. L. 672-8)*, conditions techniques sanitaires et médicales de bon fonctionnement *(C.S.P. art. L. 672-9).*

173. En outre, à la différence des organes en général utilisés immédiatement, les tissus et cellules du corps humain peuvent ne pas être utilisés sur le champ, aussi la loi n° 94-654 comporte-t-elle des dispositions spécifiques en matière de transformation, conservation, et d'utilisation de ces tissus et cellules applicables à la fois aux éléments et produits abandonnés et à ceux qui sont prélevés ou collectés dans un but thérapeutique ou scientifique.

La loi précise que seuls peuvent assurer la « transformation, la conservation, la distribution et la cession des tissus et cellules les établissements publics de santé et les organismes à but non lucratif autorisés à cet effet » *(C.S.P. art. L. 672-10 al. 1).*

Dans les mêmes formes, une autorisation peut être accordée « à d'autres organismes pour les activités requérant une haute technicité » *(C.S.P. art. L. 672-10 al. 2)* pour effectuer « la transformation des prélèvements ou l'établissement des cultures cellulaires, ainsi que leur conservation, leur distribution et leur cession » *(C.S.P. art. L. 672-10 al. 2).*

Un régime spécial est applicable aux produits cellulaires destinés à la mise en œuvre de greffes d'immunothérapie, de thérapie cellulaire somatique ou de thérapie génique, les conditions de leur traitement, leur transformation, leur manipulation et leur distribution étant soit soumises aux dispositions du livre V du Code de la santé publique lorsqu'ils constituent des médicaments *(C.S.P. art. L. 672-11)* soit soumis au régime indiqué par l'article L. 672-11 al. 3 du Code de la santé publique.

174. La loi dispose que la « transformation, la distribution et la cession » des tissus et cellules sont, en tant que de besoin, assujetties à des règles, notamment financières et économiques, propres à assurer le respect des dispositions du titre Ier du présent livre, et fixées par décret en Conseil d'état *(C.S.P. art. L. 672-12).*

§ 4 SANCTIONS PÉNALES

175. Toute une série de sanctions pénales est prévue par la loi en vue de sanctionner les comportements illicites ou plutôt de les prévenir (A. Giudicelli, Le droit pénal de la bioéthique, *Les Petites Affiches,* n° spécial, 14 déc. 1994) :

– 7 ans et 700 000 F d'amende, pour l'obtention d'un organe contre paiement *(C. pén. art. 511-2)*, pour le prélèvement d'organe sur une personne vivante sans son consentement *(C. pén. art. 511-3)* ;

– 5 ans et 500 000 F d'amende, pour l'obtention de tissus contre paiement *(C. pén. art. 511-4)*, le prélèvement de tissus, sur une personne vivante sans son consentement *(C. pén. art. 511-5)* le prélèvement de gamètes sans consentement écrit *(C. pén. art. 511-6)* ;

– 2 ans et 200 000 F d'amende en cas d'absence d'autorisation des établissements *(C. pén. 511-7)*, de non respect des règles sanitaires *(C. pén. art. 511-8* et *art. 511-11)*, d'atteinte au principe d'anonymat *(C. pén. art. 511-10).*

BIBLIOGRAPHIE

A. BATTEUR, *De la protection du corps à la protection de l'être humain,* Les « anormaux et les lois du 29 juillet 1994. Les Petites Affiches, n° spécial déc. 1994. – A. CHARAF ELDINE, *Le droit des transplantations d'organes,* Thèse Paris II, 1975. – « Les prélèvements d'organes » (commentaire de la loi du 22 décembre 1976, Rev. Tr. Dr. San. et soc. 1978 p. 445). – M. DELMAS-MARTY, *Europe du marché. Europe des droits de l'homme, in Vers un anti-destin ?* Patrimoine génétique et droits de l'humanité, éd. O. Jacob 1992 p. 414. – DOLL, *La discipline des greffes, des transplantations et des autres actes de disposition concernant le corps humain,* éd. Masson 1970. – B. EDELMAN et M. A HERMITTE, *L'homme, la nature et le droit,* éd.

Bourgeois, 1985. – P. DE GOUSTINE, *La détermination de la mort en droit positif*, R.D. San. et Soc. 1990, 595. – F. GRANET-LAMBRECHTS, *Les dons d'organes, de tissus, de cellules et de produits du corps humain : de la loi Caillavet aux lois de bioéthique*, R.T.D. San. et Soc., 1995, p. 1. – J. B. GRENOUILLEAU, *Commentaire de la loi du 22 décembre 1976*, D. 1977, Chr. p. 213. – M. HARICHAUX, *Le corps objet in Le corps et les produits du corps*, P.U.F. 1988 p. 131. – J. HORS et J.S. CAYLA, *Pratique des prélèvements et transplantations*, Médecine et droit, éd. Tech. 1994, n° 8, p. 115. – X. LABBÉE, *La condition juridique du corps humain avant la naissance et après la mort*, Presses universitaires de Lille 1990 –, J. MÉMETEAU, *Les droits du mourant, La vie judiciaire*, 1988, n° 2208. – TH. MEULDERS-KLEIN, *Le droit de disposer de soi-même ; étendue et limites en droit comparé*, Actes des X Journées d'études Juridiques Jean Dabin Bruxelles, Bruylant 1982, p. 215-288. – J. MICHAUD, *Prélèvements-transplantations-greffes. Nouvelles dispositions*, Médecine et droit, éd. Tech. 1994 n° 8, p. 114 – J. ROBERT, *La révolution biologique et génétique face aux exigences du droit*, R.D.P. 1984, 1255-1281. – J. SAVATIER *Les prélèvements sur le corps humain au profit d'autrui*. – R. SAVATIER, *Les problèmes juridiques des transplantations d'organes humains*, J.C.P. 69, I, 2247.

ÉLÉMENTS DE RÉFLEXION

1) Evolution juridique

L'évolution du droit en matière d'utilisation de produits humains est marquée par l'opposition évidente d'intérêts souvent contradictoires : les besoins scientifiques, avec les pressions et lobby qui en découlent – et la protection des personnes, dont les failles sont apparues évidentes par certaines révélations de la presse.

a) L'évolution de la législation en matière de greffe de cornée est bien caractéristique de cette opposition. C'est la loi n° 49-890 du 7 juillet 1949 dite loi Laffray (J.O. 8 juillet 1949, J.C.P. 49, III, 14454) qui devait autoriser les dons et greffes de cornée. A la suite d'articles de presse mettant en cause un service hospitalier ayant procédé à des prélèvements post mortem de globes oculaires sur un adolescent en l'absence d'accord des parents, le ministre de la Santé M.B. Kouchner devait tenter de renforcer la protection des personnes en rappelant aux médecins la nécessité, conforme à la loi du 7 juillet 1949, de s'assurer du legs de cornée soit par legs testamentaire du défunt, soit auprès de la famille (Circ. 5 juin 1992). Puis à la suite des nombreuses protestations des médecins une circulaire rectificative devait atténuer le formalisme et les conditions du don recommandant seulement aux médecins préleveurs de s'assurer de l'absence d'opposition du défunt auprès de la famille (Circulaire 31 juillet 1992, Circ. DGS/DH/n° 31, qui souligne d'ailleurs que les prélèvements de cornée ont été exécutés en pratique sur la base de la loi de 1949 ou sur celle de 1976). Compte tenu de la persistance des protestations fondées sur la lourdeur de la procédure, et les risques de diminution des dons de cornée, le ministre devait encore assouplir les règles précédentes dans une lettre adressée aux préfets, précisant que *« le témoignage de la famille à joindre »* n'est envisageable que si celle-ci a pu être jointe à temps. En clair le délai de six heures entre le décès et le prélèvement étant impératif sur le plan médical, il peut être procédé au prélèvement si la famille n'est pas présente (Quot. Méd. 1er octobre 1992).

Dans la phase préalable au débat législatif, les spécialistes de ces greffes ont dénoncé des risques de trafic international, d'importations illégales nécessitées par l'insuffisance de greffons (Quot. Méd. 20 avril 1994) ; une enquête fut demandée à l'IGAS par le ministre de la Santé (Le Monde 3 juin 1994).

Désormais le prélèvement de cornée est régi par la loi n° 94-654 abrogeant la loi de 1949, ce qui devrait satisfaire les préleveurs car le système de présomption de consentement est incontestablement plus favorable aux prélèvements que la loi de 1949 compte tenu des impératifs scientifiques de délai...

b) La transplantation d'organes développe nécessairement une controverse : d'un côté l'aspect positif de solidarité humaine, l'altruisme, d'un autre côté, le refus de prélèvement justifié par le respect à l'intégrité de la personne défunte... Aussi dès lors que le législateur autorise les atteintes à l'inviolabilité du corps humain que constituent les prélèvements d'organes, il doit en contrepartie protéger le consentement des personnes. Cette question fut au cœur des débats, des pressions de l'action des lobby médicaux agissant d'ailleurs pour ce qui est une bonne cause (cf. notamment les nombreuses interventions du Pr Cabrol) compte tenu de la baisse du don d'organes attribuée à l'accroissement des refus (cf. en dernier lieu *Le Monde*, 14 avril 1994).

Le projet de loi initial, très respectueux de la personne, précisait que la personne peut exprimer son refus par tout moyen, et que *« tout membre de la famille ou proche du défunt peut en témoigner »* (Projet art. L. 667-7). Mais sous la pression des médecins et après débat à l'assemblée nationale l'alinéa 2 de l'article L. 667-2 modifié devait seulement indiquer que l'expression du refus ou de l'acceptation de toute personne peut être exprimé *« sur un registre national automatisé prévu à cet effet, ou en mentionnant expressément sa volonté sur la carte d'assuré social ou à défaut il doit s'efforcer de recueillir le témoignage de la famille ou des proches du défunt sur la volonté de celui-ci »*. Après modification par le Sénat, cette disposition est devenue la suivante *« ... le prélèvement peut être effectué dès lors que la personne concernée n'a pas fait connaître de son vivant son refus d'un tel prélèvement. Si le médecin n'a pas directement connaissance de la volonté du défunt, il doit s'efforcer de recueillir le témoignage de la famille du défunt sur la volonté de celui-ci »* (art. L. 671-7 al. 3). On dénonce également l'insuffisante protection des incapables et des personnes atteintes de troubles mentaux (A. Batteur, art. préc.).

c) Le système du consentement présumé existe dans trois pays européens avec, outre la France, l'Autriche et la Belgique (v. J. Hors et J.S. Cayla, et tableau comparatif). Dans certains pays, le consentement présumé paraît contraire aux libertés individuelles, notamment aux Pays Bas et en Grande Bretagne (Quot. méd. 25 mai 1994).

En Autriche les organes sont systématiquement prélevés en l'absence de port d'une carte mentionnant l'opposition au prélèvement en cas de décès ; en Allemagne, en revanche il faut une carte mentionnant l'accord ; d'où plainte du ministre allemand de la Santé à propos de prélèvements sur des touristes allemands en Autriche (Quot. méd. 3 octobre 1991).

2) Aspects religieux

Selon la doctrine catholique le corps n'est pas tabou, mais il a droit au respect après la mort ; il est nécessaire de respecter la volonté du défunt ainsi que la famille (Quot. Méd. 29 sept. 1993, colloque organisé par le Club de la transplantation) V. instruction *donum vitae*.

Les préceptes de la religion musulmane interdisent les prélèvements sur les cadavres (conc. Strin, sous C.E. 17 février 1988 précité n° 162) et des circulaires du ministre de la Santé en date du 3 avril 1978 et du 16 janvier 1979 ont attiré l'attention des services hospitaliers sur ce point, sans toutefois remettre en cause les principes légaux (cf. C.E. 17 fév. 1988 précité). Selon le Dr Dalil Boubaker, recteur de la mosquée de Paris et docteur en médecine les mutilations sont interdites, mais le don d'organes est possible pour les musulmans si le donneur a donné son accord ou qu'à défaut ce dernier serait recueilli auprès de la famille ou de l'institution musulmane (Quot. méd. art. préc.).

Pour le Rabbin Gilles Bernheim, le Talmud enseigne le respect du corps, et le livre de Moïse interdit *« l'enlaidissement du mort »* ce qui a des conséquence sur les organes prélevables : les organes non irrigués par le sang peuvent être plus facilement prélevés, par exemple la cornée qui ne « dégrade pas le corps du mort » (Quot. méd. sept. 1993 précité) v. tableau comparatif, introduction.

VOIR ANNEXE I – P. 15

3) Aspects économiques

a) Le marché du corps humain

Dès lors qu'il existe une demande et une offre, l'existence d'un marché n'est pas niable même si ce dernier s'inscrit dans une finalité altruiste ce qui est loin d'être toujours le cas. Mais si certains craignent les dérives financières de ce marché, d'autres redoutent une étatisation du corps humain, (B. Lemmenicier, Le corps humain : propriété de l'état ou propriété de soi, Droits 1991, n° 13, p. 122). La loi, sous l'influence des besoins scientifiques et de considérations éthiques, tend à l'évidence à renforcer l'autorité des pouvoirs publics dans la gestion et le contrôle de l'utilisation des éléments du corps humain, la répartition des greffons selon des critères homologués par les pouvoirs publics (J. Savatier, art. préc. p. 13).

b) Coût des organes

Malgré les principes d'altruisme et de gratuité, les organes ont un coût et un certain nombre de textes organisent la prise en charge : les frais inhérents aux prélèvements sur personnes défuntes à finalité thérapeutique – cœurs, foies, pancréas – sont remboursés par l'établissement greffeur sur la base du prix de revient réel (Circ. n° 88 M. 223 du 29 déc. 1988) ; si le bénéficiaire de la greffe ne relève pas d'un organisme d'assurance, les frais de prélèvement lui incombent sur la base d'un forfait égal à 900 fois la valeur de la dette K (Arr. 18 juin 1987, J.O. 8 sept. 1987 et circ. préc. du 29 déc. 1988).

Pour les prélèvements d'organes et de moelle osseuse sur donneur vivant, ce sont les établissements transplanteurs qui, aux termes d'une circulaire n° 308 du 7 sept. 1989, assument la prise en charge financière des frais : frais de laboratoires, frais d'hospitalisation, forfait journalier, frais d'hébergement, frais de transport, indemnité pour perte de rémunération étant précisé à propos de cette dernière rubrique, que l'indemnisation compensatrice versée sur justification ne peut être « supérieure au double du maximum de l'indemnité journalière de l'assurance maladie ». Toutefois les transplantations d'organes et allogreffes de moelle osseuse sont désormais soumises à un nouveau système de tarification hospitalière (Arr. 24 mars 1993 et Circ. n° 1688 DH du 14 juin 1993) et fixées ainsi par un arrêté du 18 août (J.O. 27 août 1994) : 280 000 F pour un rein ou un pancréas, 600 000 F pour un rein et un pancréas, 414 000 F pour un coeur, 500 000 F pour une greffe coeur poumon, 670 000 F pour un poumon, 570 000 F pour un foie, 880 000 F pour une allogreffe de moelle osseuse et 900 000 F pour les autres transplantations, pour les bénéficiaires ne relevant pas d'un régime d'assurance participant à la dotation globale, les frais comprennent toujours le forfait prélèvement (900 fois lette K + le tarif journalier) (Circ. DH/DG n° 15831 du 8 sept. 1994).

c) Trafics illicites d'organes

La presse se fait régulièrement l'écho de trafics illicites : Dépôt d'une plainte de la C.P.A.M. des Alpes maritimes pour surfacturations de prothèses et de greffons, ce trafic portant sur des tissus humains – veines, tendons, os, cornées – s'effectuant en dehors de tout contrôle sanitaire (Fig. 7 novembre 1994), qui a suscité une enquête de l'IGAS (Quot. Méd. 9 nov. 1994), information judiciaire sur une société suspectée d'importer des greffons sans tests biologiques (L.M. 11 nov. 1994), offres d'organes par des sociétés de l'Europe de l'Est à des hôpitaux suisses (L.M. 27 mars 1993), trafic entre l'ex-Yougoslavie et l'Italie (Courrier international 21/27 avril 1994). Plusieurs rapports font état de non respect de la loi et d'abus (Rapport I.G.A.S., Le Monde 29 juillet 1993). On ne sait si des sanctions ont été prononcées mais si pour l'instant l'importation des tissus n'est pas soumise à autorisation, les médecins sont tenus de vérifier que les tests ont été effectués, sous peine d'engager leur responsabilité (cf. Circ. DGS/DH/94 n° 78 du 28 oct. 1994).

CHAPITRE II

TRANSFUSION SANGUINE

§ I UTILISATION DU SANG HUMAIN

176. Compte tenu des progrès en matière de transfusion sanguine – création du premier centre de transfusion sanguine à Paris en 1929 – une loi devait en 1952 autoriser les transfusions sanguines, réglementer le régime de ces dernières et fixer le statut du sang du plasma et de dérivés *(L. du 21 juillet 1952, J.O. 22 juillet 1952 : J.C.P. 52, III, 17204, introduite dans les articles L. 600 à L. 677 du Code de la santé publique).* Cette autorisation légale était d'autant plus légitime que le sang est un produit que l'homme recrée naturellement et sans dommage durable quand on l'a prélevé *(R. et J. Savatier, Auby et Péquignot, op. cit. n° 276),* aussi ce produit peut être donné par un homme au profit de la santé d'autres hommes (une loi du 14 août 1954 devait même autoriser la convocation de certains hommes n'ayant pas fait de service militaire, pour leur prélever du sang destiné aux services de transfusion de l'armée). Toutefois le prélèvement de doses excessives peut être sanctionné (condamnation d'un médecin ayant prélevé des doses supérieures à celles autorisées, *cf. TGI Seine 23 avril 1966, D. 1966, somm. 123).*

Le drame des contaminations consécutives à des transfusions sanguines devait conduire en 1993 à une modification du régime instauré en 1952 *(L. n° 93-5 du 4 janvier 1993 ; J.O. 5 janvier 1993 ; J.C.P. 93, III, 65893 et rect. J.C.P. 93, III 65893, rect. J.C.P. III, 65959).*

177. Cette loi du 4 janvier 1993, renforce la tutelle des pouvoirs publics, vise comme son titre l'indique à renforcer la sécurité dans l'intérêt des receveurs, mais aussi à affirmer des règles éthiques protectrices non contenues jusqu'alors dans les textes antérieurs. Aussi pour renforcer la sécurité transfusionnelle, les autorités sanitaires ont dû instaurer des règles de dépistages de plusieurs maladies transmissibles, dont le VIH à partir des dons de sang ; (sur rech. des malades transfusés : *Circ. 10 décembre 1992, J.O. 15 déc. 1992, et précisions par circ. 26 mars 1993, J.O. 28 mars 1993, p. 5443).* Le décret n. 95-195 du 16 février 1995 *(J.O. 26 fév. 95)* organise les dépistages en application de la loi précitée et de la directive n. 89/381 CEE du 14 juin 1989.

§ 2 PRINCIPES DE PROTECTION

178. La loi consacre en matière de transfusion sanguine les principes éthiques de l'anonymat et de la gratuité non mentionnés par la loi antérieure, mais en usage depuis toujours, et consacrés par les lois du 29 juillet 1994. Le nouvel article L. 666-1 du Code de la santé publique dispose ainsi que : *« La transfusion sanguine s'effectue dans l'intérêt du receveur et relève des principes éthiques du bénévolat et de l'anonymat du don et de l'absence de profit dans les conditions définies par le présent livre » (sur gratuité, supra n° 58).*

Ce principe d'absence de profit est contraire à la directive du conseil des communautés européennes du 14 juin 1989, *(Dir. n° 89/381/C.E.E. du Conseil 14 juin 1989, élargissant le champ d'application des directives 65/65/C.E.E. et 75/319/C.E.E., J.O.C.E. n° 481 du 28 juin 1989, p. 44)* qualifiant le sang et le plasma humain de *« matières premières »*, conférant au dérivés plasmatiques le statut de médicament et autorisant la libre circulation du sang et du plasma, sans imposer la règle du non profit. Le comité consultatif national d'éthique s'est élevé contre cette conception dans un avis sur la transfusion sanguine au regard de la non commercialisation du corps humain du 2 décembre 1991.

En revanche, contrairement aux organismes communautaires, le Comité des ministres du Conseil de l'Europe souligne dans une recommandation n° R. 90-9 du 29 mars 1990 que *« pour des raisons tant éthiques que cliniques le don de sang devrait être volontaire et non rémunéré »*.

179. D'autre part de nouvelles dispositions visent à protéger le consentement des donneurs. La loi du 4 janv. 1993 indique que *« le prélèvement ne peut être fait qu'avec le consentement du donneur par un médecin ou sous sa direction et sa responsabilité ». (L. art. L. 666-3).*

La loi affirme le principe selon lequel aucun prélèvement de sang ou de ses composants en vue d'une utilisation thérapeutique pour autrui ne peut avoir lieu sur une personne mineure ou sur une personne majeure faisant l'objet d'une mesure de protection légale *(L. art. L. 666-5 al. 1)*. Mais elle admet des exceptions. Selon l'article L. 666-5 al. 2 *« s'agissant des mineurs, un prélèvement peut être effectué à titre exceptionnel, lorsque des motifs tirés de l'urgence thérapeutique et de la compatibilité tissulaire l'exige » (L. art. L. 66-5 al. 2)* mais dans ce cas conformément aux règles instaurées en matière de dons d'organes *« le prélèvement ne peut être opéré qu'à la condition que chacun des titulaires de l'autorité parentale y consente expressément par écrit. Le refus de la personne mineure fait obstacle au prélèvement »* (L. art. L. 666-5 al. 3);

BIBLIOGRAPHIE (**v. bibliographie générale**)

LACHÈZE, *La transfusion du sang au point de vue juridique*, Th. Toulouze 1924.

CHAPITRE III

L'EXPÉRIMENTATION

180. La question de l'expérimentation sur l'homme, se situe aux confins de plusieurs droits. Initialement cette question était étudiée en droit à propos des atteintes à l'intégrité physique en droit pénal ; en effet si l'on admettait la licéité des recherches à finalité thérapeutique sous réserve du consentement libre et éclairé du malade, de l'absence de risques hors de proportion avec la méthode, et d'un examen sérieux du patient au préalable, les recherches sans finalité thérapeutique pour le malade étaient en principe illicites et pouvaient entraîner la responsabilité pénale du médecin sur le fondement des articles 319 et 320 ou la responsabilité civile de ce dernier.

Cependant les expérimentations sur l'homme sont nécessaires à la conception de nouveaux médicament et à la mise sur le marché de ces derniers et doivent être nécessairement pratiquées. Jusqu'en 1988, la législation était réduite et on ne pouvait invoquer pour la protection des personnes que des textes de portée internationale – Code de Nuremberg de 1947, Déclaration d'Helsinki de 1964, Déclaration de Tokyo de 1975, Pacte International relatif aux droits civils et politiques de New York de 1975 adopté par la France en 1981, – quelques dispositions du Code de la santé publique applicables aux essais pharmaceutiques *(art. 605-5° et art. R. 5117 à R. 5144)*, et plusieurs articles du code de déontologie *(art. 18, 28 et 30)*. Le comité national d'éthique a rendu plusieurs avis, *(v. infra sous n. 197)* mais ils ne s'imposent pas.

Compte tenu des insuffisances du contexte juridique, l'adoption d'une loi régissant l'expérimentation était très attendue et la loi n° 881138 du 20 décembre 1988 *(J.O. 22 déc. 1988)* relative à la protection des personnes qui se prêtent à des recherches biomédicales, fut bien accueillie. Cette loi fut modifiée quelque peu dans le sens d'un renforcement de la protection des personnes en 1990 *(L. n° 9086, J.O. 23 janvier)* puis en 1994 *(l. n° 94-630 du 25 juillet 1994, J.O. 26 juillet 1994)* dans le souci également d'assurer un meilleur fonctionnement de la procédure mise en place. La Convention sur les droits de l'Homme et la biomédecine *(v. supra n° 9)* rappelle quelques grands principes de protection.

Sous l'angle de la protection des personnes, la loi limite les recherches et impose des principes de protection.

§ 1 CONDITIONS DE LICÉITÉ DES RECHERCHES

A. – CONDITIONS GÉNÉRALES

1) Recherches autorisées

181. La loi autorise les *« essais ou expérimentations organisés et pratiqués sur l'être humain en vue du développement des connaissance biologiques ou médicales » (C.S.P. art. L. 209-1 al. 1)* et le terme « études » prévu initialement par l'article L. 209-1, a été supprimé modifié par la loi du 23 janvier 1990. L'objet des essais ou expérimentations tel qu'il est indiqué par l'article L. 209-1 est cependant jugé imprécis à propos du champ d'application de la loi ce qui a conduit à une sous-application de cette loi (*Rap. Mattéi, p. 62 et infra* éléments de réflexion).

Deux types de recherche sont admis par la loi : les recherches biomédicales *« dont on attend un bénéfice direct pour la personne qui s'y prête »* et les *« recherches biomédicales sans bénéfice direct » (C.S.P. art. L. 209-1, al. 2)* mais la distinction entre ces deux types de recherche n'est pas toujours aisée. La loi prévoit des garanties scientifiques applicables à toute recherche et des garanties supplémentaires pour les recherches sans bénéfice direct.

2) Garanties scientifiques

182. Toute recherche doit répondre à des garanties scientifiques et la loi subordonne la licéité des recherches à trois conditions *(C.S.P. art. L. 209-2)*.

La recherche doit se fonder sur le *« dernier état des connaissances scientifiques et sur une expérimentation préclinique suffisante »*.

Elle ne doit pas comporter de risque prévisible *« hors de proportion avec le bénéfice escompté pour ces personnes ou l'intérêt de cette recherche »* condition conforme sur le plan juridique à la déclaration d'Helsinki et à la jurisprudence concernant la responsabilité médicale. Cette condition est également indiquée par plusieurs avis du comité national d'éthique ainsi que par la Convention sur les droits de l'Homme et la biomédecine *(Art. 16, ii)*.

La recherche doit avoir pour objet d'*« étendre la connaissance scientifique de l'être humain et les moyens susceptibles d'améliorer sa condition » (C.S.P. art. L. 209-2)*. La Convention sur les droits de l'Homme et la biomédecine ajoute qu'il ne doit pas exister de méthode alternative à la recherche sur des êtres humains d'efficacité comparable *(Art. 16, i)*.

B. – CONDITIONS SPÉCIFIQUES AUX RECHERCHES SANS BÉNÉFICE INDIVIDUEL DIRECT

1) Garanties scientifiques supplémentaires

183. Pour les recherches sans bénéfice individuel direct, ayant une finalité scientifique et non thérapeutique, des garanties scientifiques supplémentaires sont imposées compte tenu des conséquences préjudiciables possibles : absence de risque prévisible sérieux et examen préalable *(C.S.P. art. L. 209-14)*, interdiction pour les volontaires de se prêter simultanément à plusieurs recherches de ce type *(C.S.P. art. L. 209-17)*, prévision dans le protocole d'un délai entre deux recherches variable selon la nature des recherches *(C.S.P. art. L. 209-17, al. 2)*.

2) Protection de la maternité

184. Compte tenu des risques éventuels de certaines recherches pour la femme et l'embryon qu'elle porte, lorsqu'il s'agit d'expérimenter des produits en relation avec la maternité, la législation a renforcé la protection. La loi du 23 janvier 1990 avait introduit dans le code de la Santé Publique un nouvel article L. 209-4 précisant que les recherches « *sans bénéfice individuel direct* » ne sont admises sur des femmes enceintes ou qui allaitent que « *si elles ne présentent aucun risque prévisible pour la santé de la femme ou de l'enfant et si elles sont utiles à la connaissance des phénomènes liés à la grossesse ou à l'allaitement* », la loi du 25 juillet 1994 en substituant la notion de « *risque sérieux* » à celle de « *risque prévisible* » correspond peut être à une distinction scientifique utile mais n'est pas plus protectrice sous l'angle juridique. La loi du 25 juillet 1994 a étendu les possibilités de recherches en relation avec la maternité à l'accouchement et par suite étendu la protection aux parturientes, c'est-à-dire aux femmes qui accouchent, étant précisé que ces recherches ne doivent pas pouvoir être réalisées autrement *(C.S.P. art. L. 209-4)*.

Cette protection spécifique de la maternité ne peut toutefois justifier un recours contre l'arrêté autorisant l'administration d'un médicament abortif *(le Mifégyne, ou R.U. 486)*, car ainsi que le précise le Conseil d'état, il ne s'agit pas alors d'expérimentation *(C.E. 21 déc. 1990, Confédération nationale des associations familiales catholiques, Req. n° 105743)*.

3) Protection des personnes vulnérables

185. La loi protège en outre les personnes susceptibles de ne pouvoir émettre un consentement parfaitement libre. Et la protection est renforcée par la Convention sur les droits de l'Homme et la biomédecine.

La loi de 1988 interdisait déjà aux « *personnes privées de liberté par une décision administrative ou judiciaire* » – c'est-à-dire les détenus – de participer à des recherches qui n'apporteraient pas « *un bénéfice* ***direct et majeur*** *pour leur santé* » *(C.S.P. art. L. 209-5)* et la loi de 1994 étend cette interdiction aux « *malades en situation d'urgence et (aux) personnes hospitalisées, sans consentement en vertu des articles L. 333 et*

L. 342 qui ne sont pas protégées par la loi » c'est-à-dire le malades mentaux (le rap. Mattéi proposait l'interdiction de toute recherche sur cette catégorie de personne p. 131).

Mais cette interdiction ne s'oppose pas à la participation à des recherches ayant un bénéfice individuel direct *(Rap. Mattéi, op. cit. p. 131)* ; ce serait par exemple le cas si un traitement pouvait apporter une amélioration alors qu'aucun traitement ne s'est révélé efficace *(C. Jonas, La loi Huriet et la psychiatrie, Médecine et droit, 1993, n° 3 p. 62)*. La Convention *(supra n° 9)* ajoute que la recherche ne doit pas pouvoir être effectuée avec une efficacité comparable sur des sujets capables d'y consentir *(Art. 17, 1, iii)*.

186. C'est une interdiction conditionnelle qui s'applique à d'autres catégories de personnes vulnérables à savoir, les « *mineurs, majeurs protégés par la loi* – en 1988, la loi précisait, majeurs sous tutelle – *et les personnes admises dans un établissement sanitaire ou social à d'autres fins que la recherche* – la loi de 1988 ajoutait les malades en situation d'urgence, transférés dans la catégorie de l'article L. 209-5 depuis 1994 – « ces derniers ne peuvent en principe participer à des recherches qui n'apporteraient pas « un bénéfice direct » pour leur santé *(C.S.P. art. L. 209-6* et avis du comité d'éthique du 24 février 1986 sur les expérimentations sur malades en état végétatif chronique) ».

Malgré l'interdiction de principe, la loi de 1990 a admis que des recherches sans bénéfice direct pouvaient être réalisées à une triple condition : que les recherches ne présentent aucun risque sérieux prévisible pour la santé de ces personnes, qu'elles soient utiles à des personnes présentant les mêmes caractéristiques d'âge, de maladie ou de handicap, et qu'elles ne puissent être réalisées autrement *(C.S.P. art. L. 209-6 al. 2)* ; on songe à la maladie d'Alzheimer (*C. Jonas, art. préc. p. 63*). La Convention renforce la protection en indiquant que la recherche doit avoir pour objet de contribuer, par une amélioration significative de la connaissance scientifique de l'état de la personne, de sa maladie ou de son trouble, à l'obtention à terme, de résultats permettant un bénéfice pour la personne concernée *(Art. 17-2-i)* et qu'elle ne doit présenter pour la personne qu'un risque minimal et une contrainte minimale *(Art. 17-2-ii)*.

C. – RECHERCHES CONTROVERSÉES

1) Recherches sur embryons

187. La loi régit l'expérimentation sur les personnes, aussi la question de la licéité des recherches sur embryon était soulevée en l'absence de protection spécifique dans la loi du 20 décembre 1988 – à l'exception des femmes enceintes. En droit, la personnalité juridique n'est pas reconnue à l'embryon, ce qui exclut l'application de la loi, mais la qualité de personne potentielle attribuée à l'embryon par le comité national d'éthique constitue cependant une limite importante à ce type d'expérimentation, *(L. Dubouis, art. préc. p. 164)*.

La loi n° 94-654, du 29 juillet 1994 relative au don et à l'utilisation des éléments du corps humain, à l'assistance médicale et à la procréation et au diagnostic prénatal a introduit un nouvel article L. 152-8 *(L. art. 8)* dans le code de la santé publique interdisant l'expérimentation sur l'embryon mais l'autorisant cependant « à titre exceptionnel » *(supra n. 124)*. Cette forme d'expérimentation relève donc désormais des lois du 29 juillet 1994 et non plus de la loi applicable à l'expérimentation. La Convention sur les droits de l'Homme et la biomédecine *(supra n° 9)* précise que lorsque la recherche sur les embryons *in vitro* est admise par la loi, celle-ci assure une protection adéquate de l'embryon *(Art. 18-1)*.

2) Recherches sur une personne en état de mort cérébrale

188. La question de la licéité d'une expérience sur un sujet en état de mort cérébrale – expression signifiant l'arrêt irréversible de toute activité du cerveau (hémisphères et tronc cérébral et préférable à celle de *« coma dépassé »* – a également été soulevée après que des parents eussent découvert que leur fils, hospitalisé après un accident et se trouvant dans un état de mort cérébrale, avait été l'objet d'expérimentation sans qu'ils en aient été avertis *(Le Monde 27 février 1988)*.

Le comité national d'éthique a, dans un avis du 7 nov. 1988, écarté la possibilité d'expérimenter sur ces malades en coma profond à moins qu'ils n'aient consenti de leur vivant et par écrit à cette expérimentation dans un objectif de don de leur corps à la science. La doctrine pour sa part considérait que s'il s'agit de personnes en état de mort cérébrale, il ne s'agit plus de personnes ce qui exclut l'application de la loi *(J.M. Auby Fasc. 135-10, n° 5. – L. Dubouis p. 164)* ; en revanche l'expérimentation sur les malades en état végétatif chronique est licite si elle a un intérêt direct pour l'intéressé.

La loi n° 94-630 du 25 juillet 1994, *(art. 19)* modifiant les dispositions législatives en matière d'expérimentation introduit un nouvel article L. 209-18-1 et précise qu'*« aucune recherche biomédicale ne peut être effectuée sur une personne en état de mort cérébrale sans son consentement exprimé directement ou par le témoignage de sa famille »*. La loi confirme donc l'avis du 7 novembre 1988 exprimé par le comité national d'éthique. Elle s'inscrit également dans la jurisprudence du conseil d'état qui dans une décision du 2 juillet 1993, précise à propos d'une expérimentation conduite sur un sujet en état de mort cérébrale que *« les principes fondamentaux relatifs au respect de la personne humaine, qui s'imposent au médecin dans ses rapports avec son patient, ne cessent pas de s'appliquer avec la mort de celui-ci » (C.E. 2 juillet 1993, Rev. fr. Droit adm. 9 (5) sept-oct. 1993, conc. D. Kessler)*.

Toutefois, comme la doctrine le souligne, les malades en état végétatif chronique gardent des fonctions végétatives *(cf. avis 24 février 1985)* et ne sont pas régis par cette dernière disposition : ils relèvent donc du régime général.

VOIR ANNEXE IX – P. 144

§ 2 PRINCIPES DE PROTECTION

A. – ABSENCE DE CONTREPARTIE FINANCIÈRE

189. La loi de 1988, modifiée en 1990, interdisait déjà toute rémunération à celui qui se prêtait à une expérimentation, étant précisé par l'article L. 209-8 que la recherche biomédicale *« ne donne lieu à aucune contrepartie financière directe ou indirecte pour les personnes qui s'y prêtent »*, hormis le remboursement des frais exposés pour certaines catégories de personnes. La loi n° 94-653 du 29 juillet 1994 relative au respect du corps humain s'inspire de la même philosophie et complète la disposition précédente en rappelant que *« aucune rémunération ne peut être allouée à celui qui se prête à une expérimentation sur sa personne... » (Art. 2 introduisant un article 16-6 dans le Code civil).*

190. Cependant une dérogation importante à ce principe a été instaurée pour les recherches sans bénéfice direct ; dans ce cas en effet il est prévu depuis la loi n° 90-86 du 23 janvier 1990, que le promoteur *« verse »* ou plus exactement depuis la loi du 29 juillet 1994 *« peut verser »* une indemnité en compensation des contraintes subies (*C.S.P. art. L. 209-15*). Afin d'éviter le cumul des indemnités – non soumises à l'impôt – un montant maximum est fixé pour les indemnités versées *(20 000 F ; arr. 26 déc. 1990)* et un fichier national des volontaires est prévu. Il s'agit bien ici d'une rémunération versée en contrepartie d'un service rendu par le sujet, et non d'une indemnisation pour frais ce qui est parfaitement contraire au principe général d'ordre public énoncé par la loi n° 94-653 du 29 juillet 1995 *(supra n° 52).*

Pour éviter des dérapages, la loi interdit tout versement en cas de recherches effectuées sur des *« mineurs, majeurs protégés par la loi ou personnes admises dans un établissement sanitaire ou social à d'autres fins que celle de la recherche » (L. 25 juil. 1994, art. 12, II).* Il n'est pas inutile de rappeler que la Convention sur les droits de l'Homme et la biomédecine dispose que « le corps humain et ses parties ne doivent pas être en tant que tels, source de profit *(Art. 21).*

B. – CONSENTEMENT

191. Le consentement doit être totalement libre. Aussi, indépendamment des règles applicables aux personnes dont le consentement pourrait ne pas être parfaitement libre *(supra n° 42)*, la loi comporte plusieurs dispositions visant à assurer la protection du consentement des sujets participant aux deux types d'expérimentation.

L'investigateur – ou le médecin qui le représente – doit, préalablement à toute recherche biomédicale, recueillir le consentement libre, éclairé et exprès de la personne *(C.S.P. art. L. 209-9).* Il doit à cet effet fournir une information très complète répondant aux conditions énoncées par l'article L. 209-9 (objectifs, bénéfices attendus, avis du comité de protection des personnes, possibilité de révocation du consentement) à moins qu'à titre exceptionnel, le diagnostic d'une maladie n'ait pas à être révélé à une personne dans l'intérêt de cette dernière *(C.S.P. art. L. 209-9 al. 3)*, ou qu'il s'agisse de recherche en psychologie ; dans ce cas en effet aux termes de l'article 6-II de la loi du 25 juillet 1994, complétant l'article L. 209-9, l'investigateur peut se limiter à *« une information succincte dès lors que la recherche ne porte que sur des volontaires sains et ne présente aucun risque sérieux prévisible » (L. 25 juillet 94 art. 6, II)*, une information plus complète étant fournie à l'issue de la recherche dans les conditions énoncées par l'article L. 209-9. La loi ne fait que confirmer la teneur d'un avis du comité national d'éthique rendu le 14 octobre 1993, à la demande du C.N.R.S. à propos de l'étude du comportement des enfants nés après insémination artificielle avec donneur et ayant admis le secret partagé. Toutefois le patient doit admettre les conséquences de son refus, et il ne peut réclamer le bénéfice d'un médicament distribué dans le cadre d'un protocole d'essai *(T.G.I. Paris 4 oct. 1995, J.C.P. 96 II 22615, note A. Laude, Les Petites Affiches 8 nov. 1995, p. 14, note L. Pitet)*.

192. La loi prévoit un certain formalisme en vue de faire respecter les règles de protection du consentement et exige que ce dernier soit préalablement donné par écrit ou, en cas d'impossibilité, attesté par un tiers totalement indépendant de l'investigateur et du promoteur *(C.S.P. art. L. 209-9 al. 5 ; sur ce consentement, D. Thouvenin, art. préc. n° 155)*.

193. Des règles spéciales plus protectrices du consentement sont énoncées pour les mineurs et les majeurs protégés ; le consentement doit être donné par les titulaires de l'autorité parentale pour les mineurs non émancipés, par le représentant légal pour les mineurs et majeurs protégés dans le cas de recherches avec bénéfice individuel direct, par le conseil de famille ou le juge des tutelles dans le cas de recherches sans bénéfice individuel direct *(C.S.P. art. L. 209-10)*.

Certains auteurs soulignent les insuffisances de la loi à propos des personnes atteintes de déficiences mentales, mais non protégées ou encore les personnes sous sauvegarde de justice ou sous curatelle *(C. Jonas, art. préc.)* il n'est pas fait mention non plus des mineurs émancipés).

194. Mais la loi admet cependant que dans les situations d'urgence *« le consentement de la personne ne sera pas recherché et que seul sera sollicité celui de "membres de sa famille" »* (terme substitué par la loi de 1994 au terme « proche ») s'ils sont présents, le consentement informé de la personne devant être recherché dès que possible pour la poursuite éventuelle de la recherche (*C.S.P. art. L. 209-9 al. 6*). Mais la notion d'urgence n'est pas définie et en pratique les différents CCPRB en font des appréciations différentes *(Un premier bilan des comités consultatifs de protection des personnes qui se prêtent à des recherches biomédicales. Loi Huriet-Sérusclat du 20 décembre 1988, l'exemple des comités parisiens. Travaux et recherches Panthéon-Assas Paris II, LG.D.J. 1994, p. 35)*. Certains auteurs regrettent les lacunes de la loi à propos des malades hospitalisés *(G. Hazebrouck art. préc.)*.

195. La législation présente apparemment des lacunes en ce qui concerne le recrutement des volontaires, aucune règle n'étant prévue en ce qui concerne la publicité effectuée à cet effet. Selon le conseil d'ordre des médecins les offres pourraient être effectuées par voie de presse, la publicité devant respecter plusieurs conditions : ne pas préciser la pathologie concernée, prévoir un protocole conforme aux règles légales et soumettre ce dernier à un comité de protection des personnes pour obtenir une autorisation *(Bul. Ordre 1992, p. 288).*

§ 3 GARANTIES ADMINISTRATIVES

196. Afin de faire respecter les règles en matière d'expérimentation, et indépendamment des sanctions pénales classiques, la loi a prévu un contrôle préventif de nature administrative par l'intermédiaire des comités consultatifs de protection des personnes et d'une supervision ministérielle. Ces dispositions ont été modifiées par la loi du 25 juillet 1994 en vue d'améliorer l'efficacité de la procédure instaurée.

Préalablement à toute recherche, l'investigateur doit soumettre son projet de recherche à un comité consultatif de protection des personnes compétent *(C.S.P. art. L. 209-12 mod.)* dont la composition et les règles de fonctionnement sont indiquées par l'article L. 209-12 du code de la santé publique.

Ce comité donne son avis sur *« les conditions de validité de la recherche – étant précisé par l'article 9 III de la loi de 1994 qu'elle doit s'entendre au regard de la protection des personnes -, notamment la protection des participants, leur information et les modalités de recueil de leur consentement, les indemnités éventuellement dues... » (C.S.P. art. L. 209-12 al. 3)* ; en vue d'accroître la protection, le législateur de 1994 précise que l'information doit exister *« avant et pendant la durée de la recherche » (L. 25 juillet 1994, art. 9, II).*

La procédure prévoit l'envoi de l'avis à l'investigateur dans le délai de cinq semaines, communique les avis défavorables à l'autorité administrative compétente – et non plus au ministre comme en 1988 –, cette autorité pouvant *« à tout moment suspendre ou interdire une recherche biomédicale » (C.S.P. art. L. 209-12 al. 7 mod.).* Si les avis n'ont pas de valeur impérative, ils sont cependant de nature à prévenir les risques.

VOIR ANNEXE X – P. 145

§ 4 SANCTIONS PÉNALES

197. La loi de 1988 a prévu des sanctions pénales en cas de non respect des conditions légales :

– trois ans d'emprisonnement et 300 000 F d'amende en cas de violation des règles en matière de consentement *(C.S.P. art. L. 209-19)* ou de recherches pratiquées en violation des règles protégeant les personnes vulnérables ou régissant les cas d'urgence *(C.S.P. art. L. 209-19-1).*

– un an d'emprisonnement et 100 000 F d'amende pour les personnes et investigateurs qui n'auraient pas sollicité l'avis préalable d'un comité consultatif de protection des personnes, auraient eu recours à des candidats, sans respect des règles énoncées par l'article L. 209-17, ou n'auraient pas respecté l'avis défavorable émis à l'encontre d'une recherche *(C.S.P. art. L. 209-20 mod.)*. La même peine est prévue à l'encontre des promoteurs qui n'auraient pas respecté l'obligation d'assurance de l'article L. 209-7 P *(C.S.P. art. L. 209-21 mod.)*.

BIBLIOGRAPHIE

J.P. ALMÉRAS, *L'aménagement de la loi Huriet,* Concours médical, 8 octobre 1994, p. 2715. – C. BYK, *La recherche sur l'embryon humain,* J.C.P. 96. I, 3949. – L. DUBOUIS *La protection des personnes qui se prêtent à des recherches biomédicales,* R.D.S.S. 1989 p. 155. – Y. GAUDEMET, les CCPPRB. *Le Bilan juridique,* JCP 93, I, 3653. – G. HAZEBROUCQ, *La loi sur la protection des personnes dite Loi Huriet,* Sem. Hôp. de Paris, 1993, 69, n° 26-27, p. 797. – C. JACQUINOT, *La première loi relative à l'expérimentation humaine,* Gaz. Pal. 1989, I, 107. – C. JONAS, *La loi Huriet et la psychiatrie,* Médecine et droit, 1993, n° 3 p. 62. – D. KESSLER, *Principes déontologiques fondamentaux et expérimentation médicale après la mort,* Concl. sur C.E. Ass. 2 juillet 1993, M. Milhaud, R.F.D. 9 (5) sept. oct. 1993. – G. MÉMETEAU, *De quelques droits sur l'homme : commentaire de la loi du 20 décembre 1988 relative à la protection des personnes qui se prêtent à des recherches biomédicales,* D. 1989, chr. p. 167. – *Les comités d'éthique : approche d'un droit en construction* (sans garantie d'achèvement) Rev. Jur. Centre Ouest 1992, n° 9 p. 51. – J. MIGNON, *Les recherches biomédicales sur l'homme in Traité de droit médical et hospitalier* sous la direction de J.M. Auby, éd. Litec, Fasc. 34 – L. PITET, *Le respect de la loi Huriet-Sersclat du 20 décembre 1988 modifiée destinée à la protection des personnes qui se prêtent à des recherches médicales,* Les Petites Affiches 8 nov. 1995, p. 14 – R. SCHWARTZ et D. KESSLER, *L'euthanasie et l'expérimentation sur cadavres face à la déontologie médicale,* R.T.D. San. et Soc. 1994, p. 47 – D. THOUVENIN, *La loi du 20 décembre 1988 loi visant à protéger les individus ou loi organisant les expérimentations sur l'homme ?* A.L.D. 1989, p. 89.

Un premier bilan des comités consultatifs de protection des personnes qui se prêtent à des recherches biomédicales Loi Huriet-Sérusclat du 20 décembre 1988 : l'exemple des comités parisiens (Travaux et recherches Panthéon-Assas Paris II, éd. L.G.D.J. 1994).

ÉLÉMENTS DE RÉFLEXION

1) Bilan de la loi sur l'expérimentation en France

Un rapport-bilan établi par l'I.G.A.S. à propos de la loi Huriet (Quot. Méd. 24 janvier 1994) fait apparaître que 450 000 à 500 000 personnes se prêtent chaque année à des essais cliniques ou recherches mais seule une petite partie d'entre elles ont bénéficié d'une protection (Rap. Mattéi p. 69). Pour prévenir toute dérive en la matière l'Agence du médicament a instauré de nouvelles règles permettant aux particuliers de connaître la nature des liens financiers entre les experts et les firmes pharmaceutiques (L. M. 21 déc. 1994).

Les industriels, dénoncent la lourdeur du mécanisme légal, d'autres se réjouissent de la consécration légale de la recherche en France (G. Hazebroucq, La loi sur la protection des personnes dite loi Huriet, Sem. Hôp. Paris, 69, n° 26-27 p. 797 ; V. Cep. D. Thouvenin, L'influence de la « Loi Huriet » sur l'organisation de la recherche, Gestions hospitalières, n° 320, nov. 1992). En pratique on organise l'expérimentation en créant des centres d'essai comportant des lits d'hospitalisation (Rap. I.G.A.S. préc et création d'un centre à Strasbourg, cf. Quot. Méd. 3 juin 1994).

a) Difficultés d'application de la loi

La loi a été insuffisamment appliquée et donc insuffisamment protectrice. Initialement prévue pour les médicaments, cette législation semble avoir été bien appliquée dans l'industrie pharmaceutique, mais elle a un champ d'application beaucoup plus large (Rap. Mattéi p. 64) et a été peu appliquée dans d'autres secteurs compte tenu notamment d'incertitudes quant aux critères d'application.

On relève en premier lieu la difficulté de distinguer entre diverses spécialités, par exemple entre diététique médicamenteuse et alimentation, entre cosmétique et dermatologie, entre psychologie et psychiatrie (*G. Hazebrouck, la loi sur la protection des personnes dite loi Huriet, Sem. Hôp. Paris 2-9 sept. 1993, p. 798).*

Certaines industries ne se sont pas senties concernées par la loi, notamment l'industrie cosmétique (29 essais en 1992, Rap. Mattéi p. 59) alors qu'elles le sont d'autant plus que les recherches, moins faciles sur les animaux, sont maintenant davantage pratiquées sur l'homme (Rap. Mattéi, ibid.). Il en va de même pour l'industrie biomédicale (Rap. Mattéi p. 127). Certains organismes de recherches n'entrent pas juridiquement dans le champ d'application de la loi : recherches militaires, recherches conduites par des non médecins (Rap. Mattéi p. 59). Lors de l'adoption de la loi du 25 juillet 1994, ces zones d'incertitude ont été évoquées et les débats font apparaître notamment que la loi concerne non seulement les médicaments mais aussi les produits cosmétiques.

En revanche la loi ne s'applique pas aux études sur dossier ne mettant pas en cause la vie des personnes (G. Hazebroucq, art. préc. p. 798), ni aux essais effectués à partir des résidus de prélèvements de sang, à moins que ces prélèvements supplémentaires soient effectués de manière systématique dans le cadre d'une étude épidémiologique. Le rapport Mattéi considère que les essais en phase IV – relatifs aux médicaments mis sur le marché – devraient être exclus (p. 124).

b) Problème du consentement éclairé

L'application de la loi rencontre des difficultés dans la recherche d'un consentement éclairé pour certaines spécialités : pédiatrie, gériatrie, psychiatrie et dans le cas de maladies très graves, dans lesquelles le consentement à une expérimentation peut constituer un dernier espoir (V. Rap. Mattéi, p. 63). Certains estimaient que la loi comportait des lacunes notamment à propos des personnes âgées « séjournant dans un établissement sanitaire et social puisque des recherches sont possibles » (C.S.P. art. L. 209-6) ou des incapables majeurs (Décl. P. Changeux, Président du Comité National d'éthique, Quot. Méd. 15 fév. 1993). La loi de 1994 remédie partiellement à ces lacunes. Mais n'y en a-t-il pas d'autres ? A propos des sujets de la recherche hospitalisés, certains doutent de la réalité du consentement de *« patients incompétents qu'ils soient inconscients, endormis, encéphalopathes, en situation de stress ou d'extrême dépendance vis-à-vis de l'équipe soignante »* (F. Lemaire, Conc. méd. 7 mai 1994).

c) Expérimentation et droit pénal

La loi a estimé dans l'article L. 209-5 qu'une recherche pouvait être conduite sur des détenus... *« s'il en est attendu un bénéfice direct et majeur pour leur santé »*, mais la question se pose en termes différents lorsqu'il s'agit de prescrire un traitement médicamenteux à des prévenus de crimes sexuels en vue de prévenir les récidives, car l'article D. 380 du code de procédure pénale interdit la pratique d'essais sur des détenus.

Le comité national d'éthique, saisi de cette question par l'inspection générale des Affaires sociales, a estimé qu'un tel produit devait être administré en deux phases, tout d'abord sur des détenus en fin de peine donnant un consentement libre et éclairé, puis à leur sortie dans le cadre plus général de la loi Huriet sur la base d'un nouveau consentement. (Avis du comité national d'éthique sur la prescription de substances antiandrogéniques à des détenus condamnés pour des infractions à caractère sexuel 7 déc. 1993). La question d'une obligation de soins pour les délinquants sexuels a ressurgi en 1996 (v. not. D. Zagury, *Le Monde* 16 déc. 1996).

2) Questions éthiques soulevées par la recherche

Le comité national d'éthique a rendu un certain nombre d'avis en matière de recherche et d'expérimentation.

(v. Table des avis Annexe I)

– Avis sur l'application des procédés de thérapie génique somatique du 22 juin 1993

– Avis sur l'éthique de la recherche dans les sciences du comportement humain du 14 octobre 1993

– Avis sur la prescription de substances antandrogèniques à des détenus condamnés pour des infractions à caractère sexuel du 7 décembre 1993

– La transmission de l'information scientifique relative à la recherche biologique et médicale. Questions éthiques 1er déc. 1994

3) Droit européen

Le conseil de l'Europe a élaboré une convention européenne de bioéthique présentée à Strasbourg le 30 juin et devant être soumise à ratification par les états membres (Quot. méd. 1er juillet 1994). La convention se compose de 31 articles, relatifs notamment aux limites des interventions médicales, à la recherche sur l'homme, aux prélèvements d'organes et elle s'attache tout particulièrement aux conditions de recherche sur les personnes privées de discernement, aux limites de la recherche sur les embryons et sur le génome humain.

Annexe IX

AVIS SUR L'EXPÉRIMENTATION MÉDICALE ET SCIENTIFIQUE SUR DES SUJETS EN ÉTAT DE MORT CÉRÉBRALE. RAPPORT.

N° 12 7 novembre 1988

Avis

Le terme « mort cérébrale » doit être préféré à celui de « coma dépassé » afin d'éviter la confusion avec les comas prolongés.

La mort cérébrale signifie l'arrêt irréversible de toute activité du cerveau (hémisphères et tronc cérébral). Elle correspond à une destruction de l'ensemble des cellules cérébrales. Le cerveau est mort, mais les autres organes fonctionnent parce qu'ils sont irrigués par un sang dont la teneur en oxygène et gaz carbonique est maintenue au niveau physiologique grâce à la respiration artificielle.

Un tel état n'est possible que par l'intervention des techniques modernes de réanimation. Il ne peut être maintenu que quelques jours.

Le diagnostic de mort cérébrale ne doit être porté qu'avec la plus grande rigueur. La mort cérébrale, en l'état actuel des connaissances, est reconnue grâce à un faisceau de signes :

- absence totale de conscience et d'activité spontanée
- disparition de toute respiration spontanée même en hypercapnie (1)
- mydriase bilatérale, fixe, aréflexique et immobilité des globes oculaires
- abolition de tous les réflexes qui dépendent du tronc cérébral
- électroencéphalogramme plat (ou « nul ») constaté sur deux enregistrements au cours d'une période d'au moins six heures.

Il est indispensable de tenir compte des circonstances d'apparition du coma, car, lorsqu'il s'agit d'un coma d'origine toxique (ou susceptible d'avoir été accentué par des sédatifs), d'un coma par hyperthermie profonde primitive, ou d'un coma par grande insuffisance endocrinienne, la période d'observation doit être prolongée.

L'interprétation des signes de mort cérébrale rencontre aussi des difficultés chez l'enfant de moins de trois ans et la période d'observation doit être dans ce cas de quarante-huit heures.

(1) hypercapnie : excès de gaz carbonique dans le sang.

Annexe X

Exemple de formulaire de recueil du consentement pour une recherche sans bénéfice individuel direct

Extrait du mémoire collectif : « Un premier bilan des comités consultatifs de protection des personnes qui se prêtent à des recherches biomédicales » (précit. p. 141).

Il vous est proposé de participer à un essai clinique avec le produit ; c'est un produit commercialisé depuis 1981 et utilisé comme adjuvant à la cicatrisation.

Il s'agit d'un essai sans bénéfice individuel direct pour lequel vous vous portez volontaire.

Le but est de contrôler l'efficacité et la tolérance du produit, de la formule complète ou privée de l'un ou des deux principes actifs.

Le protocole consiste à réaliser 4 plaies épidermiques pures sur chaque avant bras. Cette intervention est indolore et ne nécessite pas d'anesthésie locale. Le produit sera appliqué sur les lésions qui seront recouvertes d'une petite chambre qui restera en place jusqu'au lendemain.

Vous devrez revenir à la même heure les jours d'évacuation : tous les jours du vendredi au vendredi suivant, sauf le dimanche.

Une évaluation (indolore) de la cicatrisation épidermique sera effectuée (mesure de perte insensible d'eau et prises photographiques). Vos pansements seront renouvelés.

Le temps nécessaire à l'essai est d'environ 4 heures le 1er jour et 2 heures les jours suivants.

Les inconvénients potentiels sont une très légère modification de la pigmentation : l'emplacement des bulles de succion, en fonction de l'exposition solaire.

Cette étude se déroulera de septembre à novembre 1992 et inclura 12 volontaires au total.

Votre consentement éclairé par écrit, libre et exprès, pour rentrer dans cette étude, est légalement obligatoire.

Le fait de signer cette fiche de consentement ne constitue en aucun cas une décharge de la responsabilité du médecin. Conformément aux recommandations émises dans le texte de loi n° 88-1138, ce document a pour objet d'authentifier votre approbation, votre permission et votre collaboration à cet essai clinique.

Le protocole a été soumis et a reçu un avis favorable du Comité consultatif de protection Personnes (CCPPRB) de 1992.

Une copie de cet avis est disponible sur simple demande.

Paraphe du volontaire.

Essai : n° Dossier

1. Je, soussigné, accepte librement de participer à l'étude clinique et d'en suivre les prescriptions. Je sais qu'il s'agit d'un essai uniquement expérimental, que je ne peux en attendre aucun bénéfice thérapeutique personnel, et que je recevrai une indemnité en compensation des contraintes liées à l'essai.

2. L'investigateur m'a fourni des explications détaillées sur la nature et le but de l'essai et m'a exposé les inconvénients qui pourraient en résulter pour moi. Il a répondu de manière satisfaisante à toutes mes questions. Je pourrai en poser d'autres à tout moment.

3. Je confirme que je ne participe à aucun autre essai clinique.

Je confirme que je suis affilié à un régime de sécurité sociale.

Je confirme que j'ai indiqué à l'investigateur tous les traitements prescrits ou non, quelle qu'en soit la nature, que j'ai reçus pendant les trois derniers mois ou qu'il est prévu que je prenne dans les jours à venir. Je ne dois pas prendre d'autres traitements sans en informer préalablement l'investigateur.

4. Je m'engage à informer l'investigateur de tout symptôme inattendu dont je pourrais souffrir. Je m'engage à accepter tout examen et traitement que l'investigateur jugerait nécessaire pour ma sécurité. Je m'engage à ne pas participer à tout autre essai expérimental pendant la période d'inclusion définie par le C.C.P.P.

5. Je suis libre de me retirer de l'essai à tout moment, sans avoir besoin de justifier ma décision. De même, l'investigateur pourra me faire sortir de l'étude à tout moment s'il le juge nécessaire.

6. Je sais que les informations seront recueillies en respectant mon anonymat, qu'elles seront traitées confidentiellement par informatique, et que mon identité n'apparaîtra dans aucun rapport ou publica-

tion. J'ai bien noté que le droit d'accès prévu par la loi « informatique et libertés » (article 40), s'exerce à tout moment auprès de l'investigateur. Je pourrai exercer mon droit de rectification auprès de l'investigateur.

7. J'autorise à détenir sous enveloppe scellée un exemplaire de ce consentement en assure la confidentialité.

Volontaire : Mr investigateur :
Nom : Dr :
Prénom :
Fait à
le
Signature Signature
N° du dossier attribué :

EXEMPLE DE FORMULAIRE DE CONSENTEMENT POUR LA PARTICIPATION D'UN MINEUR

(Avec deux titulaires de l'exercice de l'autorité parentale)

CONSENTEMENT DE PARTICIPATION

de M. ....
....
et M. ....
....
(nom, prénoms)
demeurant à ....
Titre (ou autre) identifiant de la recherche
....
....
Le Dr...
nous a proposé que[2] ....
....
participe à une recherche sur ....
....

Il nous a précisé que nous sommes libres d'accepter ou de refuser ; cela ne changera pas nos relations pour le traitement de[2].

Afin d'éclairer notre décision, nous avons reçu et avons bien compris les informations suivantes :[3].....................

Ayant exprimé son consentement[4] **nous acceptons qu'il (ou elle) participe à cette recherche dans les conditions précisées ci-dessus.**

Notre consentement ne décharge en rien les organisateurs de la recherche de leurs responsabilités.

Nous conservons tous nos droits garantis par la loi.

Nous pourrons à tout moment, si[2...4] ou nous mêmes le désirons, arrêter cette participation sans supporter aucune responsabilité. Nous en informerons le Dr............ Il nous proposerait alors, si nous le souhaitons, un autre traitement.

Les données recueillies demeureront strictement confidentielles. Nous n'autorisons leur consultation que par des personnes mandatées par leDr [5], organisateur de la recherche, pour collaborer à celle-ci et, éventuellement, par un représentant des Autorités de Santé.

Nous pourrons à tout moment demander toute information complémentaire au Dr................. (n° de téléphone).

Signature de l'investigateur
ou du médecin qui le représente[6]

Signature des deux titulaires
de l'exercice de l'autorité
parentale précédées de la mention
« Lu et approuvé »[6]

(1) Un exemplaire cosigné doit être remis aux responsables du mineur

(2) Nom et prénom du mineur

(3) *Indiquer notamment :* – le but de la recherche, sa durée, la méthode utilisée, les bénéfices, les contraintes et les risques possibles de cette recherche, l'avis du « Comité de protection des personnes » qui a examiné le projet

(4) Cette mention s'applique lorsque le mineur est apte à exprimer sa volonté

(5) Indiquer le nom du médecin responsable de la recherche ou de l'assurance de qualité chez le promoteur

Extrait de :

« La protection des personnes dans la recherche biomédicale, Guide des textes législatifs et réglementaires »

Ministère des Affaires Sociales et de la Solidarité – À paraître.

CHAPITRE IV

PROTECTION DES DONNÉES GÉNÉTIQUES

198. Les progrès de la génétique depuis 1953, en particulier les examens génétiques et les empreintes génétiques ont sans conteste des aspects positifs, quand ils facilitent la découverte de la vérité, à partir de l'étude d'infimes échantillons humains comportant des cellules d'ADN et permettent l'accès aux thérapies géniques. Mais ils comportent également des risques nouveaux d'atteinte à l'intégrité et au secret des personnes.

Aussi, tenant compte des progrès scientifiques, mais aussi des avis du comité national d'éthique (Avis sur la thérapie génique du 13 décembre 1990 et avis sur l'application des procédés de thérapie génique somatique du 22 juin 1993), des recommandations incluses dans les divers rapports et études, le législateur, mettant le droit en conformité avec les pratiques existantes, autorise les études des caractéristiques d'une personne et l'identification par empreintes génétiques *(L. n° 94-653 et 94-654)*, mais en encadrant ces deux types d'examen et en les soumettant à des conditions de protection des personnes contre des révélations peut-être lourdes de conséquences *(N.J. Mazen, Tests et empreintes génétiques : du flou juridique au pouvoir scientifique, Bioéthique, Les lois du 29 juillet 1994, Les petites affiches, n° spécial, 14 déc. 1994).*

§ I PRINCIPES DE PROTECTION

199. Le législateur n'admet ces examens que dans des finalités précises, afin d'en limiter l'usage et fait application de plusieurs principes de protection en matière de consentement, de non patrimonialité et de secret des données.

A. – FINALITÉ

1) Étude génétique des caractéristiques d'une personne

200. L'étude génétique des caractéristiques d'une personne, – souvent dénommée en pratique « *examen génétique* » ou « test génétique » –

a pour but de faire apparaître les caractéristiques biologiques d'une personne ainsi que ses prédispositions à telle ou telle maladie. Compte tenu des risques d'exploitation des données par des tiers – relations professionnelles ou contrats d'assurance v. infra sous n. 209 – le législateur encadre l'accès à la technique et l'utilisation de cette dernière.

En premier lieu la loi n° 94-653 dispose que l'étude génétique *« ne peut être entreprise qu'à des fins médicales ou de recherche scientifique » (C. civ. art. 16-10)*. Un décret en conseil d'état doit fixer les conditions dans lesquelles seront réalisées *« dans l'intérêt des patients, la prescription et la réalisation de l'examen des caractéristiques génétiques d'une personne à des fins médicales » (L. n° 95116 du 4 février 1995 complétant la loi n° 94654 en insérant un nouvel article L. 145-15-1)*.

Ces examens génétiques sont particulièrement utilisés pour le diagnostic prénatal mais pour éviter les dérives, la loi limite l'utilisation des résultats des examens génétiques. Elle admet ainsi la thérapie génique ayant pour but de corriger une maladie génétique, *(C. civ. art. 16-4 al. 3)*. Mais, suivant en cela les avis du C.C.N.E., elle interdit les transformations aux caractères génétiques *« dans le but de modifier la descendance d'une personne »* (C. civ. art. 16-4 al. 2). Elle interdit également *« toute pratique eugénique tendant à l'organisation de la sélection des personnes » (C. civ. art. 16-4 al. 2, v. supra n° 49)*.

2) Identification par empreintes génétiques

201. À la différence des tests génétiques, l'identification par empreinte génétique ne donne pas d'indication sur les prédispositions pathologiques, mais indique de manière quasi absolue l'organisation génétique propre à chaque individu et donc son identification ; en outre l'analyse peut être effectuée à partir d'un élément du corps de la personne – peau, ongle, cheveu, sang – que cette personne soit vivante ou décédée, y compris donc à l'insu de cette personne.

Les empreintes génétiques, comportent des conséquences qui *« se heurtent à des valeurs d'éthique sociale traduites implicitement ou expressément par les principes fondamentaux du droit des personnes »* (Avis du comité national d'éthique du 15 décembre 1989). Aussi compte tenu de ces risques, le législateur limite le recours aux empreintes génétiques ne l'autorisant que dans deux cas :

a) La technique peut être utilisée *« dans le cadre de mesures d'enquête ou d'instruction diligentées lors d'une procédure judiciaire » (C. civ. art. 16-11 al. 1)*, c'est-à-dire à la demande d'un juge. De plus l'utilisation en matière civile est restreinte, l'identification ne pouvant être recherchée qu'*« en exécution d'une mesure d'instruction ordonnée par le juge saisi d'une action tendant soit à l'établissement ou la contestation d'un lien de filiation soit à l'obtention ou la suppression de subsides » (C. civ. art. 16-11 al. 2)*. La loi confirme ainsi en matière civile la teneur de l'avis du comité national d'éthique du 15 décembre 1989 ; elle ne comporte pas d'indication en matière pénale ce qui équivaut sans doute à une approbation implicite de l'avis précité indiquant qu'en matière pénale *« l'utilité des preuves par empreintes génétiques doit être me-*

surée aux difficultés liées à l'identification certaine du prélèvement initial, ou à l'interprétation des résultats. Elle n'est pas non plus sans dangers pour les libertés publiques et les droits de la défense ».

b) L'identification peut également être effectuée *« à des fins médicales ou de recherche scientifique » (C. civ. art. 16-11 al. 3).*

B. – CONSENTEMENT

202. Comme pour toute utilisation du corps humain, le législateur impose le principe d'un consentement de la personne concernée dans les nouvelles dispositions du code civil, pour la réalisation de ces techniques, les modalités de ce consentement étant indiquées dans le code de la santé publique.

1) Etude génétique des caractéristiques d'une personne

203. En principe l'étude génétique des caractéristiques d'une personne est subordonnée au consentement préalable de l'intéressé *(C. civ. art. 16-10)* que les examens génétiques soient effectués *« à des fins médicales », ou « à des fins de recherche scientifique ».* Dans les deux cas ce consentement est recueilli par écrit *(C.S.P. art. L. 145-15 al. 2)*, par application dans le second cas des règles applicables à l'expérimentation, compte tenu des risques possibles d'abus en matière d'assurance ou de droit du travail *(Rap. Mattéi, p. 144 et infra).* Elle admet « à titre exceptionnel » que lorsque cette *« étude »* – des caractéristiques génétiques – est effectuée *« à des fins médicales »,* le *« consentement de la personne peut ne pas être recueilli, dans son intérêt et dans le respect de sa confiance » (cf. sur le flou de l'expression : N.J. Mazen, art. préc.).*

2) Identification par empreintes génétiques

204. De même l'identification d'une personne par ses empreintes génétiques, ordonnée dans le cadre d'une mesure d'instruction civile, en matière de filiation est subordonnée au consentement préalable et exprès de l'intéressé *(C. civ. art. 16-11 al. 2).* En revanche, lorsque cette identification est ordonnée dans le cadre d'une procédure pénale, la loi n'exige pas de consentement, ce qui suscite l'étonnement des premiers commentateurs dans la mesure où jusqu'alors aucune mesure contraignante ne pouvait être réalisée sur la personne *« d'un témoin, d'un suspect ou d'une personne mise en examen » (N.J. Mazen, art. préc. p. 72 ; – Ch. Byk La loi relative au respect du corps humain, J.C.P. 94, éd. G.I., 3788 ; – J.C. Galloux, De corpore jus, Les Petites Affiches, Bioéthique n° spécial 1994).*

Lorsque l'identification est effectuée à des fins médicales ou de recherche scientifique, la loi n° 94-653 indique que « le consentement de la personne doit être au préalable recueilli » *(C. civ. art. 16-11 al. 3)*, le Code de la santé publique indiquant qu'il est recueilli par écrit, dans les deux cas *(C.S.P. art. L. 145-15).* Mais comme en matière de test génétique, la loi admet à titre exceptionnel une dérogation à la règle de l'écrit lorsque *« l'identification d'une personne par ses empreintes génétiques est recherchée à des fins médicales »*, sous les mêmes réserves à savoir *« l'intérêt de la personne et le respect de sa confiance » (C.S.P. art. L. 145-15 al. 3).*

C. – NON COMMERCIALISATION DES GÈNES

205. La question de savoir si certains résultats génétiques peuvent être brevetés donne lieu à des débats d'autant plus âpres que des intérêts financiers importants sont en jeu. Mais la loi n° 94-653, applique aux résultats génétiques le même principe de non patrimonialité que pour les organes ou produits du corps humains, et, rappelant que ne sont pas brevetables les *« inventions dont la publication ou la mise en oeuvre serait contraire à l'ordre public ou aux bonnes mœurs »*, la loi dispose que *« le corps humain, ses éléments et ses produits ainsi que la connaissance de la structure totale ou partielle d'un gène humain ne peuvent en tant que tels, faire l'objet de brevets » (L. art. 7 complétant l'article L. 611-17 du Code de la propriété intellectuelle, sur critiques, Ch. Galloux, art. préc.).*

D. – PROTECTION CONTRE LES TIERS

206. La réalisation de ces examens génétiques, fournit nombre de données personnelles jusqu'alors confidentielles et liées étroitement à la vie privée. Aussi ces données relèvent de la protection de la vie privée assurée par l'article 9 du Code civil ainsi que de la protection instaurée par l'article 40-4 al. 1 de la loi n° 94548 du 1er juillet 1994 relative aux traitements de données nominatives ayant pour fin la recherche dans le domaine de la santé modifiant la loi du 6 janvier 1978 relative à l'informatique aux fichiers et aux libertés et des dispositions du code pénal *(v. infra n. 238).*

§ 2 GARANTIES DE PROTECTION

A. – CONDITIONS ADMINISTRATIVES

207. La loi n° 94-653 impose un agrément aux laboratoires procédant à la réalisation des empreintes génétiques *(C. civ. art. 16-12)* ainsi que, pour les laboratoires procédant aux expertises, l'inscription sur une liste d'experts judiciaires, la loi complétant en ce sens la loi n° 71-498 du 29 juin 1971 relative aux experts judiciaires *(L. 94-653, art. 6).* Et l'article L. 145-16 nouveau du Code de la santé publique, indique que lorsqu'il s'agit d'identification par empreintes génétiques à des *« fins médicales ou scientifiques »*, sont seules habilitées à y procéder *« les personnes ayant fait l'objet d'un agrément dans des conditions fixées en Conseil* *d'état* ». La loi confirme ainsi l'avis du comité d'éthique du 15 décembre 1989 qui avait suggéré que les techniques d'identification par analyse de l'ADN soient réservées à quelques laboratoires spécialement agréées compte tenu de leur compétence.

208. Le comité consultatif de protection des personnes compétent doit intervenir lorsque les examens ou identifications à des fins de recherche scientifique sont effectués à des fins de recherche scientifique puisque conformément à l'article L. 145-15 du Code la santé publique, ces examens sont soumis aux règles applicables à l'expérimentation *(livre II bis du Code de la santé publique).*

B. – SANCTIONS

209. La loi instaure un régime de sanctions pour le cas de violation de ces dispositions : un an d'emprisonnement et 100 000 F d'amende en cas de :

– non respect de la finalité, à savoir détournement des finalités médicales des ou de recherche scientifique des informations recueillies sur une personne au moyen de l'étude de ses caractéristiques génétiques, *(C.S.P. art. L. 145-18 ; C. Pén. art. 226-25)* ou recherche de l'identification d'une personne par ses empreintes génétiques à des fins non prévues par la loi *(C.S.P. art. L. 145-20 ; C. Pén. art. 226-28 al. 1)* ;

– défaut de consentement pour l'étude des caractéristiques génétiques d'une personne *(C.S.P. art. L. 145-17 ; C. Pén. art. 226-25)* ou l'identification par empreintes génétiques à des fins médicales *(C.S.P. art. L. 145-19 ; C. Pén. art. 226-27)* ;

– divulgation des informations relatives à l'identification d'une personne *(C.S.P. art. L. 145-20 al. 2 ; C. Pén. art. 226-28 al. 2, sur problèmes posés par la nature juridique de l'information génétique, cf. N.J. Mazen, art. préc. p. 74)* ;

– défaut d'agrément pour la réalisation de l'identification d'une personne par empreintes génétiques *(C.S.P. art. L. 145-20 al. 2, C. Pén. art. 226-28).*

BIBLIOGRAPHIE

Ouvrages et articles : J.L. BAUDOUIN, *La révolution génétique,* Journal international de bioéthique, mars 1994, vol. 5 p. 23. – A. BOTTIAU, *Empreintes génétiques et droit de la filiation,* D.S. 1989, chr. p. 271. – CH. BYK, *La loi relative au respect du corps humain,* J.C.. 1994, éd. G., I, 3788. – L. CADIET, *La notion d'information génétique en droit français,* in *La génétique humaine de l'information à l'informatisation,* Litec 1992. – PR. D. COHEN, *Les gènes de l'espoir. A la découverte du génome humain,* Préf. J. Dausset, éd. R. Laffont. – M. DELMAS-MARTY *Europe du marché, Europe des droits de l'homme, in Vers un anti destin,* p. 414. – J.-B. EDELMAN *L'homme aux cellules d'or,* D.S. 1989, chr. p. 225. – J. CH. GALLOUX, *Essai de définition d'un statut juridique pour le matériel génétique,* thèse de doctorat, Bordeaux, I, 1988. – *L'empreinte génétique : la preuve parfaite* J.C.P. 91, éd. G, I, 3497. – *Éthique et brevet ou Le syndrome bioéthique,* D.S. 1993, p. 83. – M. HARICHAUX,

Diagnostic prénatal : les obligations et les risques, in Vers un anti-destin p. 438. – M.A. HERMITTE, *Génome humain et devoirs de l'humanité, in Vers un anti destin,* p. 527. – B. M. KNOPPERS, *La génétique humaine : patrimoine et protection, in Vers un anti destin,* p. 152. – N.J. MAZEN *Réflexions juridiques sur le matériel génétique de l'homme.* Biothétique et droit P.U.F. 1988, p. 194. – J. MORANGE, *Génétique et droits de l'homme,* Mél. J.M. Auby, Dalloz, 1992. – J. RUFFIÉ, *La médecine prédictive,* éd. O. Jacob, 1993. – M. VÉRON, *Éthique biomédicale, empreintes génétiques et sanction pénale.* Présentation des lois n° 94-653 et 94-654 du 29 juillet 1994, éd. Techniques, Droit pénal, nov. 1994, chr. n° 65.

Ouvrages collectifs : *Génétique, procréation et droit,* Actes Sud, 1985. – *La génétique humaine : de l'information à l'informatisation,* sous la dir. des B. Knoppers, Litec, 1992. – *Vers un anti destin ? Patrimoine génétique et droits de l'humanité,* sous la direction de F. Gros et G. Huber, éd. O. Jacob 1992. – Actes du 3e congrès international d'éthique médicale, Ordre des médecins, 1991.

Rapports : F. SÉRUSCLAT *Rapport sur les sciences de la vie et les droits de l'homme,* 1990, fasc. 5 : « évaluation des conséquences des progrès de la génétique ». – N. LENOIR, *Aux frontières de la vie : une éthique biomédicale à la française,* éd. La documentation française, 1991, t. 1, – J.-F. MATTÉI, *La vie en questions : pour une éthique biomédicale,* 1994.

LEXIQUE

Acide désoxyribonucléique (A.D.N.) : au sein des chromosomes, très longue molécule en forme de double hélice, qui est le support des caractères génétiques sous la forme d'un code chiffré, les uns succédant aux autres (Rap. N. Lenoir).

Cellules : élément constitutif fondamental de tout être humain. Les cellules germinales – ou gamètes – sont les cellules reproductrices sexuées soit ovocytes ou spermatozoïdes possédant la moitié des chromosomes des autres cellules de l'organisme (Rap. C.E.).

Empreintes génétiques : analyse de fragments d'ADN appartenant à des séquences non codantes, c'est-à-dire 95 % du génome humain ; cette analyse ne donne pas d'indication sur les prédispositions pathologiques mais indique l'organisation génétique propre à chaque individu (Rap. N. Lenoir).

Gènes : séquence élémentaire d'ADN, ensemble de nucléotides situé en un point précis d'un chromosome et responsable de ses caractères.

Génie génétique : méthode grâce à laquelle on peut isoler les gènes et en décrypter le contenu informationnel (Rap. N. Lenoir p. 67). A permis le développement des programmes de recherche fondamentale sur le génome humain et le développement de la thérapie génique.

Génome : ensemble des gènes des chromosomes qui contiennent des informations génétiques (ou ensemble des gènes – environ 100 000 chez l'homme – contenus dans chaque cellule d'un organisme ou d'un être vivant ?)

L'intérêt du déchiffrage des gènes humains comporte deux volets :

Cartographie : localisation des gènes déjà connus sur les chromosomes afin d'analyser notamment les réarrangements chromosomiques qui se produisent dans des situations pathologiques (N. Lenoir t. I p. 67).

Séquençage de l'ADN, vise à identifier de nouveaux gènes pour en étudier les fonctions.

Thérapie génique : technique consistant à intervenir sur l'ADN du génome humain pour corriger un défaut génétique à l'origine d'une maladie (Rap. N. Lenoir p. 75) : on recense plus de 4 000 maladies génétiques, cf. Rap. N. Lenoir p. 75 Rap. Mattéi, p. 143) ; en pratique l'intervention vise à modifier les cellules malades, mais non à les remplacer et se pratique à l'extérieur du malade après prise de sang.

On distingue les thérapies géniques dites somatiques qui en sont encore le plus souvent au stade de l'expérimentation et sont utilisées aux conditions de cette dernière et les thérapies dites germinales qui ont pour effet de modifier le patrimoine génétique d'un sujet et sa descendance (Rap. Mattéi p. 105, Rap. Lenoir p. 81) et sont interdites par la loi (chap. I n° 48).

Tests génétiques. À la différence des empreintes génétiques, les testes génétiques portent sur l'analyse des séquences **codantes** c'est-à-dire significatives de l'ADN. Ils révèlent les caractéristiques biologiques d'un individu ainsi que ses prédispositions à telle ou telle maladie et sont effectués dans le cadre de la médecine prédictive (v. diagnostic prénatal)

ÉLÉMENTS DE RÉFLEXION

1) Éthique

C'est tout d'abord l'éthique – mais aussi l'économie – qui eut à régir les progrès génétiques et tous les programmes de recherche américains, européens et français comportent un volet éthique avec financement adéquat (Rap. N. Lenoir p. 70 et s.)

En Europe, les textes les plus nombreux émanent des institutions du conseil de l'Europe :

Recommandation n° R. (90) 3 du comité des ministres sur la recherche médicale sur l'être humain.

Recommandation n° R (90) 13 du comité des ministres sur le dépistage génétique anténatal, le diagnostic génétique anténatal et le conseil génétique y relatif.

Recommandation n° R (92) 1 adoptée par le comité des ministres du conseil de l'Europe sur l'utilisation des analyses de l'acide désoxyribonucléique dans le cadre de la justice pénale.

Recommandation n° R (92) 3 du comité des ministres sur les tests et le dépistage génétique à des fins médicales.

Quoique le rôle de la CEE soit secondaire, (v. cep. M. Delmas-Marty, sur la part de l'Europe des droits de l'homme et de l'Europe des marchands en la matière *in* Europe du marché, Europe des droits de l'homme, au colloque « Patrimoine génétique et droits de l'humanité » organisé sous l'égide de la commission des communautés européennes in Vers un anti destin p. 414) un programme communautaire d'analyse du génome humain prévoit la remise au parlement, au conseil des ministres et au comité économique et social d'un rapport annuel établi par la commission des communautés européennes et il se traduit également par la création d'un observatoire européen.

En France, le comité consultatif national d'éthique a eu en ce domaine une activité de réflexion dense et parfois évolutive en fonction des progrès scientifiques (par exemple en matière de thérapie génique) :

– Avis sur les problèmes posés par le diagnostic prénatal et périnatal du 13 mai 1985 (n° 5)

– Avis relatif à la diffusion des techniques d'identification par analyse de l'ADN (technique des empreintes génétiques) du 15 décembre 1989 (n° 17).

– Avis sur la thérapie génique du 13 décembre 1990 (n° 22)

– Avis sur l'application des tests génétiques aux études individuelles, études familiales et études de population (Problème des « banques » de l'ADN, des « banques » de cellules et de l'informatisation des données) du 24 juin 1991 (n° 25).

– Avis sur la non commercialisation du génome humain. Rapport. Réflexions générales sur les problèmes éthiques posés par les recherches sur le génome humain du 2 décembre 1991 (n° 27).

– Questions éthiques posées par l'obligation de tests génétiques pour les concurrentes des jeux d'Alberville du 27 janvier 1992 (n° 30).

– Avis sur le recensement des glaucomateux en France et la localisation chromosomique du ou des gènes responsables du 19 janvier 1993 (n° 33).

– Avis sur l'application des procédés de thérapie génique somatique du 22 juin 1993 (n° 36)

– Dépistage du risque de la trisomie 21 foetale à l'aide des tests sanguins chez les femmes enceintes du 22 juin 1993 (n° 37).

2) Droit comparé (Rap. N. Lenoir, t. II, 3e partie)

Législations sur l'utilisation des tests et empreintes génétiques

Danemark : une loi autorise et encadre l'utilisation des empreintes génétiques en matière procédurale et de recherche de filiation. Une loi interdit le clonage.

Allemagne. Absence de législation sur l'utilisation des tests et empreintes génétiques mais une loi d'octobre 1990 interdit le clonage.

Espagne, utilisation en pratique de l'analyse de l'ADN par la police.

États Unis, recherche sur le génome importante, développement de l'éthique.

Italie, utilisation en pratique des empreintes génétiques.

Royaume-Uni, utilisation fréquente en pratique malgré l'absence de législation.

Suède, autorisation des recherches sur l'ADN et thérapie génique mais interdiction légale du clonage.

(Selon J.N. Mazen, Certains pays autorisent tests et empreintes génétiques : états-Unis, Allemagne, Danemarck, Royaume-Uni (cf. Rap. N. Lenoir, t. II, 3e partie).

3) Les empreintes génétiques : intérêt scientifique et risques d'atteinte au respect de la vie privée

La technique qui présente un taux de fiabilité « quasi absolu » (Rap. Mattéi p. 144) permet à partir de l'analyse d'un cheveu, peau, ongle, même après plusieurs années car l'ADN est très résistant et éventuellement à l'insu de la personne, d'identifier un suspect en matière pénale, ou d'affirmer l'existence d'un lien de filiation en matière civile ; or en ce domaine, la science ne permettait que d'exclure une paternité sans pouvoir déterminer la filiation avec précision (Rap. Mattéi p. 107 et s. Rap. Lenoir, p. 72 et s.)

Cette technique, qui peut se faire sans le consentement de la personne, et confère un rôle accru à la filiation biologique comporte donc des risques d'atteinte à la paix des familles si elle était d'accès libre en faisant apparaître le caractère adultérin de certaines filiations (chiffrées en pratique de 10 à 20 % des enfants légitimes), ce qui implique des réserves à la fois des juristes et du Conseil de l'Ordre des médecins et de l'Ordre des avocats à la cour de Paris.

C'est pourquoi le législateur français a limité le recours aux empreintes génétiques ; mais la commission Mattéi, fait remarquer que rien n'empêcherait des personnes désireuses d'obtenir une identification par empreintes génétiques d'envoyer par la poste des prélèvements sanguins dans des laboratoires existant dans les pays admettant le libre accès aux empreintes génétiques tels la Suisse, la Grande-Bretagne, l'Allemagne (Rap. Mattéi, p. 145).

4) Les examens génétiques : les avantages et les risques

La médecine dite *« prédictive »* permet le recours à la thérapie génique de manière évolutive. Ainsi le comité national d'éthique dans son avis n° 22 du 13 décembre 1990, l'admettait à certaines conditions – interdiction de la thérapie germinale, recherche des maladies monogéniques – en considérant qu'elle était au stade des recherches : mais l'avis n° 36 du 22 juin 1993 l'admet en tant que traitement après expérimentation suffisante chez l'animal, en l'absence d'autre traitement possible, et après une information *« empreintes d'objectivité, de retenue de mesure et de réalisme ».* Son intérêt thérapeutique est cependant limité car la prédiction ne peut jamais avoir une certitude absolue (cf. diagnostic prénatal). De plus outre qu'elle renvoie à l'interrogation fondamentale – sommes-nous prêts à assumer un destin annoncé à l'avance ? (J.F. Mattéi, Rap. préc. p. 108) – elle comporte des risques d'eugénisme.

En droit du travail et en droit des assurances la pratique d'examens génétiques comporte des risques de discrimination, employeurs et assureurs ayant intérêt à connaître les prédispositions physiques de leur contractant *(cf. N.J. Mazen « Tests et empreintes génétiques ; du flou juridique au pouvoir scientifique, Les Petites Affiches, n° spécial Bioéthique, Les lois du 29 juillet 1994, p. 74/75).* En droit du travail, la législation française exclut la prise en compte d'éléments pathologiques à propos des visites d'embauche ou la réalisation de tests. Cette question a cependant été soulevée pour l'embauche des pilotes d'avion à propos de certaines maladies dégénératives du système nerveux central *(cf. D. Roy, Carte génétique, protection de la personne et de la société démocratique, in Actes du 3e congrès international d'éthique médicale, ordre des médecins 1991)* et à ce propos le rapport Mattéi, admettait une exception, encadrée par la loi (Rap. p. 143).

En droit des assurances, l'assuré doit informer en toute bonne foi l'assureur sur son état de santé, sous peine d'être déchu de ses droits (C. ass. art. L. 113-8).

5) La question de la brevetabilité du génome humain

a) Le décryptage des gènes organisé dans le cadre du programme de recherche sur le génome humain est potentiellement générateur de conséquences scientifiques et industrielles considérables : qui aura accès aux informations, et quel usage sera fait des connaissances ? Ces recherches et leurs applications soulèvent la question de la brevetabilité du génome humain, question complexe qui se situe aux confins de la protection des personnes – car un brevet sur le génome humain, se heurte au principe d'indisponibilité – et du droit des brevets, eu égard à la nature particulière du génome humain. La question de la brevetabilité fait actuellement l'objet de nombreuses discussions, en particulier aux États-Unis (sur cette question, Rap. Sérusclat, Fasc. n° 5 Évaluation des conséquences des progrès de la génétique, p. 29 et s.) d'autant que certains chercheurs étrangers souhaiteraient être désormais associés aux profits ; un colloque a été organisé en France en janvier 1995 par l'Académie des sciences sur le thème de la propriété intellectuelle dans le domaine du vivant (Quot. méd. 26 janv. 1995).

La loi n° 94-653, du 29 juillet 1994 modifiant l'article L. 611-17 du code de la propriété intellectuelle, a déclaré non brevetable, *« le corps humain, ses éléments et ses produits, ainsi que la connaissance de la structure totale ou partielle d'un gène humain, en tant que tels »* (L. art. 7). La loi confirme l'opposition à la brevetabilité du génome humain, émise par le comité national d'éthique dans un avis du 2 décembre 1991 (v. infra) mais est plus tolérante que le projet de loi, suggérant de distinguer la brevetabilité de la découverte d'un gène et celle des techniques permettant de l'isoler ou de l'utiliser sur recommandation d'ailleurs du rapport Mattéi p. 140. L'article 7 laisse donc le champ libre à la brevetabilité concernant l'utilisation des gènes.

Sur le plan européen, une évolution semblable apparaît : le projet de directive sur la brevetabilité des inventions technologiques relative notamment au génome humain (Proposition de directive du Conseil concernant la protection juridique des inventions biotechnologiques, présentée par la commission, Com. (88) 496 final, SYN 159 Bruxelles 21 octobre 1988) il avait suscité des inquiétudes quant à une éventuelle appropriation du vivant (M.A. Hermitte et B. Edelman, L'homme la nature le droit) et avait fait l'objet d'un compromis entre les représentants de l'assemblée et ceux des ministres des quinze selon la procédure de codécision instaurée par le traité de Maastricht (Le Monde 28 janv. 1995) excluant la brevetabilité des éléments du corps humain *« en tant que tels »* mais l'admettant pour *« une invention incluant des éléments susceptibles d'application industrielle et obtenus par un procédé technique à partir du corps humain de manière telle qu'ils ne sont plus directement liés à un individu spécifique »* qui vient en définitive d'être repoussé par l'assemblée le 1er mars 1995 (*Le Monde* 3 mars 1995, Quot. méd. 3 mars 1995) sous l'influence des écologistes au motif que les garanties seraient insuffisantes. Mais l'on souligne que ce rejet n'aura pour effet que d'empêcher un contrôle des brevets déjà délivrés pour les substances génétiques par l'Office européen des brevets (O.E.B.). Le contrôle est pour l'instant de la compétence de la Cour européenne de Justice et les brevets délivrés par l'OEB peuvent être attaqués devant les juridictions nationales (Y.D. la vie judiciaire 27 fév. au 5 mars 1995).

Un courant doctrinal est favorable à la brevetabilité et critique l'opposition à la brevetabilité sous l'angle du droit des personnes et du droit des brevets ; il est souligné que l'avis du comité national d'éthique a été rendu *contra légem*, en dehors du champ de compétence du CCNE, et fait une mauvaise interprétation de concepts juridiques connus (J.C. Galloux, Ethique et brevet ou le syndrome bioéthique, D.S. 1993, p. 93). A l'argument selon lequel la non brevetabilité découlerait de l'indisponibilité du corps humain, il est rétorqué que si le principe de gratuité s'oppose à une rémunération directe des personnes pour les cellules ou connaissances génétiques, il ne s'oppose pas à la rémunération de ces personnes pour les produits dérivés transformés conformément aux décisions du conseil de l'Europe tels médicaments, banques de données (cf. N.J. Mazen, ibid) (v. projet de directive).

L'opposition à la brevetabilité est critiquée également sous l'angle du droit des brevets au motif que le droit de brevet porte sur une création et non sur un objet corporel et rémunère le travail des chercheurs *(J.C. Galloux, De corpore jus, n° 23 ; et, v. cep. sur complexité, Mattéi, rap. cit. p. 111).*

SOUS-TITRE II

Droits des patients

210. Indépendamment de la protection du droit à la santé envisagée sous l'angle des droits économiques et sociaux et de la protection sociale (voir sur cette question, vol.) le patient – terme préféré maintenant à celui de malade pour le nouveau Code de déontologie – dispose d'un certain nombre de prérogatives afin d'obtenir les soins nécessaires au corps humain et de garder le secret sur sa santé. L'évolution des maladies et de l'informatique rend nécessaire le rappel des principes protecteurs.

CHAPITRE I

DROIT AUX SOINS

211. Un auteur remarque que, du moins en Europe, *« en matière de relations thérapeutiques, c'est-à-dire de relations entre le patient et le médecin, le rapport est en réalité triple étant donné qu'en plus des relations entre patient et médecin, patient et société, il faut aussi considérer la relation entre le patient et son corps » (F. Albanèse, La liberté du patient devant le traitement et la mort, éd. Y. Blais 1986, p. 484).* Et l'auteur de souligner qu'avec les progrès de la médecine et de la biologie ce triple rapport est, dans beaucoup d'états, de plus en plus empreint *« d'incertitude et de tension »*. En France, la législation la plus récente en matière de soins médicaux – lois sur l'expérimentation, lois de bioéthique – fait produire progressivement davantage d'effets au consentement individuel, et en même temps confère un poids plus importants aux pouvoirs publics, dans l'organisation, le contrôle, la gestion de l'application de nouvelles techniques.

Ces triples rapports se traduisent parfois par une opposition entre ordre public et liberté individuelle, généralement arbitrée par le médecin, tant en ce qui concerne l'accès aux soins, que le refus de soins, ou l'obligation aux soins.

§ I ACCÈS AUX SOINS

212. La nation doit garantir à tous un droit à la santé *(J. Robert, col. J. Duffar, Droits de l'homme et libertés fondamentales, Ed. Montchrestien p. 190)* et selon l'article 3 de la Convention, « un accès équitable aux soins de santé. Il est donc indispensable d'assurer à l'homme malade, – ou le patient – la thérapeutique nécessaire, la thérapeutique étant définie comme la médecine *« qui étudie et met en application les moyens propres à guérir et à soulager les malades. » (Dict. Médecine, éd. Flammarion).*

Mais seules les nécessités thérapeutiques justifient l'atteinte à l'intégrité physique de la personne comme l'a rappelé la loi n° 94-653 du 29 juillet 1994 et intégrée dans l'article 16-3 al. 1 du code civil *(supra n° 40 et s.)* la violation du principe entraînant des sanctions pénales.

Le critère de nécessité thérapeutique est à contenu variable, s'entend de plus en plus largement et il est empreint d'ambiguïté. Ainsi la procréation assistée est justifiée par une nécessité thérapeutique, mais en réalité, l'insémination artificielle hétérologue est une aide apportée à la femme alors qu'il s'agit d'une stérilité de l'homme. De même les textes autorisant les prélèvements d'organes, justifient les atteintes à l'intégrité physique par un but thérapeutique mais pour autrui.

Aussi existe-t-il des limites à la nécessité thérapeutique : d'une part parce que toute thérapeutique ne saurait justifier un acte médical invasif, d'autre part parce que le médecin n'est pas tenu d'accepter toute demande de thérapeutique.

A. – LIMITES

213. La personne – ou le patient – peut donc en principe demander un acte médical justifié par une nécessité thérapeutique. Le médecin ne saurait opposer un refus de soins injustifié sous peine d'encourir des sanctions pénales pour non assistance à personne en danger, que ce soit pour une raison médicale, *(J.H. Soutoul, Le médecin face à l'assistance à personne en danger, éd. Maloine, 1991)* ou a fortiori pour une raison tout à fait étrangère et discriminatoire : raison politique, refus de soigner la fille d'un magistrat au motif que ce dernier avait condamné des nord-africains *(cf. T.G.I. Charleville 6 fév. 1952 cité par J.H. Soutoul p. 73)*, raisons racistes *(T.G.I. de Saint-Dié, 11 déc. 1952, cité par J.H. Soutoul)* ou plus étonnant encore, crainte de la transmission du sida.

Toutefois il est de jurisprudence constante, que le médecin doit refuser de pratiquer un acte médical non justifié par la thérapeutique ou, trop risqué. Mais la notion de maladie est elle-même à contenu variable et il existe des risques de débordement des nécessités thérapeutiques lorsqu'interviennent des facteurs psychologiques débouchant sur une sorte de médecine de convenance que le médecin n'a pas le droit de satisfaire. La difficulté d'appréciation de la nécessité thérapeutique apparaît tout particulièrement dans plusieurs domaines de soins : chirurgie esthétique, stérilisation (supra n° 79), interruption thérapeutique de grossesse (supra n° 83), *(v. G. Mémeteau, Le droit médical, Ed. Litec, p. 453 – M. Harichaux, Jur. Cl. resp. civ. Fasc. 440-1)*, et tout particulièrement en matière de transsexualisme.

B. – TRANSSEXUALISME

214. Dans le cas du transsexualisme il s'agit également de savoir si le médecin doit accéder à toute demande d'intervention chirurgicale correctrice, étant admis que le transsexualisme soulève à la fois une question de protection des personnes, des questions juridiques et sociologiques. En effet le transsexuel recherche d'abord une mise en conformité physique par des traitements hormonaux et chirurgicaux et ensuite l'intéressé demande une mise en conformité sociale, sous forme de modification du prénom et du sexe sur les registres d'état civil *(D. Salas, Sujet de chair et sujet de droit : la justice face au transsexualisme, P.U.F. 1994, p. 58)*.

Pour respecter les règles juridiques, et maintenant la loi n° 94654 du 29 juillet 1994, le chirurgien ne devrait accéder à la demande du transsexuel, nécessairement génératrice d'atteinte à l'intégrité physique, que si cette dernière peut se justifier par un but thérapeutique ce qui suppose un critère médical aussi précis que possible du transsexualisme. Certaines interventions chirurgicales sont sans aucun doute licites si elles sont justifiées par d'impérieuses raisons médicales *(J.M. Auby, op. cit. p. 429. – J. Penneau note sous Civ. I 16 déc. 1975, J.C.P. 1976, II, 18503)*. A l'inverse est jugée illicite l'intervention non justifiée par un véritable transsexualisme *(Aix en Provence, 23 avr. 1990 : J.C.P. 91, II, 21720 note G. Mémeteau)* ; en l'espèce, ablation de l'appareil génital d'un homosexuel (l'homosexualité n'ayant pas les conséquences psychologiques du transsexualisme). Mais la réponse est souvent complexe compte tenu des appréciations variées et de l'évolutivité du critère médical du transsexualisme.

215. Contrairement à certains pays étrangers, *(B. Beignier, op. cit. p. 17)* la jurisprudence française a d'abord adopté une attitude assez rigoureuse à l'égard du traitement du transsexualisme au motif que la détermination chromosomique du sexe est *biologiquement invariable*, « indépendante des manifestations et attributs externes, des convictions cérébrales ou attitudes relationnelles » *(J.P. Gridel, op. cit. p. 644)*. Aussi la cour de cassation a tout d'abord rejeté les demandes au nom du principe d'indisponibilité des personnes *(Cass. civ. 16 déc. 1975 : D. 976, 399, note Lindon ; J.C.P. 76, éd. G. II, 18503, note J. Penneau ; RP. T.D. Civ. 1976, 119, obs. Nerson)*. Après quelques tentatives d'ouverture *(Cass. civ. 30 nov. 1983 : D. 1984, 165, note B. Edelman ; J.CP. 84, éd. G. II, 20222 note J. Penneau. – 3 mars 1987 : Gaz. Pal. 1987, I, note E.S. de la Marnierre)* la cour est revenue à une attitude nettement opposée à la thèse des transsexuels en 1990 *(Cass. 21 mai 1990 : Bull. civ. I, n° 117 – J.C.P. 90, II, 21588, Rap. Massip)* en refusant toute modification d'état civil au motif qu'il n'y a pas véritablement changement de sexe, et qu'il n'y a pas d'atteinte à l'article 8 de la convention européenne des droits de l'homme.

216. Les juridictions du fond, beaucoup plus sensibles à l'évolution de la maladie ressentie au travers des expertises, ont été divisées. Certaines refusaient d'admettre la légitimité de l'intervention *(Trib. gr. inst. Seine 18 janv. 1965, II, 14421, concl. Fabre ; Rev. trim. dr. civ. 1966, 74, obs. Nerson. – Paris 18 janv. 1974 ; D.S. 74, 196, obs. Nerson. – Paris 18 janv. 1974 : D.S. 74, 196 conc. Granjon : Rev. trim. dr. civ. 801, obs. Nerson. – Limoges 4 juin 1975 : D.S. 1975, somm. 121 ; même sens : Paris 24 fév. 1978, J.C.P. 79, II, 19202, note Penneau. – Trib. gr. inst. Paris 17 sept. 1979 : J.C.P. 80, éd. G. IV, 399. – Trib. gr. inst. Saint-Étienne 26 mars 1980 : D.S. 81, 270. – Nancy 22 avr. 1982 : J.C.P. 82, II, 20222, note Penneau. – Trib. gr. inst. Paris 7 déc. 1982 : Gaz. Pal. 1983, 2, 607, note Sutton)*, soit en relevant que les modifications étaient purement volontaires, « artificielles » *(Trib. gr. inst. Seine 18 janv. 1965 précité. – Paris 18 janv. 1974 précité. – Limoges 4 juin 1975 précité. – Trib. gr. inst. Paris 17 sept. 1979 précité. – Nancy 22 avril 1982 précité)*, soit parce que le demandeur ne paraissait pas présenter les caractéristiques suffisantes pour être rattaché à un autre sexe *(Paris 24 fév. 1978 précité)* ou encore parce qu'il ne s'agissait pas d'un transsexualisme véritable *(Trib. gr. inst. Paris 7 déc. 1982 préc.)*

D'autres tribunaux à l'inverse admettaient la licéité de l'intervention *(Trib. gr. inst. Toulouse 25 mai 1978 et Toulouse 11 oct. 1978, J.C.P. 82, éd. G. II, 19782, note Penneau)* en tenant compte prioritairement du critère psychologique du sexe pour assoupir le principe d'indisponibilité de l'état des personnes *(D. Salas, op. cit. p. 57).*

217. La jurisprudence a brusquement évolué en 1992. Tout d'abord la Cour européenne des droits de l'homme a condamné l'attitude de la France, dans un arrêt du 25 mars 1992 *(Aff. B. c. France, 57/1990/248/319 J.C.P. 92, II 21955, note T. Garé, R.T.D. civ. 1992, 540, note Hauser, D.S. 1993, p. 101, note Marguenaud v. infra)* au motif que la jurisprudence française en portant atteinte au respect de la vie privée des transsexuels, viole l'article 8 de la convention européenne des droits de l'homme *(sur critiques, J.P. Gridel op. cit. p. 644. – Rubellin Devichi J.C.P. 92 I, 3593 relevant une argumentation peu convaincante et soulignant l'attitude prudente de la cour de cassation. – G. Cornu, Introduction p. 214. – Lombois, La position française sur le transsexualisme devant la cour européenne des droits de l'homme, D. 1992, chr. 323).*

VOIR ANNEXE XI - DOC 1 - P. 165

Par suite la cour de cassation, afin de « *devancer le législateur* », a modifié sa jurisprudence antérieure pour « *contrôler le mouvement plutôt que de laisser la loi mettre le droit français en harmonie avec la solution européenne* » *(G. Cornu, ibid)*. Elle a, dans un arrêt de l'assemblée plénière du 11 décembre 1992 admis une demande en rectification d'état civil, en se fondant cette fois sur le critère psychologique du sexe et sur le respect de la vie privée *(Cass. Ass. Plén. 11 déc. 1992, 2 arrêts, J.C.P. 93, II, 21991, conc. Jéol., note G. Mémeteau)*. L'arrêt de la cour de cassation ne se prononce certes que sur une action d'état civil, mais il justifie implicitement la légitimité de l'intervention correctrice en soulignant toutefois qu'elle doit être effectuée dans un « *but thérapeutique* ». Autrement dit la modification de sexe demeure en principe illicite si le transsexuel poursuit un but de « *confort personnel* » *(M. Véron Fasc. 56, n° 6)* et constitue alors soit le délit de blessures volontaires pouvant être sanctionnée selon l'ex article 316 du code pénal soit le crime de castration *(Trib. gr. inst. Seine 18 janv. 1965 : J.C.P. 65, éd. G. II, 14421, conc. Fabre, obs. Nerson ; R.T.D. civ. 1966, 74)*.

VOIR ANNEXE XI - DOC 2 - P. 171

218. Cette question semble donc fixée en France. La doctrine était divisée à propos de la prise en considération thérapeutique du transsexualisme *(en faveur M. Gobert J.C.P. 88, II 3361 et J.C.P. 90, I, 3475. – G.M.*

Fauré R.T.D. san. et soc. 1989, I, J.-P. Branlard, Le sexe et l'état des personnes, Th. Paris II 1991, p. 403. – J. Penneau, Jur. Cl. Pen. Annexes, Fasc. 4 n° 10, dans la mesure où il s'agit d'un véritable transsexualisme ; contra : G. Cornu, Introduction, 5e éd. n° 564 bis. – J.-P. Gridel, op. cit).

Selon certains auteurs, le revirement de jurisprudence adopté en France par la cour de cassation, permettant de faire admettre plus facilement le but curatif, rend sans doute sans objet un projet de législation *(M. Véron, art. préc.)*.

Annexe XI

Doc 1

(Cour européenne des droits de l'homme,
25 mars 1992 aff. B. c. France *(extraits)*)

La Cour : – Procédure : (...) – En ait : – I. – Les circonstances de l'espèce :
– 9. Citoyenne française née en 1935 à Sidi Bel Abbès, en Algérie, la requérante fut déclarée de sexe masculin à l'officier d'état civil, sous les prénoms de Norbert et Antoine. A. *La genèse de l'affaire :* – 10. Aînée de cinq enfants, Mlle B. adopta dès son plus jeune âge un comportement féminin. Considérée par ses frères et soeurs comme une fille, elle se serait mal adaptée à un milieu scolaire ignorant toute mixité. Elle accomplit en Algérie, en tant qu'homme, son service militaire, pendant lequel elle manifesta un comportement homosexuel. Après s'être vouée pendant cinq ans à l'alphabétisation de jeunes Kabyles, elle quitta l'Algérie en 1963 et s'établit à Paris, où elle travailla dans un cabaret sous un pseudonyme. – 11. Angoissée par sa féminité, elle souffrait de dépressions nerveuses qui culminèrent en 1967, époque à laquelle elle fut hospitalisée pendant un mois. Le médecin qui la soignait depuis 1963 observa une hypotrophie de ses organes génitaux masculins et prescrivit une hormonothérapie féminisante qui entraîna rapidement un développement mammaire et la féminisation de sa physionomie. La requérante adopta désormais un habillement féminin. En 1972, elle se soumit au Maroc à une intervention chirurgicale, consistant dans l'exérèse des organes génitaux externes et la création d'une cavité vaginale (paragr. 18 ci-dessous). – 12. Mlle B. vit aujourd'hui avec un homme qu'elle a rencontré peu avant son opération et qu'elle a immédiatement informé de sa situation. Elle ne se produit plus sur scène et les réactions d'hostilité qu'elle susciterait l'auraient empêchée de trouver un emploi. – *B. L'action intentée par la requérante :*

– 1. Devant le Tribunal de grande instance de Libourne :

– 2. Devant la Cour d'appel de Bordeaux :

– 3. Devant la Cour de cassation :

– II. – Le droit et la pratique internes pertinents :

- Procédure devant la commission : – 29. Dans sa requête du 28 septembre 1987 à la commission (n° 13343/87), Mlle B. se plaignait du refus des autorités françaises de reconnaître sa véritable identité sexuelle et notamment de lui accorder la modification d'état civil qu'elle sollicitait. Elle invoquait les articles 3, 8 et 12 de la convention. – 30. La commission a retenu la requête le 13 février 1990 à l'exception du grief tiré de l'article 12, qu'elle a rejeté pour non-épuisement des voies de recours internes. Dans son rapport du 6 septembre 1990 (art. 31), elle conclut à la violation de l'article 8 (dix-sept voix contre une), mais non de l'article 3 (quinze voix contre trois)............

II. – Sur le fond : – A. *Sur la violation alléguée de l'article 8 :* – 43. Selon la requérante, le refus de reconnaître sa véritable identité sexuelle enfreint l'article 8 de la convention, ainsi libellé :

1. Toute personne a droit au respect de sa vie privée et familiale, de son domicile et de sa correspondance.

2. Il ne peut y avoir ingérence d'une autorité publique dans l'exercice de ce droit que pour autant que cette ingérence est prévue par la loi et qu'elle constitue une mesure qui, dans une société démocratique, est nécessaire à la sécurité nationale, à la sûreté publique, au bien-être économique du pays, à la défense de l'ordre et à la prévention des infractions pénales, à la protection de la santé ou de la morale, ou à la protection des droits et libertés d'autrui.

– Faute de consentir à corriger la mention de son sexe tant sur le registre d'état civil que sur ses pièces officielles d'identité, les autorités françaises la contraindraient à révéler à des tiers des informations d'ordre intime et personnel ; elle rencontrerait aussi de grandes difficultés dans sa vie professionnelle. -44. La notion de « respect » inscrite à l'article 8, la cour le rappelle d'emblée, manque de netteté. Il en va surtout ainsi quand il s'agit, comme en l'occurrence (arrêts Rees et Cossey c. Royaume-Uni 17 oct. 1986 et 27 sept. 1990 : *Série A, n° 106, p. 14, § 35, et n° 184, p. 15, § 36*), des obligations positives qu'elle implique, ses exigences variant beaucoup d'un cas à l'autre selon les pratiques suivies et les conditions régnant dans les états contactants. Pour déterminer s'il existe une telle obligation, il faut prendre en compte le juste équilibre à ménager entre l'intérêt général et les intérêts de l'individu (V. notamment l'arrêt Cossey préc. *p. 15, § 37*). – 45. Selon Mlle B., on ne saurait considérer sa requête comme identique, en substance, à celles de M. Rees et Mlle Cossey, dont la Cour a eu à connaître précédemment. – Tout d'abord, elle s'appuierait sur des éléments scientifiques, juridiques et sociaux nouveaux. – En outre, il existerait en la matière une différence fondamentale entre la France et l'Angleterre quant à leur législation et à l'attitude de leurs pouvoirs publics. – Dès lors, l'application même des critères retenus dans les arrêts précités des 17 octobre 1986 et 27 septembre 1990 devrait amener à condamner la France dont le droit, contrairement à celui de l'Angleterre, irait jusqu'à méconnaître l'apparence que les transsexuels se donnent légitimement. La requérante invite d'autre part la cour à pousser son analyse plus avant que dans les deux affaires susmentionnées : elle souhaite voir juger qu'un état contractant viole l'article 8 s'il nie de manière générale la réalité du sexe psychosocial des transsexuels. – 1. *Sur l'évolution scientifique, juridique et sociale :* – 46. a) Dans son arrêt Cossey, la cour a déclaré « n'a (voir) connaissance d'aucun progrès scientifique significatif accompli » depuis son arrêt Rees : « il demeur(ait) vrai, notamment (...), qu'une opération de conversion sexuelle n'entrain(ait) pas l'acquisition de tous les caractères biologiques du sexe opposé » *(loc. cit., p. 16, § 40)*. – Or, d'après la requérante, la science paraît apporter deux éléments nouveaux dans le débat relatif au contraste entre l'apparence (sexe somatique transformé, sexe gonadique « bricolé ») et la réalité (sexe chromosomique inchangé mais sexe psychosocial opposé) du sexe des transsexuels : d'un côté, le critère chromosomique n'aurait rien d'infaillible (cas des personnes pourvues de testicules intra-abdominaux dit féminisants, ou dotées de chromosomes XY malgré leurs dehors féminins) ; de l'autre, les recherches en cours donneraient à penser que l'ingestion de certaines substances à un stade donné de la grossesse, ou dans les premiers jours de la vie, déterminerait un comportement transsexuel, et que le transsexualisme pourrait découler d'une anomalie chromosomique. Le phénomène pourrait donc avoir une explication non seulement psychique, mais matérielle, si bien que l'on ne saurait invoquer aucun prétexte pour refuser d'en tenir compte sur le plan du droit. – b) En ce qui concerne les aspects juridiques du problème, Mlle B. s'appuie sur l'opinion dissidente du juge Martens, jointe à l'arrêt Cossey *(Série A, n° 184, p. 35-36, § 5.5.) :* les dissemblances qui subsistent entre les états membres du Conseil de l'Europe quant à l'attitude à adopter envers les transsexuels *(ibidem, p. 16, § 40)* seraient, de plus en plus, contre-balancées par l'évolution de la législation et de la jurisprudence de nombre de ces états. Des résolutions et recommandations de l'Assemblée du Conseil de l'Europe et du Parlement européen iraient dans le même sens. – c) L'intéressée souligne enfin la rapidité des mutations sociales que connaissent les états européens et la diversité des cultures représentées par ceux d'entre eux qui ont adapté leur droit à la situation des transsexuels. – 47. Le Gouvernement ne conteste pas qu'au XXe siècle, et surtout au cours des trente dernières années, la science a réalisé des avancées considérables dans l'utilisation des hormones sexuelles, tout comme en chirurgie plastique et prothésique, et que la question de l'identité sexuelle reste en pleine évolution sur le plan médical. Néanmoins, les transsexuels conserveraient leur sexe chromosomique d'origine : on ne réussirait à modifier que leur apparence. Or le droit devrait s'attacher à la réalité. En outre, on ne saurait banaliser des opérations qui présentent des dangers certains. – Les droits nationaux évolueraient eux aussi et beaucoup d'entre eux auraient déjà changé, mais les nouvelles lois ainsi promulguées ne consacreraient pas des solutions identiques. – Bref, on se trouverait dans une période de flottement juridique, moral et social. – 48. La cour estime indéniable que les mentalités ont évolué, que la science a progressé et que l'on attache une importance croissante au problème du transsexualisme. – Elle note cependant, à la lumière des études et travaux entrepris par des experts en la matière, que toute incertitude n'a pas disparu quant à la nature profonde du transsexualisme et que l'on s'interroge parfois sur la licéité d'une intervention chirurgicale en pareil cas. Les situations juridiques qui en résultent se révèlent en outre très complexes : questions de nature anatomique, biologique, psychologique et morale liées à la transsexualité et à sa définition ; consentement et autres exigences à remplir avant toute opération ; conditions dans lesquelles peut être autorisé un changement d'identité sexuelle (validité, présupposés scientifiques et répercussions juridiques du recours à la chirurgie, aptitude à vivre avec la nouvelle identité sexuelle) ; aspects internationaux (lieu de l'intervention) ; effets juridiques, rétroactifs ou non, de pareil changement (rectification des actes d'état civil) ; possibilité de choisir un autre prénom ; confidentialité des documents et renseignements relatant le changement ; incidences d'ordre familial (droit de se marier, sort d'un mariage existant, filiation), etc. à ces divers égards, il ne règne pas encore entre les états membres du Conseil de l'Europe un consensus assez large pour amener la cour à des conditions opposées à celle de ses arrêts Rees et Cossey. – 2. *Sur les différences entre les systèmes français et anglais :* – 49. Selon la requérante, le sort des transsexuels apparait, à l'examen, beaucoup plus dur en France qu'en Angleterre sur une série de points. La commission souscrit en substance à cette opinion. – 50. Pour le Gouvernement au contraire, la cour ne saurait s'écarter, dans le cas de la France, de la solution adoptée par ses arrêts Rees et Cossey. Sans doute la requérante peut-elle subir, dans son existence quotidienne, des « distorsions » propres à la gêner, mais elles ne revêtiraient pas une gravité suffisante pour enfreindre l'article 8. A aucun moment les autorités françaises n'auraient dénié aux transsexuels le droit de mener leur vie à leur guise. L'histoire de l'intéressée en fournirait la preuve : nonobstant son état civil masculin, Mlle B. aurait réussi à passer pour une femme. Du reste, un transsexuel souhaitant que les tiers ignorent son sexe biologique se trouverait dans une situation analogue à celle d'une personne désireuse de préserver d'autres éléments de son intimité (âge, revenus, domicile, etc.). – En outre et d'une manière générale, la marge d'appréciation laissée aux états contractants porterait sur le choix tant des critères d'acceptation d'un changement de sexe que des mesures d'accompagnement dans l'hypothèse d'un refus. – 51. La cour constate d'emblée qu'il existe entre la France et l'Angleterre des différences sensibles quant à leur droit et à leur pratique en matière d'état civil, de changement de prénoms, d'emploi de pièces d'identité, etc. (paragr. 19-22 et 25 ci-dessus, à rappr. paragr. 40 arrêt Rees préc.). Elle recherchera ci-après les conséquences qui peuvent en résulter en l'espèce sur le terrain de la convention. – a) *L'état civil :* – i) *La rectification des actes de l'état civil :* 52. La requérante trouve d'autant plus condamnable le rejet de sa demande de rectification de son acte de naissance que la France ne peut, à l'égard du Royaume-Uni, se prévaloir d'obstacles majeurs liés au système en vigueur. – à propos de l'organisation de l'état civil en Angleterre, la cour aurait relevé que les registres avaient pour objet non de noter l'identité actuelle d'un individu, mais de relater un fait historique et que leur caractère public rendrait illusoire la protection de la vie privée si l'on consentait à les remanier ou compléter après coup de la sorte (arrêt Rees préc. : *Série A n° 106, p. 17-18, § 42*). Or il n'en irait pas de même en France. Les actes de naissance auraient vocation à être mis à jour tout au long de la vie de la personne concernée (paragr. 19 ci-dessus) ; on pourrait donc fort bien y signaler un jugement ordonnant de modifier l'indication du sexe d'origine. En outre, seuls y auraient directement accès les agents de l'état habilités à cet effet et les personnes munies d'une autorisation du procureur de la République ; leur publicité serait assurée par la délivrance de copies intégrales ou d'extraits. Partant, l'état français pourrait accueillir la revendication de la requérante sans réforme législative ; un revirement de jurisprudence de la Cour de cassation y suffirait. – 53. D'après le Gouvernement, la jurisprudence française en la matière n'est pas figée ; le droit semble traverser une phase de transition. – 54. Pour la commission, le Gouvernement ne présente aucun argument donnant à penser que la Cour de cassation accepterait de voir porter au registre de l'état civil le changement de sexe d'un transsexuel. En l'espèce, elle a rejeté le pourvoi au motif que la situation de la requérante découlait de son choix délibéré et non de données antérieures à l'opération. – 55. La cour commence par relever que rien n'aurait empêché après jugement, d'introduire dans l'acte de naissance de Mlle B., sous une forme ou une autre, une mention destinée sinon à corriger, à proprement parler, une véritable erreur initiale, du moins à refléter la situation présente de l'intéressée. Du reste, de nombreuses juridictions de première instance et d'appel ont déjà ordonné pareille insertion dans le cas d'autres transsexuels et le ministère public n'a presque jamais attaqué de telles décisions, désormais définitives dans leur grande majorité (paragr. 23 ci-dessus). Quant à la Cour de cassation, sa doctrine va dans le sens opposé mais elle pourrait évoluer (paragr. 24 ci-dessus). – La requérante, il est vrai, a subi son intervention chirurgicale à l'étranger, sans bénéficier de toutes les garanties médicales et psychologiques désormais exigées en France. L'opération n'en a pas moins entraîné l'abandon irréversible des marques extérieures du sexe d'origine de Mlle B. La cour estime que la détermination dont a témoigné l'intéressée constitue, dans les circonstances de la cause, un élément assez important pour entrer en ligne de compte, avec d'autres, sur le terrain de l'article 8. – ii) *Le changement de prénoms :* – 56. La requérante rappelle que la loi du 6 fructidor an II (paragr. 22 ci-dessus) interdit à tout citoyen de porter un nom ou prénom différents de ceux qui figurent sur son acte de naissance. Au regard de la loi elle se prénommerait donc Norbert ; toutes ses pièces d'identité (carte d'identité, passeport, carte d'électeur, etc.), ses chéquiers et son courrier officiel (téléphone, impôts, etc.) la désigneraient ainsi. Quant à la possibilité de changer de prénom, elle ne dépendrait pas comme au Royaume-Uni de sa seule volonté : l'article 57 du Code civil la subordonne à une autorisation judiciaire et à la démonstration d'un « intérêt légitime » propre à la justifier (paragr. 22 ci-dessus). Or Mlle B. ne connaîtrait aucune décision qui ait vu dans le transsexualisme la source d'un tel intérêt. De toute manière, le Tribunal de grande instance de Libourne puis la Cour d'appel de Bordeaux avaient refusé de lui attribuer les prénoms de Lyne Antoinette (paragr. 13-15 ci-dessus). Enfin, le statut des appellations d'usage serait fort incertain. – La commission souscrit en substance à cette thèse. – 57. Selon le Gouvernement au contraire, il existe en la matière une jurisprudence positive, abondante et soutenue par le parquet. Elle se bornerait à exiger le choix d'un prénom « neutre » comme Claude, Dominique ou Camille ; or la requérante avait demandé des prénoms exclusivement féminins. – D'autre part, beaucoup de personnes se serviraient couramment d'un « prénom d'usage » différent de celui que consigne leur acte de naissance. Le Gouvernement concède pourtant que cette pratique n'a aucune valeur légale. – 58. Les jugements et arrêts communiqués à la cour par le Gouvernement montrent bien que la non-reconnaissance du changement de sexe n'empêche pas forcément l'individu concerné d'obtenir un nouveau prénom destiné à mieux refléter son apparence physique (paragr. 23 ci-dessus). – Toutefois, cette jurisprudence ne se trouvait pas établie à l'époque où ont statué le Tribunal de Libourne et la Cour de Bordeaux ; en réalité, elle paraît ne l'être pas même aujourd'hui car la Cour de cassation semble n'avoir jamais eu l'occasion de le confirmer. En outre, elle n'ouvre qu'une porte fort étroite : le choix entre les quelques rares prénoms neutres. Quant aux prénoms d'usage, ils ne jouissent d'aucune consécration juridique. – En conclusion, la cour estime que le refus d'accorder à la requérante le changement de prénom souhaité par elle constitue lui aussi un élément pertinent sous l'angle de l'article 8. – b) *Les documents :* – 59. a) La requérante souligne que les documents officiels indiquant le sexe se multiplient : extraits de naissance, cartes d'identité informatisées, passeport des Communautés européennes, etc. Partant, un transsexuel ne saurait franchir une frontière, subir un contrôle d'identité ou accomplir l'une des multiples démarches de la vie quotidienne qui impliquent une justification d'identité, sans révéler la discordance entre son sexe légal et son sexe apparent. b) La mention du sexe se trouverait aussi sur toutes les pièces où apparaît le numéro d'identification attribué à chacun par l'INSEE (paragr. 26 ci-dessus). Or ce numéro serait d'un usage systématique dans les rapports entre les caisses de sécurité sociale, les employeurs et les assurés ; il figurerait en conséquence sur les bordereaux de versement des cotisations et sur les feuilles de paye. Un transsexuel ne pourrait donc cacher sa situation à un employeur potentiel et à son personnel administratif, ni dans les multiples occasions de la vie quotidienne où l'on doit prouver la réalité et le montant de son salaire (conclusion d'un bail), ouverture d'un compte en banque, demande de crédit, etc.). Des difficultés en résulteraient pour l'insertion sociale et professionnelle des transsexuels. Mlle B. en aurait elle-même été la victime. Le numéro de l'INSEE servirait également pour la tenue, par la Banque de France, de la liste des chèques volés ou sans provision. c) Enfin, la requérante traverserait des épreuves quotidiennes dans sa vie économique en ce que ses factures et ses chèques indiqueraient son sexe d'origine en sus des noms et prénoms. – 60. La commission souscrit en substance à la thèse de l'intéressée. D'après elle, celle-ci subit, en raison de la nécessité fréquente de révéler à des tiers des éléments relatifs à sa vie privée, des perturbations trop graves pour que le respect des droits d'autrui puisse les justifier. – 61. Le Gouvernement répond d'abord que la fiche d'état civil et de nationalité française, le permis de conduire, la carte d'électeur et la carte nationale d'identité traditionnelle ne signalent pas le sexe. – Sans doute n'en va-t-il pas de même du passeport communautaire, mais sa création découle de règlements de Bruxelles ; il ne s'agit donc pas d'une obligation de source française. Au demeurant, la requérante jouirait de la liberté de circulation indépendamment de son identité sexuelle et certains des exemples qu'elle cite manqueraient de pertinence ; ainsi, la déclaration d'un accident automobile ou d'un autre sinistre n'exigerait nullement l'indication du sexe de l'assuré. – Quant au numéro de l'INSEE, créé après la deuxième Guerre mondiale, à des fins de statistique démographique, on l'aurait utilisé par la suite pour identifier les bénéficiaires de prestations de la sécurité sociale française. Il ne servirait guère qu'à cela et ne figurerait ni sur les cartes d'identité, ni sur les passeports ou autres documents administratifs. De toute manière, les organismes publics auxquels on le communique seraient tenus au secret. Les employeurs, eux, auraient besoin de le reconnaître pour acquitter une partie des cotisations sociales de leurs salariés. – à ce sujet, le Gouvernement exprime l'opinion que si Mlle B. n'a pu trouver un travail rémunéré en dehors du monde du spectacle, la chose peut s'expliquer par beaucoup d'autres raisons que sa qualité de transsexuelle ; nombre de transsexuels exerceraient d'autres professions également honorables. Bien mieux : l'article 416-1 du Code pénal réprimerait toute discrimination à l'embauche fondée sur le sexe ou les moeurs de l'intéressé ; or aucun transsexuel ne l'aurait jamais invoqué. – Rien n'empêcherait non plus de demander aux banques que seuls apparaissent sur les chèques les nom et prénoms du tireur, non précédés de « M. », « Mme » ou « Mlle » (paragr. 27 ci-dessus), et elles ne vérifieraient pas la concordance des prénoms indiqués avec ceux qui figurent à l'état civil. De même, les factures ne mentionneraient pas d'ordinaire le sexe ni les prénoms du client, mais uniquement son nom (paragr. 28 ci-dessus). Les transsexuels disposeraient ainsi des moyens de préserver leur vie privée. – 62. La cour ne juge pas cette thèse convaincante. Avec la commission, elle estime que les inconvénients dont la requérante se plaint dans le domaine en question atteignent un degré de gravité suffisant pour entrer en ligne de compte aux fins de l'article 8. – c) *Conclusion :* – 63. La cour en arrive ainsi à conclure, sur la base des éléments susmentionnés qui distinguent le présent litige des affaires Rees et Cossey, et sans avoir besoin d'examiner les autres arguments de la requérante, que celle-ci se trouve quotidiennement placée dans une situation globale incompatible avec le respect dû à sa vie privée. Dès lors, même eu égard à la marge nationale d'appréciation, il y a rupture du juste équilibre à ménager entre l'intérêt général et les intérêts de l'individu (paragr. 44 ci-dessus), donc infraction à l'article 8. – Plusieurs moyens d'y remédier s'offrent au choix de l'état défendeur ; la cour n'a pas à lui indiquer le plus adéquat (V. notamment les arrêts Marckx c. Belgique, 13 juin 1979 : Série A, n° 31, p. 25, § 58, et Airey c/ Irlande, 9 oct. 1979 : Série A, n° 32, p. 15, § 26). – B. *Sur la violation alléguée de l'article 3* (...) – III. – *Sur l'application de l'article 50 :* – 65. Aux termes de l'article 50 :

Si la décision de la cour déclare qu'une décision prise ou une mesure ordonnée par une autorité judiciaire ou toute autre autorité d'une partie contractant se trouve entièrement ou partiellement en opposition avec des obligations découlant de la (...) convention, et si le droit interne de ladite partie ne permet qu'imparfaitement d'effacer les conséquences de cette décision ou de cette mesure, la décision de la cour accorde, s'il y a lieu, à la partie lésée une satisfaction équitable.

– A. *Dommage :* – 66. La requérante revendique d'abord 1 000 000 F pour les préjudices moral et matériel qu'elle aurait subis. Le premier résulterait du sort que lui réserve le droit français ; le second découlerait des troubles dans ses conditions d'existence, dus en particulier au fait qu'elle n'aurait jamais pu occuper un emploi de crainte d'avoir à révéler son identité sexuelle telle qu'elle figure dans les actes d'état civil. – D'après le Gouvernement, elle n'a pas établi l'existence de pareils dommages et sollicite un montant exorbitant. Si la cour relevait une infraction à l'article 8, son arrêt fournirait une satisfaction équitable suffisante. – La déléguée de la commission, elle, ne prend pas position. – 67. La cour considère que Mlle B. a moralement souffert de la situation jugée par le présent arrêt contraire à la convention. Statuant en équité comme le veut l'article 50, elle lui alloue 100 000 F de ce chef. – Elle écarte en revanche les prétentions relatives à un préjudice matériel. L'intéressée a longtemps exercé une activité professionnelle et en France nombre de transsexuels occupent un emploi. Bien que réelle, la difficulté de trouver du travail, en raison de la nécessité de dévoiler sa condition, n'est dès lors pas insurmontable. – B. *Frais et dépens* (...).

Par ces motifs, La COUR : – 1. *Dit,* par seize voix contre cinq, qu'elle a compétence pour connaître des exceptions préliminaires du Gouvernement ; – 2. Les *rejette* à l'unanimité ; – 3. *Dit,* par quinze voix contre six, qu'il y a violation de l'article 8 ; – 4. *Dit,* à l'unanimité qu'il ne s'impose pas d'examiner aussi l'affaire sous l'angle de l'article 3 ; – 5. *Dit,* par quinze voix contre six, que l'état défendeur doit verser à la requérante, dans les trois mois, 100 000 (cent mille) francs français pour dommage moral et 35 000 (trente-cinq mille) pour frais et dépens ; – 6. *Rejette,* à l'unanimité, la demande de satisfaction équitable pour le surplus.

MM. Cremona, prés. Puissochet, agent du gouv., Mme Liddy, dél. de la comm. ; Mes Lyon-Caen, Fabiani, Thiriez, Sevaux, av., cons. de la requérante.

Annexe XI

Doc 2
Evolution de la jurisprudence en matière de transsexualisme
(sujet donné par l'IEJ de Paris 2. Session 1994)

Veuillez commenter les 2 arrêts suivants :
a) Cass. civ. I, 21 mai 1990
b) Cass. Ass. Plén. 11 déc. 1992

21 mai 1990.
Rejet.

Sur les deux moyens réunis :
Attendu, selon les énonciations des juges du fond, que Dominique Nadaud, née le 18 juin 1948, a été déclarée sur les registres de l'état civil comme étant de sexe féminin ; que dès son plus jeune âge, elle s'est considérée comme un garçon dont elle empruntait les jeux ; qu'après s'être soumise à divers traitement médicaux et avoir subi plusieurs opérations chirurgicales, elle a saisi le tribunal de grande instance d'une action tendant à la substitution, dans son acte de naissance, de la mention « sexe masculin » à celle de « sexe féminin » ; que l'arrêt attaqué (Bordeaux, 5 mars 1987), après avoir admis, avec les experts, que Dominique Nadaud était un transsexuel vrai, l'a déboutée de sa demande aux motifs que le sexe psychologique, ou psycho-social ne peut à lui seul primer le sexe biologique, anatomique ou génétique, que le sexe est un élément objectivement déterminé et intangible dont le meilleur critère est celui tiré de la formule chromosomique ;
Attendu qu'en un premier moyen, Dominique Nadaud fait grief à la cour d'appel d'avoir, en refusant de reconnaître son identité sexuelle masculine, telle qu'elle résulte de sa morphologie modifiée et de son psychisme, violé l'article 8, alinéa 1er, de la Convention européenne de sauvegarde des droits de l'homme et des libertés fondamentales, qu'en un second moyen, elle lui reproche d'avoir refusé de modifier son état civil alors que le principe de l'indisponibilité de l'état des personnes ne s'oppose pas à un changement de sexe en cas de transsexualisme vrai, c'est-à-dire lorsque la discordance entre le sexe psychologique et le sexe génétique est indépendant de la volonté du sujet, irrésistible, prépondérante et irrémédiablement acquise ;
Mais attendu que le transsexualisme, même lorsqu'il est médicalement reconnu, ne peut s'analyser en un véritable changement de sexe, le transsexuel, bien qu'ayant perdu certains caractères de son sexe d'origine, n'ayant pas pour autant acquis ceux du sexe opposé ;
Et attendu que l'article 8, alinéa 1er, de la Convention européenne des droits de l'homme, qui dispose que toute personne a droit au respect de sa vie privée et familiale, n'impose pas d'attribuer au transsexuel un sexe qui n'est pas en réalité le sien ;
D'où il suit que les moyens ne peuvent être accueillis :

Par ces motifs :
Rejette le pourvoi.
N° 88-12.829
Mme Nadaud
contre procureur de la République près le tribunal de grande instance de Bordeaux.

Président : M. Joyhaud. – *Rapporteur* M. Massip. – *Avocat général :* Mme Flipo – *Avocat :* la SCP Urtin-Petit et Rousseau-Van Troeyen.

11 déc. 1992

La Cour, – Sur le moyen unique :
Vu l'art. 8 de la Convention européenne de sauvegarde des droits de l'homme et des libertés fondamentales, les art. 9 et 57 C. civ. et le principe de l'indisponibilité de l'état des personnes ;
Attendu que lorsque, à la suite d'un traitement médico-chirurgical, subi dans un but thérapeutique, une personne présentant le syndrome du transsexualisme ne possède plus tous les caractères de son sexe d'origine et a pris une apparence physique le rapprochant de l'autre sexe, auquel correspond son comportement social, le principe du respect dû à la vie privée justifie que son état civil indique désormais le sexe dont elle a l'apparence ; que le principe de l'indisponibilité de l'état des personnes ne fait pas obstacle à une telle modification ;

Attendu que M. René X..., né le 3 mars 1957, a été déclaré sur les registres de l'état civil comme étant du sexe masculin ; que, s'étant depuis l'enfance considéré comme une fille, il s'est dès l'âge de vingt ans soumis à un traitement hormonal et a subi, à 30 ans, l'ablation de ses organes génitaux externes avec création d'un néo-vagin ; qu'à la suite de cette opération, il a saisi le Tribunal de grande instance de demandes tendant à la substitution, sur son acte de naissance, de la mention « sexe féminin » à celle de « sexe masculin » ainsi qu'au changement de son prénom ; que le Tribunal a décidé que M. X... se prénommerait Renée, mais a rejeté ses autres prétentions ; que l'arrêt attaqué a confirmé la décision des premiers juges aux motifs que la conviction intime de l'intéressé d'appartenir au sexe féminin et sa volonté de se comporter comme tel ne sauraient suffire pour faire reconnaître qu'il était devenu une femme, et que le principe de l'indisponibilité de l'état des personnes s'opposait à ce qu'il soit tenu compte des transformations obtenues à l'aide d'opérations volontairement provoquées ;

Attendu, cependant, que la Cour d'appel a d'abord constaté en entérinant les conclusions de l'expert psychiatre commis par le Tribunal, que M. X... présentait tous les caractères du transsexualisme et que le traitement médico-chirurgical auquel il avait été soumis lui avait donné une apparence physique telle que son nouvel état se rapprochait davantage du sexe féminin que du sexe masculin ; qu'elle a énoncé, ensuite, que l'insertion sociale de l'intéressé était conforme au sexe dont il avait l'apparence ; d'où il suit qu'en statuant comme elle l'a fait, elle n'a pas tiré de ses constatations les conséquences légales qui s'en déduisaient ;

Et attendu qu'il y a lieu, conformément à l'art. 627, alinéa 2 nouv. C. prv. civ., de mettre fin au litige en appliquant la règle de droit appropriée ;

Par ces motifs, – Casse et annule ; dit n'y avoir lieu à renvoi ; dit que Renée X..., née le 3 mars 1957 sera désignée à l'état civil comme de sexe féminin ; ordonne la mention du présent arrêt en marge de l'acte de naissance de l'intéressée ; laisse à Renée X... la charge des dépens.

MM. Gelineau-Larrivet, rapp. ; Jeol, 1er av. gén. – Me Choucroy, av.

Éléments de correction

Ces deux arrêts de la cour de cassation illustrent les problèmes juridiques soulevés par le transsexualisme – voir l'énoncé des faits – et montrent le revirement de la cour de cassation sur les deux difficultés essentielles : caractère licite ou non de l'intervention selon le critère scientifique, caractère licite ou non de l'action en rectification d'état civil.

I. Sur caractère licite de l'intervention et de la demande en rectification d'état civil

La décision du 21 mai 1990, refuse d'admettre la demande au motif que *« le transsexualisme même lorsqu'il est médicalement reconnu, ne peut s'analyser en un véritable changement de sexe, le transsexuel bien qu'ayant perdu certains caractères de son sexe d'origine n'ayant pas pour autant acquis ceux du sexe opposé ».*

A l'inverse la décision du 11 décembre 1992 admet la demande dès lors qu'à la suite d'un traitement médico chirurgical suivi « dans un but thérapeutique », une personne » *« présentant le syndrome du transsexualisme ne possède plus tous les caractères de son sexe d'origine et a pris une apparence physique la rapprochant de l'autre sexe, auquel correspond son comportement social... »*

Cette évolution juridique repose sur l'évolution scientifique du sexe (cf. Concl. Jeol).

II. Sur violation vie privée

La première décision avait rejeté l'argument fondé sur la violation de la vie privée (conv. européenne art. 8) en soulignant que le respect de la vie privée n'imposait pas d'attribuer au transsexuel un sexe qui n'est pas le sien » et rejeté l'argument concernant l'indisponibilité.

La seconde décision en revanche précise que *« le principe du respect dû à la vie privée justifie que l'état civil indique désormais le sexe dont elle a l'apparence »*, et que *« le principe d'indisponibilité ne fait pas d'obstacle à une telle modification »*. Conformément à la décision de la cour européenne, la Cour de cassation admet la modification des actes d'état civil.

III.-Portée du revirement

Inspiré par la décision de la cour européenne (décision du 25 mars 1992) il constitue en droit un revirement important. La cour se montre moins restrictive quant à l'appréciation du critère du transsexualisme, la licéité de l'intervention et admet comme la cour européenne que le rejet des demandes en rectification d'état civil est contraire à l'article 8 de la convention européenne certains se réjouissent de cette nouvelle jurisprudence en considérant qu'elle met fin à une discrimination sociale, qu'elle est conforme à l'évolution scientifique du transsexualisme ; d'autres expriment des réserves de droit à propos de la violation de l'article 8 et des craintes compte tenu des incertitudes liées aux conséquences médicales et psychologiques de l'intervention, et des risques de dérapage.

§ 2 REFUS DE SOINS

A. – RESPECT DE LA VOLONTÉ DU PATIENT

219. Le respect du consentement de la personne doit être concilié avec le devoir d'assistance mais dans quelle mesure un tiers ou spécialement un médecin doit-il respecter le refus émis par une personne d'accepter les soins curatifs nécessaires ?

De manière générale, la volonté d'un malade doit être respectée et non seulement *« dans toute la mesure du possible »* comme l'indiquait l'article 7 de l'ancien code de déontologie mais *« dans tous les cas »* aux termes de l'article 36 du nouveau code ; aussi le médecin doit s'efforcer de recueillir le consentement du malade au traitement, qu'il s'agisse de soins en secteur privé ou public – en ce cas il ne s'agit que d'assentiment – et en présence d'un refus le médecin devrait s'abstenir *(C.E. 27 janvier 1982, D.S 1982 I.R. 275, note Penneau)*. Le consentement est recherché également à l'hôpital (charte du patient hospitalisé, annexée à la circulaire ministérielle n° 95-22 du 6 mai 1995 relative aux droits des patients hospitalisés, ch. IV). Si le malade hospitalisé s'obstine dans son refus, il a la possibilité de quitter l'établissement après signature d'un document constatant le refus d'accepter les soins proposés conformément aux articles 7 et 60 du décret n° 74-27 du 14 janvier 1974, relatif au fonctionnement des centres hospitaliers *(A.M. Dourlen-Rollier, Le droit au refus de traitement, art. préc. p. 68)*. La charte du patient hospitalisé rappelle cette possibilité après que le patient ait été informé des risques éventuels qu'il court (ch. VI).

VOIR ANNEXE XII - P. 182

220. La question soulève des difficultés particulières en cas de refus de transfusion sanguine ou de grève de la faim.

Un refus de transfusion sanguine est souvent opposé par conviction religieuse, en particulier par les témoins chrétiens de Jéhovah *(cf. sur cette question, notamment J.P Soutoul et F. Pierre, La responsabilité médicale et les problèmes médico légaux en gynécologie et reproduction, Ed. Maloine 1989 p. 332 et s. –. Le refus des transfusions sanguines, Aspects juridiques, publié par l'Association Médico scientifique d'information et d'assistance médicale du malade, 1990)*. En pratique le Témoin de Jéhovah porte un document médical attestant son refus de toute injection de produits sanguins *(Garay, Choix thérapeutique et transfusion sanguine, Médecine et droit, 1994, n° 9 p. 143)*. Pour les transplantations d'organes, non prévues dans la bible, les témoins de Jéhovah considèrent qu'il appartient à chacun d'eux en conscience d'en décider *(J.P. Soutoul et F. Pierre, art. préc. p. 334)*. Mais indépendamment des raisons religieuses, le refus de transfusion pourrait être fondé sur la crainte d'une contamination par le Sida, car malgré les précautions adoptées par les pouvoirs publics, un risque ne peut être écarté en totalité.

221. De même que le médecin doit d'une manière générale respecter la volonté du patient, il doit respecter le refus de transfusion car ainsi que le souligne la cour de cassation *« en refusant une transfusion pour les motifs religieux la victime d'un accident a exercé un choix dérivant d'une liberté essentielle » (Cass. crim. 30 juin 1987, inédit, cité in « Le refus de transfusions sanguines, p. 13).* Dans le même sens le conseil de l'ordre indique que le médecin doit s'abstenir en présence d'un refus de transfusion à moins qu'il y ait urgence, le médecin devant alors procéder à la transfusion *(Com. du Code de déontologie, art. 36, p. 154. – V. aussi L'approche juridique de refus de soins en Europe, in Le refus des transfusions sanguines, p. 113).*

B. – LIMITES

222. Toutefois on considère habituellement en droit médical que l'urgence – par exemple hémorragie en cours d'intervention – dispense de cet accord compte tenu de l'obligation d'assistance *(cf. Code pénal art. 223-6 al. 2 et C. déont. art. 9)*, bien que les témoins de Jéhovah ne voient pas là matière à intervenir dès lors que l'intéressé a fait connaître sans ambiguïté son refus d'intervention *(Le refus des transfusions sanguines, préc. p. 15).*

Une procédure est prévue pour les mineurs en cas d'urgence dans le cadre des mesures d'assistance éducative indiquées par l'article 375 du code civil et l'autorisation du juge peut être recherchée en matière de soins médicaux, *(Civ. 25 nov. 1981, J.C.P. 83, II, 19952, 2e esp. note Boulanger, risque de ne pouvoir suivre le traitement nécessaire.-, Tr. enf. Evry (Ord) 8 nov 1982, D.1983, 218 note – Raynaud, en sens inverse Bordeaux 4 déc. 1991, D. 1993, 129, note Dubaele, autorisation d'interruption de grossesse donnée par le juge – , Nancy 3 Déc. 1982, J.C.P. 83, II 20081 , note Raymond, Gaz. Pal. 1984, I, 132, note Dorsner Dolivet, à propos du choix d'un traitement médical).* Le décret n° 74-27 relatif au fonctionnement des hôpitaux du 14 janvier 1974 indique d'autre part qu'en cas d'impossibilité d'obtenir le consentement d'un parent ou en cas de refus de ce dernier, lorsque *« la santé ou l'intégrité corporelle du mineur risquent d'être compromise »*, le médecin responsable du service peut saisir le ministère public dans le cadre de mesures d'assistance éducative *(déc. art. 28 al. 4).* La Convention sur les droits de l'Homme et la biomédecine dispose que dans les situations d'urgence, lorsque le consentement approprié ne peut être obtenu, il pourra être procédé immédiatement à toute intervention médicalement indispensable pour bénéficier de santé de la personne concernée (Art. 8).

223. Dans le cas de grève de la faim, si les jours du gréviste sont en danger, il est admis qu'on puisse le forcer à s'alimenter *(C. pr. pén., art. D. 390, v. J Robert, pour réf. p. 201)* et le médecin peut décider et surveiller l'alimentation forcée du détenu *(J.M. Auby, op. cit. p. 427. – J. Robert, Droit de l'homme et libertés fondamentales , p. 201).* Selon le conseil de l'ordre des médecins, dès lors que la vie du gréviste est menacée, le médecin devrait faire hospitaliser l'intéressé *(Guide d'exercice professionnel. p. 76).*

§ 3 OBLIGATION AUX SOINS

224. On ne peut oublier la triple relation patient/médecin/société, et il existe en France comme dans les autres pays, des conflits d'intérêts et une opposition possible entre la liberté de la personne de consentir à un acte médical portant nécessairement atteinte à son intégrité physique (supra, ch. I) et des impératifs de prévention sanitaire dans l'intérêt de la société *(v. J.-M. Auby, Droit de la Santé, p. 387).*

Quel intérêt faire prévaloir ? Les publicistes soulignent que la liberté de refus du malade, ne doit pas entrer en conflit avec les intérêts du groupe *(J. Robert, Droits de l'homme et libertés fondamentales, p. 318)*, ne doit pas mettre en péril la santé d'une autre personne *(J.M. Auby, Droit de la santé p. 387).* Les privatistes suggèrent parfois de tenir compte d'un ordre public sanitaire *(Nerson, L'influence de la biologie et de la médecine sur le droit, RTD Civ. 1970 p. 673).*

225. En France un certain nombre de mesures contraignantes sont prévues en matière de santé publique : obligations d'examens, examens d'aptitude professionnelle, examens prénuptiaux; obligations de subir certains traitements : vaccinations dans un but de prévention, obligations de traitements, en matière maladies vénériennes. Parfois un contrôle est établi aux frontières.

L'atteinte peut se traduire par une contrainte physique pour les malades mentaux ; dans les autres cas, la contrainte physique étant illicite *(supra n° 42)* le refus de subir des obligations contraignantes peut se traduire par des sanctions pénales *(J.M. Auby op. p. 338).*

226. Ces obligations aux soins, ou du moins à certains examens, sont admises également dans le contexte européen. L'article 5 de la convention européenne des droits de l'homme précise que nul ne peut être privé de sa liberté sauf, notamment « *s'il s'agit de la détention régulière d'une personne susceptible de propager une maladie contagieuse, d'un aliéné, d'un alcoolique, d'un toxicomane ou d'un vagabond* » ; il semble que la Cour n'ait eu à se prononcer qu'à propos des aliénés et elle contrôle la régularité de la détention *(G. Cohen-Jonathan, La convention européenne des droits de l'homme, p. 325 et s. ; F. Albanèse art. préc. p. 493).*

Le cas des traitements contraignants se posait vers les années 80 pour les alcooliques dangereux, les malades mentaux, les maladies vénériennes, et les toxicomanes. La question se pose tout particulièrement pour les soins aux malades mentaux, pour les soins aux toxicomanes tandis que l'apparition du sida a dramatiquement renouvelé la controverse concernant la prévention des maladies transmissibles. La question se pose de plus en plus pour les délinquants sexuels *(v. supra ss n° 197).*

A. – HOSPITALISATION DES MALADES MENTAUX

227. La loi n° 90-527 du 27 juin 1990 relative aux droits et à la protection des personnes hospitalisées en raison de troubles mentaux et à leurs conditions d'hospitalisation accroît la protection juridique des malades hospitalisés des malades en placement libre mais surtout les droits et libertés des malades placés sans leur consentement.

Elle donne également des indications à propos des traitements médicaux subis par les malades *(sur ces points : J.-M. Auby, La loi n° 90-527 du 27 juin 1990 relative aux droits et à la protection des personnes hospitalisées en raison de troubles mentaux et à leurs conditions d'hospitalisation, J.C.P. 90, I, éd. G, 3463)* et permet de passer outre le consentement, ce qui ne vise pas le cas de névrotiques dont la personnalité n'est pas altérée *(Com. Code de déontologie médicale, préc. art. 36, p. 153)*. Si le juge administratif est compétent pour connaître de la régularité d'une mesure de placement, c'est le juge judiciaire qui apprécie la nécessité de la mesure *(C.E. 11 mars 1996, J.C.P. 96, II 22743, obs. F. Mallol)*.

Une circulaire du 19 juillet 1993 de Mme Veil rappelle que la loi n° 90-527 donne aux personnes hospitalisées en raison de troubles mentaux les mêmes droits qu'aux autres malades hospitalisés. Les internements abusifs donnent lieu à indemnisation.

B. – TRAITEMENT DES TOXICOMANES

228. La question des soins et de la prévention de la toxicomanie est toujours controversée quant aux méthodes et quant à la personne des toxicomanes, car la problématique est la suivante : doit-on considérer les toxicomanes comme des délinquants ou comme des malades ? *(Rapport sur les toxicomanies, Comité consultatif national d'éthique 23 nov. 1994 p. 27)*.

La législation française de base est fixée par la loi du 31 déc. 1970 relative aux mesures de lutte contre la toxicomanie et à la répression du trafic et de l'usage illicite de substances vénéneuses qui associe les mesures de contraintes et l'aide médicale ; elle a été complétée par plusieurs textes destinés surtout à renforcer la lutte contre le trafic. La loi prévoit des sanctions pénales mais aussi un système d'injonction thérapeutique, alternative thérapeutique à la sanction pénale pour les personnes interpellées pour la première fois pour usage illicite de stupéfiants *(C.S.P. art. L. 628-1 et s.)* ; selon ce système les poursuites peuvent être abandonnées, si l'intéressé produit un certificat médical attestant qu'il s'est soumis à cure de désintoxication, le procureur pouvant enjoindre à ces personnes de subir une cure de désintoxication ou de se placer sous surveillance médicale *(Cir. 12 mai 1987 et 15 février 1993)*.

En 1992, 4 935 injonctions thérapeutiques ont été ordonnées de manière variable selon les régions *(Rapports sur les toxicomanies, p. 26)* mais elles ne représentent que 10 % des personnes interpellées, et ce système n'est pas jugé très satisfaisant *(Rap. préc. p. 27)*. L'épidémie du Sida montre que le toxicomane est davantage réceptif à une politique de responsabilisation *(rap. préc. p. 27)*. En vue d'accroître le recours à l'injonction thérapeutique une circulaire du 27 avril 1995 a été adressée aux procureurs généraux *(Quot. Méd. 28 avril 1995, v. infra pour bilan)*.

229. Le rapport du Comité consultatif national d'éthique préc. remettant en cause la distinction entre drogues licites et illicites, devait se prononcer discrètement pour une certaine dépénalisation, prôner une meilleure prévention, et suggérer une modification du cadre légal de manière *« à faire sortir de leur clandestinité les pratiques médicales actuelles consistant par exemple à prescrire en médecine de ville des médicaments hors indications AMM » (Rap. préc. p. 42).*

VOIR ANNEXE XIII – P. 183

Après que l'Agence du médicament ait autorisé la mise sur le marché de la méthadone *(Quot. Méd. 20 déc. 1994)*, un arrêté du ministre de la santé du 23 janvier 1995 a radié la méthadone de la liste des substances dont la mise sur le marché et l'emploi sont interdits *(J.O. 3 février 1995 ; Quot. Méd. 7 fév. 1995)* pour l'admettre comme médicament ; ce produit est maintenant distribuable dans les centres spécialisés *(Déc. 28 mars 1995, J.O. 31 mars 1995)*, les médecins libéraux spécialement formés étant associés à cette prescription dans une deuxième phase *(Circ. 31 mars 1995, Conc. Méd. 22 avril 1995).*

Mais la mise en vente de ce produit de substitution, notamment dans des centres de distribution assurant un suivi psychologique, se heurte encore à de nombreuses résistances. *(sur problèmes médicaux, impact Médecin 13 janvier 1995 p. 13).* Sur les orientations dans le domaine de la prise en charges des toxicomanes en 1996 *(Circ. DGS/DG n° 96/239 du 3 avril 1996, MTAS/MATVI 96/16).*

C. – PRÉVENTION DES MALADIES TRANSMISSIBLES

230. Dans le cadre de la prévention des maladies contagieuses ou transmissibles, les autorités sanitaires ont dû organiser des dépistages afin de mieux combattre « certaines maladies » *qui entraînent des conséquences particulièrement graves pour l'état sanitaire de la population (J.-M. Auby, op. cit. p. 241).* La question à propos de cet acte médical est d'arriver à concilier le respect de l'intégrité de la personne et les principes en matière de consentement avec les impératifs de santé publique pouvant nécessiter une certaine efficacité du dépistage et une application assez large.

Le dépistage peut revêtir plusieurs formes selon qu'il est plus ou moins largement appliqué, plus ou moins contraignant pour les personnes : il peut être *obligatoire, facultatif, proposé.* Dans le premier cas, comme pour les vaccinations, il est décidé par les pouvoirs publics et s'impose à tous ou à une population déterminée, sous peine de sanctions pénales ou autres à défaut de contrainte physique ; dans le second cas à l'inverse, le dépistage est laissé à la liberté de chacun, les pouvoirs publics pouvant faciliter le dépistage par l'organisation d'une prise en charge ; les deux autres formes de dépistage proposé font nécessairement intervenir le médecin, mais selon des formes plus ou moins respectueuses de la personne ; le dépistage *ci-*

blé en effet, parfois recommandé par certains textes de santé publique, est proposé par le médecin seulement à certaines personnes qu'il estime personnellement être à risque ; la formule est évidement particulièrement discriminatoire ; la notion de moindre coût de cette forme de dépistage n'est pas non plus étrangère à cette option.

Dans toutes les formes de dépistage, ce dernier est subordonné à l'information et au consentement préalable du sujet qui doit en outre être informé des résultats *(Paris 20 fév. 1992, Jov. Data 021 279)* par le médecin qui à défaut manquerait à son devoir d'humanisme.

231. Les termes du débat entre dépistage obligatoire, exclusif de consentement et dépistage facultatif, laissé à la liberté de chacun ont été renouvelés à propos du Sida, mais l'évolution du dépistage est marqué par l'évolution des données scientifiques ainsi que par la philosophie protectrice des droits de la personne, aussi constate-t-on une atténuation des contraintes.

En matière de sida le législateur a préféré adopter une attitude exclusive de contrainte ; il a donc exclu le dépistage obligatoire, et facilité le dépistage facultatif en le rendant anonyme et gratuit *(C.S.P. art. L. 355-23 ; L. n° 87-588 du 30 juil. 1987, art. 29 et déc. n° 88-61 du 18 janvier 1988, J.O. 20 janvier 1988, D et A.L. D. 1988,129, sur avantages de l'un et de l'autre M. Harichaux, Droit et Sida, p. 27).* Mais compte tenu des études scientifiques se rapportant à l'évolution de la maladie, la politique de santé s'est d'abord orientée sur le dépistage *ciblé* vers les populations dites à risques, présenté comme plus respectueux de la personne, aussi efficace qu'un dépistage systématique – et surtout moins coûteux comme en témoignent certaines réponses ministérielles -. Mais le dépistage *systématiquement proposé* tend à se substituer à ce dépistage ciblé *(par exemple pour les examens prénuptiaux, C.S.P. art. L. 153).* Ainsi l'établissement ou le service désigné « propose » à toute personne qui se présente à une consultation médicale d'information conseil « la détection éventuelle des anticorps anti VIH et une consultation médicale de remise des résultats » *(Déc. n° 88-61 du 18 janvier 1988 précité, art. 3).*

232. Toutefois la question du dépistage à l'occasion des certificats prénuptiaux et prénataux s'inscrit dans un contexte différent puisqu'en ce cas la santé de l'enfant à naître est concernée, compte tenu des risques de transmissions.

Les opinions entre dépistage obligatoire, et dépistage facultatif sont très partagées, et reposent sur des philosophies différentes faisant prévaloir soit l'intérêt public soit l'intérêt de la personne malade. Compte tenu des intérêts en jeu le ministre de la santé devait solliciter les avis d'instances compétentes. En faveur du dépistage obligatoire, on fait valoir l'intérêt du foetus, la nécessité de pouvoir interrompre la grossesse en cas d'atteinte, le souci de rejet de toute discrimination des femmes si l'on adopte un dépistage ciblé et en définitive un intérêt de santé publique *(Pr Claude Sureau, Impact Médecin 13 mars 1992 p. 28.*

– Académie de médecine, Conseil National de l'ordre des médecins Pan méd. 10 mars 1992).

Les opposants au dépistage obligatoire invoquent le fait qu'à Paris 63 % des femmes enceintes poursuivent leur grossesse, et qu'en cas de maladie mortelle, avoir un enfant *est le seul lien avec la vie (Pr A. Sobel, Impact Médecin, 1992 p. 28)* ; d'autres plus nuancés soulignent que le dépistage de toutes les femmes serait nécessaire mais qu'il vaudrait mieux adopter le terme de « dépistage systématiquement proposé », plutôt que le dépistage obligatoire *(M. Tournaire, Pan Méd 11 mars 1992).* Le comité consultatif national d'éthique est opposé au test obligatoire *(Avis sur le dépistage de l'infection par le virus du Sida, du 28 mars 1992)* aux motifs que la proposition de dépistage relève essentiellement de la responsabilité du médecin et du risque de rejet des personnes atteintes.

233. En tout état de cause, le dépistage, comme tout acte médical, doit être sollicité ou proposé, le dépistage sauvage étant condamné à la fois par les médecins, au motif qu'il est contraire à l'éthique et à la déontologie *(Quot. Méd. 6 sept. 1994),* ainsi que par les tribunaux. Malgré cela il semble qu'en pratique des tests soient fréquemment réalisés à l'insu des personnes *(M. Harichaux op. cit. p. 32 ; Quot. Méd. 21 mars 1995)* procédure condamnée par la Cour de justice des Communautés européennes pour qui le droit au respect de la vie privée exige que le refus soit respecté dans sa totalité *(CJ.C.E. 5 oct. 1994, DS 1995, p. 421, n. J.L. Clergerie).* Et le malade doit être informé des résultats, et en particulier de sa séropositivité (deux médecins n'ayant pas averti un patient contaminé ont été condamnés pour non-assistance à personne en danger) *(Quot. du méd. 3 avril 1995. – Conc. méd. 6 janv. 1996 p. 31, obs. C. Sicot. – C. Byk, J.C.P. 96, I, 3956, n° 20 et réf.).*

BIBLIOGRAPHIE

J.P. Almeras, *L'éthique et les nouveaux traitements du sida,* Conc. Méd. 27 avril 1996, p. 1225. – J.P. Branlard, *Le sexe et l'état des personnes,* Th. Paris II 1991.– J.S. Cayla, *Les maladies transmissibles par contact sexuel,* Rev. tr. dr. san. et soc., 1993, p. 27. – C. Clément, *Quelques propos sur le principe du consentement en droit médical et hospitalier,* Les Petites Affiches, 24 juin 1996, p. 6.– G.M. Fauré, *Transsexualisme et indisponibilité de l'état des personnes,* R.D. San. et soc. 1989, p. 1 – A.M. Dourlen-Rollier, *Le droit au refus de traitement,* La jurisprudence française, 8e Congrès mondial de droit médical, Prague, 1988. – M. Gobert, *Le transsexualisme, fin ou commencement,* J.C.P. 88, éd. G., I, 3361. – *Le transsexualisme ou la difficulté d'exister,* J.C.P. 90, éd. G. I, 3475 J.C.P. 88, II 3361 et J.C.P. 88, II 3361 et J.C.P. 90, I, 3475. – M. Harichaux, *Droit et Sida,* Rap. de rech., lab. sociol. jur., Paris II, déc. 1991 - Non publié. – Linossier, *Le transsexualisme : esquisse pour un profit culturel et juridique,* D. 1981, chr. 139. – Lombois, *La position française sur le transsexualisme devant la cour européenne des droits de l'homme,* D. 1992, chr. 323. – Molinari, *La prestation de soins de santé et le respect des droits fondamentaux,* Mél. Auby, p. 774. – Mme Petit, *L'ambiguïté du droit face au syndrome transsexuel,* R.D. civ. 1976, p. 263. – M.L. Rassat, *Sexe, médecine et droit,* Mel. Raynaud, Dalloz-Sirey, 1985, p. 651 – D. Salas *Sujet de chair et sujet de droit : la justice face au transsexualisme,* PUF 1994. – D. Thouvenin, *Le transsexualisme, une question d'état méconnue,* Rev. tr. dr. san. et soc. 1979, p. 291.

Rap. Cour de cassation, 1990, p. 128, conc. F. Flipo.

ÉLÉMENTS DE RÉFLEXION

1) Aspects scientifiques

Le transsexualisme – qui doit être distingué de l'intersexualité ou hermaphrodisme et de ces anomalies sexuelles que sont l'homosexualité ou le travestissement – (sur difficultés d'appréciation du critère, et évolution J.H. Soutoul et F. Pierre, La responsabilité médicale et les problèmes médicaux-légaux, éd. Maloine, 1989, p. 376 et s.) se caractérise par une contradiction entre le sexe anatomique d'une personne, déterminé génétiquement et hormonalement, et le sexe psychologique ou psycho social ou encore comportemental, le transsexuel ayant le sentiment profond d'appartenir au sexe opposé à celui qui est physiquement le sien. Il se sentirait victime d'une erreur insupportable de la nature dont il demanderait la rectification tant physique que civile pour parvenir à une cohérence de son psychisme et de son corps (Rap. Cour de cassation 1990, p. 255) mais pour les juristes il s'agit d'une mutilation. Pour les médecins le transsexualisme est une maladie mentale et comme telle elle suppose, après une observation préalable, la nécessité d'une intervention (M.G. Fauré p. 6) ; mais la solution est sans doute complexe (deux médecins ont été condamnés après suicide d'un transsexuel, non satisfait de l'intervention, Quot. méd. 2 mars 1995) et de nombreux problèmes « d'éthique législative » demeurent compte tenu des hésitations de diagnostic et de traitement (D. Salas, Sujet de chair et sujet de droit : la justice face au transsexualisme p. 46).

L'évolution indiscutable apparue dans la jurisprudence de la cour de cassation est liée à l'évolution scientifique du critère, à l'évolution des droits fondamentaux de la personne, à l'influence de groupes de pression, au contexte européen.

2) Droit comparé

(D. Salas op. cit. p. 43 et F. Albanèse, art. préc. p. 499).

Certains pays européens admettent légalement le changement de sexe.

Suède (1972) : Les transsexuels, célibataires et de nationalité suédoise, peuvent faire modifier leur état civil après intervention chirurgicale et après avoir été autorisés par l'Autorité Sociale suprême.

Allemagne (1980) : Les transsexuels ont deux possibilités : soit changer de prénom, soit changer juridiquement de sexe, sous condition d'être dans l'incapacité de procréer et d'avoir subi un traitement ayant modifié extérieurement les caractéristiques sexuelles et d'avoir 25 ans.

Italie (1992) : Toute personne peut faire modifier l'état civil en ce qui concerne le sexe et d'être autorisé à subir un traitement.

Pays Bas (1984) : Législation la plus favorable aux transsexuels, y compris étrangers car elle n'impose pas de condition d'âge, de célibat, ou d'absence d'enfant.

3) Droit européen

La commission et la cour européenne ont considéré que l'état belge violait l'article 8 de la convention européenne en s'abstenant d'adopter les mesures permettant à un transsexuel de faire rectifier son état civil après intervention (Aff. Van Oosterwij cf. G. Cohen-Jonathan, La convention européenne des droits de l'homme, op. cit. p. 372) mais paraît ensuite marquer une certaine prudence dans l'aff. Rees (arrêt du 17 oct. 1986) en laissant une plus grande marge d'appréciation aux états membres (G. Cohen-Jonathan p. 375).

Annexe XII

RÉSUMÉ DE LA CHARTE DU PATIENT HOSPITALISÉ DESTINÉ À FAIRE L'OBJET D'UN AFFICHAGE

CHARTE DU PATIENT HOSPITALISÉ ANNEXÉE À LA CIRCULAIRE MINISTÉRIELLE N° 95-22 DU 6 MAI 1995 RELATIVE AUX DROITS DES PATIENTS HOSPITALISÉS

PRINCIPES GÉNÉRAUX

1. – Le service public hospitalier est accessible à tous et en particulier aux personnes les plus démunies. Il est adapté aux personnes handicapées.

2. – Les établissements de santé garantissent la qualité des traitements, des soins et de l'accueil. Ils sont attentifs au soulagement de la douleur.

3. – L'information donnée au patient doit être accessible et loyale. Le patient participe aux choix thérapeutiques qui le concernent.

4. – Un acte médical ne peut être pratiqué qu'avec le consentement libre et éclairé du patient.

5. – Un consentement spécifique est prévu notamment pour les patients participant à une recherche biomédicale, pour le don et l'utilisation des éléments et produits du corps humain et pour les actes de dépistage.

6. – Le patient hospitalisé peut, à tout moment, quitter l'établissement sauf exceptions prévues par la loi, après avoir été informé des risques éventuels qu'il encourt.

7. – La personne hospitalisée est traitée avec égards. Ses croyances sont respectées. Son intimité doit être préservée ainsi que sa tranquillité.

8. – Le respect de la vie privée est garanti à tout patient hospitalisé ainsi que la confidentialité des informations personnelles, médicales et sociales qui le concernent.

9. – Le patient a accès aux informations contenues dans son dossier notamment d'ordre médical par l'intermédiaire d'un praticien qu'il choisit librement.

10. – Le patient hospitalisé exprime ses observations sur les soins et l'accueil et dispose du droit de demander réparation des préjudices qu'il estimerait avoir subis.

Annexe XIII

Comité Consultatif National d'éthique
Rapport sur les toxicomanies, 11.43, 23 novembre 1994
(extrait)

REDUCTION DE LA DEMANDE

Délit d'usage et injonction thérapeutique

La France a choisi de sanctionner pénalement le simple usage, même en privé, ce que les conventions internationales n'exigeaient pas. Cette mesure qui porte atteinte au principe énoncé par la déclaration des droits de l'homme, selon lequel « la liberté consiste à pouvoir faire tout ce qui ne nuit pas à autrui » à été justifiée au moment du vote de la loi, comme étant une contrepartie normale que peut imposer la société à une époque où le droit à la santé et aux soins est reconnu à l'individu, en particulier par la généralisation de la sécurité sociale. Le but de l'instauration de cet interdit sanctionné pénalement, était à la fois de dissuader l'usager et de l'inciter à se faire désintoxiquer par le biais de l'injonction thérapeutique. Un dispositif sanitaire financé par l'État a été mis en place avec la création de centres de soins spécialisés et de diverses structures d'accueil telles que le placement familial spécialisé ou les appartements thérapeutiques[19]. La gratuité des soins est la règle. En 1992, 37 236 toxicomanes ont été suivis dans les centres spécialisés[20].

L'interdit a-t-il eu un effet dissuasif ? D'une façon générale, il est difficile d'évaluer la toxicomanie illicite puisqu'il s'agit par définition d'un phénomène clandestin : Les toxicomanes ne sont pas identifiés comme tels que lorsqu'ils accèdent aux systèmes de soins ou lorsqu'ils sont interpellés par la police[21]. Les chiffres cités sont très variables, même lorsqu'ils parviennent de source officielle. Le ministère de la santé, dans une brochure présentant en 1993 le dispositif spécialisé, considère que le nombre de toxicomanes dépendants se situe entre 100 000 et 150 000, la DGLDT[22] situe quant à elle ce nombre entre 150 000 et 300 000, dans un dossier de presse du 17/9/1993. L'augmentation des décès attribués à des surdoses est, elle, incontestable puisque leur nombre est passé de 1 en 1969 à 499 en 1992. Il faut souligner que ses chiffres qui sont donnés par l'OCRTIS , ne recouvrent que les décès portés à la connaissance des services de police ou de gendarmerie. Les usagers de cannabis, quant à eux, sont estimés à plusieurs millions[23]. Une enquête de l'INSERM réalisée en 1993 auprès de 12 391 lycéens et collégiens âgés de 11 à 19 ans révèle que 11,8 % d'entre eux ont expérimenté le cannabis, et parmi ceux-ci 40 % au moins 10 fois. Ce chiffre s'élève à 18 % chez les garçons de 18 ans et plus, parmi lesquels 94 % en ont consommé au moins 10 fois.

Il est difficile de tirer une conclusion de ces chiffres, d'une part parce qu'ils sont imprécis, d'autre part parce que nous ne pouvons savoir quel aurait été le nombre de toxicomanes si l'usage individuel n'avait pas été érigé en délit. Nous devons seulement constater que l'interdit n'a pas suffi à stopper la consommation de drogues illicites.

---

19. Le plan gouvernemental annoncé en septembre 1993 a prévu de doubler en trois ans le nombre de places de postcure qui étaient à l'époque d'environ 600 lits. 447 places doivent être créés dès 1994.
20. Source : ministère de la Santé, SESI. Documents statistiques, n° 189, déc. 1993.
21. Le nombre de toxicomanes accueillis dans les centres de soins spécialisés a augmenté de 11,7 % entre 1990 et 1991, et de 11,4 % entre 1991 et 1992 (Source: SESI).
Les interpellations pour usage ont augmenté régulièrement jusqu'en 1992 : 25.519 en 1984 et 48 486 en 1992. Elles sont en recul en 1993 : 45 026 (Source : OCRTIS). Il faut noter que le nombre d'interpellations reflète également l'activité plus ou moins importante des services de police dans ce domaine.
22. Délégation générale à la Lutte contre la drogue.
23. Ils seraient 4 millions, soit 7 % de la population française, selon K.H. Reuband, « European Comparison », 1992 et Peter Reuter, « Rand Corporation : Cross National Comparison », 1993. Selon ces auteurs, les usagers de drogues dures seraient entre 60 000 et 150 000. (Références citées par P. KOPP dans « Actes de la Rencontre franco-européenne sur la prévention du Sida chez les usagers de drogues, 8-10/2/1994 », Paris : CRIPS).

Dans quelle mesure, l'interdit a-t-il incité les toxicomanes à se faire soigner ? Le rapport présenté par la France à un séminaire organisé au Conseil de l'Europe par le Groupe Pompidou en 1992[24], montre la diversité des pratiques de l'injonction thérapeutique. Leur nombre (4 935 en 1992), varie fortement d'une région à l'autre. Cette mesure est peu appliquée dans les régions où pour diverses raisons, la population est instable, ce qui rendrait les conditions de suivi difficiles. L'avis de l'autorité sanitaire peut être sollicité selon des modalités diverses et à des stades différents du déroulement de la procédure : avant le prononcé de l'injonction ou pendant le prononcé à l'occasion d'une rencontre tripartite entre le procureur, le médecin de la DDASS et le toxicomane. La prise en charge de celui-ci par l'autorité sanitaire peut s'effectuer immédiatement après le prononcé de la mesure, dans les locaux mêmes du Palais de justice (dans le propre bureau du procureur ou dans un bureau réservé à la DDASS). Dans d'autres cas la personne soumise à l'injonction est reçue dans les locaux de la DDASS distincts du tribunal. Le médecin de la DDASS peut être chargé de suivre d'un point de vue thérapeutique le toxicomane ou bien celui-ci peut être orienté vers une structure de soins agréée. L'information entre l'autorité sanitaire et l'autorité judiciaire sur les suites données par le toxicomane à la mesure d'injonction, se fait aussi de manière très variable : elle peut être purement formelle ou se traduire par des réunions régulières. Une des difficultés de la mise en oeuvre de l'injonction thérapeutique, réside dans le respect des sphères de compétence de chacune des deux autorités en présence : l'autorité judiciaire, d'une part et l'autorité sanitaire d'autre part. La distinction entre les deux aspects de la mission de la DDASS, administrative d'une part et éventuellement de soins d'autre part, n'est pas toujours explicite. D'autre part, c'est au magistrat que revient la responsabilité du choix de l'injonction et l'implication des autorités judiciaires dans le domaine médico-social n'est pas toujours acceptée par les équipes soignantes. L'injonction thérapeutique est en effet difficilement compatible avec la notion de soins qui est plus un droit qu'une obligation et qui doit être associée au consentement libre et éclairé du patient. Beaucoup de médecins refusent par ailleurs d'avertir le Parquet de l'interruption du traitement, la rechute étant considérée comme un passage obligé de l'évolution des toxicomanes.

Quantitativement, *quelle est la part de l'injonction thérapeutique dans le recours aux soins ?* Une enquête menée par la Direction générale de la santé en 1991, fait apparaître que pour 59 % des personnes soumises à l'injonction thérapeutique, cette mesure a permis un premier contact avec un service sanitaire. Mais dans le même temps, les chiffres montrent que les injonctions ne représentent que 10 % environ des interpellations pour usage (Source ORCTIS). Par ailleurs, une enquête réalisée auprès des centres de soins agréés[25], indique qu'en 1991, 5,8 % seulement des demandes étaient liées à une injonction thérapeutique alors que 49,4 % venaient du toxicomane lui même, 21,9 % des professionnels médicaux ou sociaux et 13 % de l'entourage du toxicomane. Le plan gouvernemental de lutte contre la drogue présenté en septembre 1993, a prévu la mise en œuvre de « moyens nécessaires à un développement significatif des injonctions thérapeutiques ». On peut cependant se demander si cette procédure est bien adaptée à la majorité des usagers interpellés. En effet, la plupart d'entre eux (66 % en 1992, source ORCTIS) sont interpellés pour usage de cannabis. D'autre part, l'obligation d'abstinence sur laquelle repose l'injonction ne semble plus adaptée aux usagers de drogues dures dont on sait le parcours jalonné des rechutes. L'injonction thérapeutique réservée à la première interpellation ne s'applique pas au toxicomane lourd, forcément multirécidiviste et qui est celui qui pose le problème sanitaire le plus grave...

24. Conseil de l'Europe : Séminaire sur le rôle de la justice police en matière de prévention et les alternatives aux poursuites judiciaires des délinquants ayant des problèmes liés à la drogue, Strasbourg, 23-26/6/1992.
25. Statistiques effectuées par le ministère de la Santé à partir d'une enquête réalisée chaque années au mois de novembre auprès des centres agréés.

CHAPITRE II

DROIT AU SECRET

234. L'évolution des technologies, de la recherche épidémiologique, des maladies, de l'économie et les impératifs de la santé publique sont de nature à altérer le secret médical, aussi après avoir suscité de nombreuses réflexions et avoir donné lieu à plusieurs rapports (*cf. Not. Rap. de la Commission de réflexion sur le secret professionnel appliqué aux acteurs du système de soins par le Dr L. René, ancien président du conseil de l'ordre des médecins, mars 1994*), le législateur est intervenu pour protéger les données médicales nominatives.

§ I SECRET MÉDICAL

A. – PRINCIPE

235. Le secret médical est imposé à propos des soins médicaux en France par des textes de droit pénal (art. 226-13 et 226-14), par plusieurs dispositions du code de déontologie (*art. 4, 71, 72, 73*), et rappelé par l'article L. 162-2 du Code de la sécurité sociale. Le secret médical est à la fois un devoir des médecins et un droit des mlades ; mais il n'est la propriété ni de l'un, ni de l'autre *(Com. du Code de déontologie, art. 4 p. 43)* le patient est protégé contre les atteintes au secret mais a un droit d'accès à son dossier médical.

La réforme du code pénal substituant à la liste de professionnels initialement prévue par l'ancien article 378 une obligation générale de secret professionnel n'apporte aucune modification au droit positif actuel (*J.H. Robert, le nouveau Code pénal, Lois du 22 juillet 1992, La semaine juridique 1992 n° 156*).

Les dérogations au principe du respect du secret médical prévues par l'ancien code pénal ont été modifiées par le nouveau code dans un sens d'extension possible des révélations à propos des personnes vulnérables. Ainsi l'art. 226-14 du nouveau Code pénal étend l'autorisation de révéler les sévices subis par des mineurs de quinze ans, aux personnes incapables de se protéger en raison de leur âge ou de leur état physique ou psychique, les destinataires de la révélation pouvant être non seulement les autorités médicales et administratives, mais aussi les autorités judiciaires. En revanche, les médecins n'ont plus l'autorisation de dénoncer les avortements illégaux.

L'admission du *« secret partagé »* par la jurisprudence, n'est pas remise en cause par le nouveau Code pénal, quoique la loi n'y fasse pas allusion (*J. Robert, ibid.*)

B. – FAUT-IL ASSOUPLIR LE SECRET ?

236. L'extension du sida en France a renouvelé les réflexions à propos du contenu et des limites du secret compte tenu des risques de transmission de la maladie au conjoint. Le médecin doit-il pour respecter l'obligation d'assistance à personne en danger imposée par l'article 223-6 du Code pénal transgresser l'obligation au secret prescrite par l'article 226-13 du Code pénal, ainsi que par l'article 4 du code de déontologie ? Les opinions sont partagées.

L'Académie de médecine, présidée par le Pr Henrion, s'est prononcée en faveur d'un *« assouplissement »* du secret médical face à un séropositif compte tenu de l'intérêt d'un conjoint, d'un enfant ce qui impliquerait un additif aux exceptions au secret prévues par l'article 226-14 du code pénal (*Le Monde 7 avril 1994*) ; ce rapport bouleversant les données traditionnelles a suscité des opinions très divergentes (*v. Conc. méd. 30 avril 1994*) y compris chez les médecins (selon un sondage publié dans Impact Médecin le 15 avril 1994, 65 % des médecins seraient en faveur d'un assouplissement mais selon une enquête réalisée par le Journal du Sida, 26 % seulement des médecins y seraient favorables, *Le Monde 17 mai 1994*).

Le Dr L. René, ancien président du conseil de l'ordre des médecins, écarte dans un rapport remis à Mme Veil, l'idée d'une telle extension (*Le Monde 25 mai 1994*). Et le nouveau Code de déontologie n'apporte aucune modification sur cette question (*cf. Com. du Code de déontologie médicale, art. 4*).

§ 2 DONNÉES MÉDICALES NOMINATIVES

237. La loi n° 94-548 du 1er juillet 1994 relative au traitement des données nominatives ayant pour fin la recherche dans le domaine de la santé et modifiant la loi du 6 janvier 1978 relative à l'informatique, aux fichiers et aux libertés (*J.O. 2 juillet 1994 ; J.C.P. 94, III, 66912 ; J. Frayssinet et Ph. Pédrot, La loi du 1er juillet 1994 relative au traitement des données nominatives ayant pour fin la recherche dans le domaine de la santé, J.C.P. 94, I, 3810)* est plus technique que les deux autres lois du 29 juillet. Mais elle est destinée à compléter la loi du 6 janvier 1978 et était souhaitée par la CNIL depuis plusieurs années ; d'autre part sa portée est loin d'être négligeable compte tenu des risques croissants d'atteinte au secret de la vie privée – et d'exploitation des données médicales – liés aux progrès informatiques et au développement des recherches épidémiologiques nécessitant une collecte de données importantes (*F. Granet, art. préc.*). Elle s'inscrit dans le cadre du projet de directive européenne visant à assurer la libre circulation des données dans l'Union européenne, dans le respect de la vie privée des ressortissants. Il s'agit donc de concilier l'intérêt général lié aux recherches épidémiologiques et le respect de la vie privée concernant la santé des individus. Mais cette loi n'a pas été soumise au contrôle de constitutionnalité.

La loi, d'une part donne un cadre légal à l'exploitation de données médicales et scientifiques qui jusqu'alors se faisaient le plus souvent en pratique sans respect de l'anonymat, c'est-à-dire en violation du secret des individus, et d'autre part accroît des garanties de consentement et de confidentialité des personnes incluses dans un fichier informatique (*J. Frayssinet et Ph. Pédrot art. préc.*).

A. – ORGANISATION DU TRAITEMENT DES DONNÉES NOMINATIVES

1) Domaine d'application de la loi

238. Aux termes de l'article 40-1, cette loi s'applique aux « *traitements automatisés de données nominatives ayant pour fin la recherche dans le domaine de la santé* » à quelques exceptions près. Ainsi la loi ne s'applique pas aux données « *ayant pour fin le suivi thérapeutique ou médical individuel des patients* » ni aux études réalisées par les personnels assurant un suivi et « *destinées à leur usage exclusif* » (*art. 40-1 al. 2*) puisque cette équipe est tenue au secret (*F. Granet, art. préc. note 6*). De même la loi ne s'applique pas aux fichiers manuels non automatisés.

La loi a vocation à régir tous les fichiers informatiques y compris ceux qui concernent les recherches biomédicales menées dans le cadre de la loi Huriet (*F. Granet, ibid. – J. Frayssinet et Ph Pédrot art. préc. n° 5*).

2) Respect de la confidentialité

239. Afin de donner un cadre légal au traitement de ces données nominatives la loi autorise la transmission des données : « *nonobstant les règles relatives au secret professionnel, les membres des professions de santé peuvent transmettre les données nominatives qu'ils détiennent dans le cadre d'un traitement automatisé de données autorisé en application de l'article 40-1* » (*L. art. 40-3*) ; elle instaure donc une nouvelle dérogation légale, puisqu'antérieurement la transmission de données portait nécessairement atteinte au secret professionnel.

240. La loi veille en outre au respect de la confidentialité des données. Ces dernières doivent être codées avant leur transmission « *sauf lorsque le traitement de données est associé à des études de pharmacovigilance ou à des protocoles de recherches réalisés dans le cadre d'études* *coopératives nationales ou internationales* » ou si « *une particularité de la recherche l'exige* » (*L. art. 40-3*).

Au stade des résultats il est précisé que la présentation de ces derniers ne « *peut en aucun cas permettre l'identification directe ou indirecte des personnes concernées* ». Ces résultats sont reçus par une personne responsable de la sécurité des informations – mais il ne s'agit pas nécessairement d'un médecin (*D. Granet p. 11*) – et les personnes qui ont accès aux données sont soumises également au secret professionnel (*L. art. 40-3*).

La loi comporte en outre un certain nombre de dispositions administratives de nature à faire respecter ces dispositions dans la mise en oeuvre du traitement des données : avis d'un comité consultatif sur le traitement de l'information (*L. art. 40-2*), avis de la commission nationale de l'informatique et des libertés (*L. art. 40-2 al. 4*), obligation d'informer dans les établissements ou centres dans lesquels s'exercent des activités donnant lieu à transmission de données (*L. art. 40-6*) conditions de transmission de données hors du territoire français (*L. art. 40-9*). Et elle prévoit des sanctions administratives en cas de non respect des règles (*L. art. 40-8*).

B. – PROTECTION DES PERSONNES

1) Consentement

241. Le consentement des personnes incluses dans un fichier est présumé mais toute personne a le droit de s'opposer ce que des données nominatives la concernant fassent l'objet d'un traitement visé à l'article 40-1 sans justification (*L. art. 40-4 al. 1*). Cette faculté d'opposition est élargie par rapport à celle que prévoyait l'article 26 de la loi du 6 janvier 1978, et qui était subordonnée à une « raison légitime » (*J. Fayssinet et Ph. Pédrot*).

Toute personne peut également refuser de son vivant, mais par écrit – à la différence des prélèvements d'organes post mortem –, à ce que des informations y compris celles qui figurent sur les certificats des causes de décès fassent l'objet d'un traitement de données (L. art. 40-4, al. 3), mais en l'absence de précision sur les modalités de ce refus, la disposition devrait être une pure clause de style (*J. Frayssinet et Ph. Pédrot, art. préc. n° 20*).

C'est le « *consentement éclairé et exprès des personnes concernées* » qui doit être obtenu dans le cas où la recherche nécessite « *le recueil de prélèvements biologiques identifiants* », un consentement préalable à la recherche (*L. art. 40-4, al. 2 ; sur l'interprétation de la formule, J. Frayssinet et Ph. Pédrot, art. préc. n° 20*).

2) Consentement éclairé

242. La loi prévoit une information individuelle et préalable au traitement à destination des « *personnes auprès desquelles sont recueillies les* *données nominatives ou à propos desquelles de telles données sont transmises. »* (*L. art. 40-5, al. 1*). La loi indique que sont destinataires de l'information les titulaires de l'autorité parentale pour les mineurs et le tuteur pour les personnes faisant l'objet d'une mesure de protection légale (*L. art. 40-6*). Le mineur émancipé est soumis au statut des majeurs capables (*F. Granet, art. préc., p. 12*).

La loi dispose que des informations doivent être fournies aux personnes concernées par un fichier : nature des informations transmises (*L. art. 40-5-1°*), finalité du traitement de données (*L. art. 40-5-2°*), personnes physiques ou morales destinataires des données (*L. art. 40-5 3°*), droit d'accès aux traitements automatisés prévus par le chapitre V de la loi du 6 janvier 1978 (*L. art. 40-5, 4°, droit d'opposition prévu par l'article 40-4, al. 1* et *3*).

Mais la loi prévoit cependant des dérogations à cette obligation d'information : elle précise que *« ces informations peuvent ne pas être délivrées si, pour des raisons légitimes que le médecin traitant apprécie en conscience, le malade est laissé dans l'ignorance d'un diagnostic ou d'un pronostic grave. »* (*L. art. 40-5, al. 2*). D'autre part il peut être dérogé à l'obligation d'information dans le cas où les données ont été initialement recueillies pour un autre objet que le traitement lorsqu'il est difficile de retrouver les personnes concernées (*L. art. 40-5, al. 3*).

3) Sanctions

243. Les sanctions prévues par l'article 226-18 du Code pénal – 5 ans d'emprisonnement et 2 000 000 F d'amende – sont applicables en cas d'absence d'information, lorsque l'opposition n'a pas été respectée ou lorsque le consentement exprès n'a pas été demandé (*L. n° 94-548, art. 4*).

BIBLIOGRAPHIE

Sur données nominatives :

J.P. ALMÉRAS, *La communication de données médicales aux compagnies d'assurance*, Conc. méd. 1994, p. 2281. – *Données nominatives et recherches dans le domaine de la santé*, Conc. méd. 1995, p. 529. – J. FRAYSSINET et PH. PÉDROT, *La loi du 1er juillet 1994 relative au traitement des données nominatives ayant pour fin la recherche dans le domaine de la santé*, J.C.P. 94, I, 3810. – F. GRANET, *Les fichiers sanitaires automatisés* (loi n° 94-548, du 1er juillet 1994), D.S. 1995, p. 10).

TITRE IV

LA MORT

244. Existe-t-il un « droit à la mort » comme il existe un droit à la vie et qui s'imposerait à tous ? Le sénateur Caillavet, qui se fait également en la matière le défenseur des droits de la personne, affirme : *« le tabou de la mort est surmonté comme l'ont été précédemment ceux du sexe et de l'I.V.G. » (Quot. Méd. 20 nov. 1987)*.

Cependant ce « droit » s'opposerait directement au « droit au respect de la vie principe fondamental, consacré par les lois du 29 juillet 1994, et rappelé solennellement par l'encyclique papale *Evangélium vitae*. La question du droit à la mort ou du choix de sa mort s'est posée initialement à propos du suicide ; mais les nouvelles possibilités de prolongation de la vie liées à l'évolution des progrès pharmacologiques et techniques depuis quelques décennies, la médiatisation, les revendications liées à l'évolution de la société invitent à rechercher les possibilités de conciliation de la dignité et de la volonté des personnes avec le respect de la vie.

CHAPITRE I

SUICIDE

§ 1 LIBERTÉ

245. Le suicide, une lâcheté pour certains, *« l'expression suprême de la liberté individuelle »* pour d'autres (*J. Robert et J. Duffar, Droits de l'homme et libertés fondamentales p. 200*), est considéré comme un droit discrétionnaire et n'est pas punissable pénalement (*T.G.I. Paris 23 janv. 1985, D.S. 85 J, 418 déboutant des parents de leur plainte contre la société éditrice de l'ouvrage « Suicide Mode d'emploi » utilisée par leur enfant*) et il en va de même pour la tentative. Cependant cette liberté comporte des limites.

§ 2 LIMITES

246. Les tiers ont l'obligation de porter assistance à toute personne en danger, et ne peuvent donc aider au suicide. Ainsi, l'auteur du livre précédemment cité, a été condamné pour non assistance à personne en danger *(C. pénal ancien art. 63 al. 2, nouveau code art. 223-6* et *434-12)* après qu'un lecteur l'ait informé de sa détermination de se donner la mort et qu'il ait fourni à son correspondant des renseignements lui permettant de mettre son projet à exécution *(Cass. crim. 26 avril 1988 D.S. 1990, 479, note H. Fenaux)*. La notion de mise en danger d'autrui mentionnée par le nouveau Code pénal aurait pu être susceptible de s'appliquer mais l'exposé des motifs de la loi écarte cette possibilité : « on ne saurait dénier à l'adulte le droit de se suicider » (*cf. note précitée*).

247. La provocation au suicide constitue un délit ; elle est sanctionnée depuis la loi du 31 déc. 1987 adoptée à la suite de la publication de cet ouvrage (*C.P. art. 318-1* et *318-2 ancien et c. pén. nouveau, art. 223-13, 223-14* et *223-15*). L'éditeur a été condamné après la réédition de son ouvrage (*L.M. 13 avril 1995*).

CHAPITRE II

REFUS DE SOINS PROLONGÉS OU INTENSIFS

248. Le respect de la dignité de la personne et de la volonté de cette dernière à propos de sa vie et de sa mort peut conduire à des conflits de devoirs : conflit entre volonté du patient et intérêt de la société à préserver la vie, entre le patient et le devoir de soigner du médecin (*F. Albanèse, La liberté du patient devant le traitement et la mort, Perspectives canadiennes et européennes des droits de la personne, éd. Y. Blays 1986 p. 501*), conflit entre la famille et le médecin au nom de l'intérêt de la personne elle-même, soit pour continuer, soit pour arrêter les soins (*J.L. Baudouin et D. Blondeau, éthique de la mort et droit à la mort, P.U.F. Les voies du droit 1993, p. 56* et s.).

La question de savoir si une personne a le droit de refuser les soins médicaux nécessaires, se pose en termes différents, lorsque le défaut de soins ne repose pas sur une motivation religieuse ou politique, (supra n° 223) mais sur la volonté de mettre un terme à sa vie.

La question du droit ou du choix du moment de la mort recouvre donc habituellement le refus de soins prolongés, qu'implique l'euthanasie, ou le refus de soins intensifs, ou d'acharnement thérapeutique.

§ I EUTHANASIE

249. - L'euthanasie est au sens large le fait de « ménager une mort douce » (*Encyc. Univ.*). Mais on distingue habituellement *« l'euthanasie active »* qui est le fait de provoquer par pitié la mort d'un être humain, avec ou sans son accord et *« l'euthanasie passive »* qui est le fait de *« laisser mourir en paix un malade plutôt que de l'accabler de soins inutiles »* (*J. Robert, Rap. préc. p. 470*) ; on parle alors plutôt de « pratiques compassionnelles ».

La France n'ayant pas de législation spécifique à l'euthanasie ces questions demeurent donc régies par quelques règles de droit, plusieurs dispositions du Code de déontologie s'imposant aux médecins. On peut ajouter, à titre de sources annexes quelques avis du comité national d'éthique et quelques textes européens.

250. L'euthanasie dite active tombe sous le coup de la loi pénale car elle constitue un meurtre (*art. 221-1 du Code pénal*) ou un assassinat (*art. 221-3, C. pén.*). Le Code de déontologie (art. 38) interdit en outre aux médecins d'y participer. Le nouveau code réaffirme que le médecin « n'a pas le droit de provoquer délibérement la mort » *(Art. 38, al. 2).*

Mais les tribunaux se montrent tolérants, les condamnations sont rares (*M. Véron, Fasc. 56, n° 4*) et lorsqu'elles sont prononcées, il s'agit surtout de peine de principe (*cf. pour un homme ayant tué sa femme atteinte d'un cancer, Pan. Méd. 20 avril 1993*).

251. En revanche l'euthanasie dite passive consécutive à la prescription de drogue apaisante, semble assez fréquemment admise en pratique par le corps médical (*J.M. Auby, op. cit. p. 430*). Il s'agit alors pour les médecins d'abord d'apaiser l'angoisse et les souffrances, éventuellement par des sédatifs dont l'effet est d'écourter la vie, ou encore d'arrêter l'alimentation par sonde d'un malade en coma irréversible, (*Rap. N. Lenoir préc. p. 133*). L'accent est mis, depuis quelques années, sur les *« soins palliatifs »* qui, à la différence des soins curatifs, visent essentiellement *« à soulager ou à prévenir la souffrance d'un malade en fin de vie »* (*Rap. N. Lenoir, p. 139* et s.) qu'il s'agisse d'un malade âgé ou atteint d'une maladie très grave. Dans ce sens le nouveau Code de déontologie insiste sur le rôle du médecin dans l'accompagnement des mourants, sur son obligation « d'assurer par des soins et mesures appropriés la qualité d'une vie qui prend fin, sauvegarder la dignité du malade et réconforter son entourage » *(Art. 38, al. 1).*

Mais en médecine et en droit la limite est tenue entre l'administration d'une « dose apaisante » licite, et d'une « dose toxique », illicite (*Lortat Jacob, éthique et euthanasie, p. 35. - M. Véron, ibid.*), entre le « devoir compassionnel » et « l'assistance au suicide » (*Rap. N. Lenoir op. cit. p. 133*) qui demeure interdite.

Un avis a été rendu par le comité national d'éthique (Avis concernant la proposition de résolution sur l'assistance aux mourants, adoptée le 25 avril 1991 au Parlement Européen par la Commission de l'Environnement, de la Santé publique et de la Protection des Consommateurs, *v. infra*).

VOIR ANNEXE XIV – P. 202

§ 2 L'ACHARNEMENT THÉRAPEUTIQUE

252. - La notion d'acharnement thérapeutique, conséquence des progrès de la biotechnologie, est apparue plus récemment. On parle *« d'acharnement thérapeutique »* ou de *« dystanasie »* (*Robert, Rapport sur le corps humain et la liberté individuelle en droit français, p. 470*) lorsqu'un malade, se trouvant dans un état quasiment incurable, n'est maintenu en vie que grâce à l'utilisation de moyens extraordinaires destinés à suppléer aux fonctions défaillantes de l'organisme ou encore à propos d'« *une pratique médicale excessive et abusive découlant directement des possibilités offertes par la technoscience et comme le fruit d'une té-*

nacité à déployer des efforts démesurés eu égard à la condition de la personne malade » (J.L. Baudouin, et D. Blondeau, op. cit. p. 89).

Il existe un consensus pour admettre que « le respect de la vie » ne doit pas être poussé jusqu'à l'absurde (*Guide d'exercice professionnel des médecins, op. cit. p. 118*), que l'acharnement thérapeutique « *apparaît comme un acte profondément antihumain et attentatoire à la dignité de la personne et à ses droits fondamentaux » (J.L. Baudouin et D. Blondeau, ibid.*). Ce qui implique plusieurs conséquences quant aux obligations des médecins.

253. Sur le plan médical les médecins ne sont jamais tenus de *« prolonger l'agonie par des prouesses techniques » (Guide d'exercice professionnel, op. cit. p. 118*). Une certaine tolérance envers la cessation du traitement est exprimée par les autorités morales et religieuses (*Lortat Jacob, Ethique et euthanasie, p. 35. – J.M. Auby, op. cit. p. 439. – J. Robert, art. préc. p. 471*).

Mais les médecins ont aussi le devoir de lutter tant qu'il existe un espoir de guérison et le pronostic concernant l'incurabilité est parfois difficile, notamment en matière de réanimation, question d'abord médicale (*N. Lenoir, p. 129*) avant d'être éthique ou juridique, et particulièrement difficile lorsqu'il s'agit de réanimer des bébés prématurés qui risquent de demeurer des enfants à risque. En pratique la décision de réanimation semble être prise collectivement par l'équipe médicale qui informe les parents des espoirs et des risques (*J.H. Soutoul et J. Laugier, La responsabilité médicale et les problèmes médico légaux en néonatalogie, éd. Maloine 1991, p. 197*).

Il ne paraît pas y avoir de jurisprudence en France mais l'affaire Karen Quilan aux États-Unis (*Cohen, Le droit à la mort, La tragédie de Karen Quilan, éd. Denoel, 1978. – G. Mémeteau, Karen Quilan et le droit à la vie ou le droit à la mort : La nouvelle presse médicale, 1980, 663*) a développé une réflexion internationale.

254. Un désir d'humanisation du moment de la mort peut conduire à la revendication de volonté exprimée par une personne à propos de sa mort. C'est ainsi qu'aux États-Unis le « testament de vie » est admis légalement.

En revanche, en France, il n'existe pas de législation. Le sénateur Caillavet avait déposé une proposition de loi le 6 avril 1978 prévoyant le droit pour tout majeur de s'opposer à la prolongation de sa vie en cas de mal incurable en rédigeant un *« testament de vie »* par acte authentique en présence de deux témoins, ce qui aurait pour effet d'écarter la responsabilité du médecin, mais cette proposition fut rejetée par les sénateurs le 7 mars 1980 au motif que cette question relevait davantage de la morale personnelle que de la loi *(Sur cette proposition de loi : G. Mémeteau, Les raisins verts, RTD sanit. et soc. 1978, 303).*

Cependant, l'Association pour le droit de mourir dans la dignité (A.D.M.D.), fondée en 1980, présidée par le sénateur Caillavet, dont l'objet est de « promouvoir le droit légal et social de disposer de façon libre et réfléchie de sa personne, de son corps, de sa vie » continue à militer activement en faveur du « testament de vie », et de l'euthanasie dans les trois aspects suivants : apaisement des souffrances, refus de l'acharnement thérapeutique, et recours à l'euthanasie (*Quot. Méd. 11 oct. 1993*) ; elle souhaite une modification du code pénal excluant toute poursuite à l'encontre de celui qui aiderait une personne dans son objectif de mort.

§ 3 FAUT-IL LÉGALISER L'EUTHANASIE ?

255. Malgré un souhait d'humanisation de la mort et de reconnaissance d'une plus grande autonomie des personnes au regard de la mort, de nombreux arguments sont opposés à l'euthanasie et de nombreuses réserves sont exprimées quant à une éventuelle législation (*Rap. N. Lenoir p. 134*) compte tenu des dérives possibles.

a) En faveur de l'euthanasie, fondée sur une certaine philosophie rationaliste et volontariste des droits de l'homme considérant que l'euthanasie est *« un moyen de revendication de la réappropriation personnelle de la mort » (D. Janicaud, Le droit de mourir), on invoque les adhésions à l'Association pour le droit de mourir dans la dignité (ADMD)* – plus de 21 000 en octobre 1993 (*Quot. Méd. 11 octobre 1993*) – et les sondages qui montreraient que les français y sont largement favorables : 85 % selon un sondage organisé par la SOFRES du 7 au 12 novembre 1987 par l'Association pour le droit de mourir dans la dignité, dont 63 % en faveur d'une euthanasie active et 27 % en faveur du refus de l'acharnement thérapeutique (*Quot. Méd. 20 nov. 1987*).

Une proposition de résolution présentée en ce sens devant le parlement européen par le Pr Swcharzenberg, en 1991, député européen dispose en son article 8 que le médecin peut, dans certaines conditions, mettre *« un terme à l'existence d'un malade »* (*sur critiques : Bul. Ordre des médecins 1991, n° 12, p. 205*).

256. b) Contre l'admission de l'euthanasie, et indépendamment des textes de droit pénal et du code de déontologie, plusieurs arguments juridiques, sont opposés.

On invoque l'Histoire (signature par Hitler d'un décret d'euthanasie). La doctrine, rappelant que l'euthanasie représente « l'antithèse de la protection classique du caractère sacré de la vie » (*J.L. Baudouin et D. Blondeau, ibid.*), met l'accent sur les difficultés d'obtenir un consentement libre et éclairé – compte tenu de l'altération de ce consentement inhérente à certaines maladies et de l'existence de « pulsion de mort essentiellement d'origine psychologique » (*D. Janicaud p. 70*) – ; sur les difficultés de légiférer et de sanctionner, enfin sur les risques d'eugénisme. Ces risques d'eugénisme ne sont pas illusoires comme l'a montré la suggestion de proposition émise par l'Association pour la prévention de l'enfance handicapée » (A.P.E.H.) présidée par le sénateur Caillavet prévoyant qu' : *« un médecin ne commettra ni crime ni délit en s'abstenant d'administrer à un enfant de moins de trois jours les soins nécessaires à sa vie, quand cet enfant présentera une infirmité inguérissable et telle que l'on prévoit qu'il ne pourra jamais avoir une vie digne d'être vé-*

cue » (*Fig. 6 nov. 1987*) ; cette disposition qui pouvait se justifier, selon M. Caillavet par l'existence de l'avortement thérapeutique (*Fig. 7/8 nov. 1987*) devait se heurter à l'opposition générale des autorités religieuses, du secrétaire d'état aux droits de l'homme, du président du Conseil de l'Ordre des médecins, et des nombreuses associations familiales et d'enfants handicapés (*Quot. Méd. 12 nov. 1987*).

On invoque les exemples étrangers en soulignant que certaines législations étrangères renforcent la lutte contre les pratiques d'euthanasie et accroissent les sanctions (Adoption d'une loi dans le Michigan, cf. *Quot. du méd. 10 fév. 1993*).

Les autorités catholiques quant à elles sont très opposées à une légalisation de l'euthanasie active et le Vatican a manifesté une vive opposition à la loi adoptée par les Pays Bas (v. *infra*).

BIBLIOGRAPHIE

F. ALBANÈSE, *La liberté du patient devant le traitement et la mort, in Perspectives canadiennes et européennes des droits de la personne,* éd. Y. Blais, 1986 p. 483 – L. BAUDOUIN et D. BLONDEAU, *Éthique de la mort et droit à la mort,* P.U.F., Col. Les voies du droit, 1993. – J.L. BAUDOUIN *La liberté du patient devant le traitement et la mort,* Perspectives canadiennes et européennes des droits de la personne, ouv. préc. 505. – F.R. CERRUTI, *L'euthanasie : approche médicale et juridique,* éd. Privat, 1987. – COHEN, *Le droit à la mort, la tragédie de Karen Quilan,* éd. Denoel 1978. – R. COURTAS, « La démarche d'adhésion à l'Association pour le droit de mourir dans la dignité », Cahiers de sociologie et de démographie médicales, 1993, n° 2. – A.M. DOURLEN-ROLLIER, *Testament de vie ou déclaration de volonté : la situation en France,* Congrès mondial de droit médical Gand 1991, Rap. p. 237. – G. MÉMETEAU, *Les raisins verts,* R.T.D. San. et Soc. 1978, 303. – *Karen Quilan et droit à la vie ou le droit à la mort : La nouvelle presse médicale,* 1980, 663. – F. SARDA, *Le droit de vivre et le droit de mourir,* éd. Le Seuil, 1975. – R. SAVATIER, *Que devient la condition juridique des comourants au temps des médecins anesthésistes réanimateurs,* D.S. 1981 p. 45. – R. SCHWARTZ et D. KESSLER, *L'euthanasie et l'expérimentation sur cadavres face à la déontologie médicale,* R.T.D. San. et Soc. 1994, p. 46. – X. THÉVENOT, *La bioéthique : début et fin de vie,* éd. Centurion, 1989. – P. VERSPIEREN *Face à celui qui meurt : euthanasie, acharnement thérapeutique,* Desclée de Brouwer 1986.

Commission de réforme du droit du Canada, Euthanasie, aide au suicide et interruption de traitement, Document de travail n° 28, Ottawa, 1982 ; Rapport n° 70 Ottawa, 1982.

V. également bibliographie générale et Rap. N. Lenoir, Aux frontières de la vie : une éthique biomédicale à la française, t. I, p. 127 à 145.

ÉLÉMENTS DE RÉFLEXION

1) Droit comparé

Aux États-Unis, deux systèmes légalisés permettent aux personnes d'exprimer leur volonté de refus d'acharnement thérapeutique (N. Lenoir p. 134), une volonté qui devrait s'imposer aux médecins : le testament de vie et la délégation d'autorité à autrui (cf. Rap. N. Lenoir p. 134).

Par le *"living will"*, dénommé *« testament biologique »* apparu dans les années 70 une personne, majeure, en possession de ses facultés, autorise par avance, par écrit et devant témoins les médecins à ne pas recourir à des soins inutiles (J.L. Baudouin et D. Blondeau, op. cit. p. 92) à *« débrancher »* éventuellement en cas de coma. (Richard Nixon avait ainsi refusé par avance tout acharnement thérapeutique). Mais l'on souligne que, présenté comme une technique officielle de lutte contre l'acharnement thérapeutique, ce document constitue surtout une sorte de *« fin de non recevoir aux poursuites en responsabilité civile professionnelle intentée contre les médecins et les hôpitaux »*, (J.L. Baudouin et D. Blondeau, op. cit. p. 93 et p. 56), assez opportune dans la mesure où elle allège le fardeau du coût de la dernière maladie. Il semble que l'application de la loi n'ait pas répondu aux objectifs poursuivis (J.L. Baudouin et D. Blondeaux, op. cit. p. 96 ; même sens : N. Lenoir p. 135).

Un deuxième système est apparu avec la *« délégation d'autorité à autrui »* conférant à une personne représentant le malade – ami, parent, magistrat – par hypothèse inconscient. De même au Québec une loi du 15 avril 1990 sur le « curateur public » a instauré la possibilité pour une personne en possession de ses moyens de confier à un tiers le soin de consentir aux soins le cas échéant et éventuellement de s'opposer à l'acharnement thérapeutique (J.L. Baudouin et D. Blondeau, op. cit. p. 95).

Mais aux États-Unis les débats sur l'euthanasie sont d'autant plus aigus que le système de protection sociale est insuffisant et que les soins sont coûteux pour les assurances. Malgré cette législation, la jurisprudence témoigne des conflits existant entre médecins et famille à propos d'acharnement thérapeutique. Dans l'affaire Karen Quilan, les parents de la jeune fille, en état végétatif chronique qui demandaient en vain l'arrêt du respirateur la maintenant en vie, avaient obtenu de la cour suprême du New Jersey, le « débranchement » de l'appareil en 1976, la cour estimant que le droit de choisir le moment de sa mort l'emporte sur le devoir de maintien de la vie humaine, mais la jeune fille a vécu encore pendant neuf ans (v. en dernier lieu Quot. Méd. 26 mai 1994). Dans l'affaire Nancy Cruzan opposant des parents à l'État du Missouri, à propos de leur fille maintenue pendant huit ans dans un état neuro végétatif, la Cour suprême a reconnu la constitutionnalité du droit de mourir (décision du 25 juin 1990, cf. N. Lenoir p. 135) Plus récemment la naissance et le maintien en vie – à grands frais pour les assurances et l'assurance maladie – d'un bébé anencéphalique, c'est-à-dire condamné à un état végétatif sa vie durant – a relancé la controverse et le débat éthique autant qu'économique ; la mère, s'opposait à l'interruption du traitement souhaitée par les médecins traitants appuyés par l'Académie américaine de pédiatrie, et fut approuvée par le juge (Quot. Méd. 29 sept. 1993).

En Europe les divers pays sont majoritairement opposés à l'euthanasie active (N. Lenoir p. 137). *En Grande-Bretagne,* l'euthanasie n'est pas légalisée, mais un rapport gouvernemental admet l'arrêt d'un traitement maintenant en vie des patients en phase terminale et les injections létales d'antalgiques (Quot. Méd. 13 mai 1994). Le système national de santé est contraignant et la justice saisie d'un conflit entre une mère voulant faire poursuivre les soins de son enfant et les médecins s'y refusant – a admis le droit pour les médecins de refuser des soins en raison des faibles chances de rémission compte tenu d'un « budget limité » et du nombre de patients (Quot. méd. 14 mars 1995).

En Allemagne le dernier code de déontologie s'appliquant à tous les médecins d'un pays réunifié comporte un chapitre relatif aux soins de « fin de vie » et interdit l'euthanasie active en soulignant notamment *« qu'il n'appartient pas au médecin de décider qui doit vivre et qui doit mourir, ni de définir la valeur d'une vie, car de tels choix nous ramèneraient aux horreurs de la période national socialiste »* mais admet le respect du refus du malade d'acharnement thérapeutique (Quot. Méd. 17 mai 1994).

Les Pays-Bas sont plus favorables à l'euthanasie ; les sénateurs ont tout d'abord admis la pratique de la *« mort douce »*, le médecin y ayant procédé remplissant une déclaration d'acte euthanasique (*Le Monde* 2 déc. 1993), les députés approuvant ensuite la teneur de ce questionnaire le 14 avril 1994 (*Le Monde* 14 avril 1994) ; ce formulaire une fois rempli est envoyé par le médecin au légiste municipal, qui après vérification l'adresse ensuite au parquet ; adversaires de cette législation craignent le *« gouvernement des juges »* (*Le Monde* 16 avril 1994). La loi devrait entrer en vigueur en juin 1994.

2) Droit communautaire

Au plan européen communautaire, une proposition de résolution a été adoptée par la commission de l'environnement, de la santé publique et de la protection des consommateurs du Parlement européen le 25 avril 1991, sur rapport du Pr Léon Schwartzenberg, soutenu par l'A.M.D. favorable à l'euthanasie active ; mais cette dernière a suscité de nombreuses critiques dans la mesure où la majorité des pays européens sont opposés à l'euthanasie active (N. Lenoir Rap. préc. p. 137). Le comité national d'éthique a réagi vivement à cette proposition dans un avis du 24 juin 1991 (infra).

VOIR ANNEXE XIV – P. 202

Une recommandation du *Conseil de l'Europe* de 1976 (Recommandation 779) relative aux droits des malades et des mourants n'a pas eu de suite (F. Albanèse, art. préc. p. 502). Le projet de convention européenne n'envisage pas cette question.

3) *Aspects religieux*

La religion catholique condamne l'euthanasie active et passive admettant toutefois le *« sommeil artificiel »* à titre exceptionnel (Déclaration du Conseil permanent de l'épiscopat français du 23 sept. 1991 « Respecter l'homme proche de la mort » (Le monde 25 sept. 1991). La dernière encyclique papale « Evangelium Vitae » (« l'évangile de la vie ») (mars 1995) condamne à nouveau l'euthanasie, forme de « suicide assisté ». Toutefois, le refus d'acharnement thérapeutique est toléré au motif que le devoir de soigner *« n'implique pas le recours à des moyens thérapeutiques inutiles, disproportionnés »* (cf. déclaration de l'Épiscopat et encyclique Evangélium vitae Impact Médecin, avril 1975). Pour les autres religions, cf. tableau comparatif en introduction.

4) *Effets du testament de vie*

A la différence du testament de vie créé aux États-Unis, celui qui existe en France ne s'impose pas aux médecins qui sont libres de ne pas en tenir compte puisqu'il n'a pas de valeur légale. Il s'agit d'un document établi par l'Association pour le droit de mourir dans la dignité (ADMD) présidée par le sénateur Caillavet ; il est délivré aux adhérents moyennant une cotisation annuelle de 150 F sous forme d'une carte mentionnant leur nom et reproduisant leur photo ainsi que leur adhésion au testament de vie (Quot. méd. 11 oct. 1993). Sur un plan général l'association milite en faveur d'une loi légalisant l'euthanasie et supprimant les poursuites pénales prévues à l'encontre de celui qui apporte une aide au suicide.

Le Comité National d'éthique a exprimé son opposition au testament de vie (Pan. Méd. 20 janv. 1987).

Le testament de vie établi par l'ADMD et dont l'objet est de demander l'euthanasie – ne doit pas être confondu avec un autre « Testament de vie » établi par une autre association : l'Association pour le développement de l'expérimentation en médecine, l'ADEM, présidée par le Pr Milhaud dont l'objet est d'autoriser l'expérimentation en cas d'état végétatif chronique depuis plus d'une année » (Quot. méd. 26 janv. 1987).

Annexe XIV

Avis du Comité Consultatif national d'éthique

AVIS CONCERNANT LA PROPOSITION DE RÉSOLUTION SUR L'ASSISTANCE AUX MOURANTS, ADOPTÉE LE 25 AVRIL 1991 AU PARLEMENT EUROPÉEN PAR LA COMMISSION DE L'ENVIRONNEMENT, DE LA SANTÉ PUBLIQUE ET DE LA PROTECTION DES CONSOMMATEURS

N° 26 24 juin 1991

Avis

La proposition de résolution sur l'assistance aux mourants, adoptée le 25 avril 1991 au Parlement Européen par la Commission de l'Environnement, de la Santé Publique et de la Protection des Consommateurs admet le recours à l'euthanasie dans les hôpitaux et les Centres de soins palliatifs.

Cette proposition appelle, de la part du Comité consultatif national d'éthique les observations suivantes :

1 – Les soins palliatifs, tant par les progrès accomplis dans le soulagement des douleurs physiques, que par l'accompagnement attentif des malades et de leurs familles rendent très rares les demandes d'euthanasie. Une généralisation de la formation des médecins et des équipes soignantes, fondée sur les études dont les soins palliatifs continuent d'être l'objet, permettra d'en réduire encore le nombre.

2 – La légalisation de l'euthanasie, même pour des cas exceptionnels, serait source d'interprétations abusives et incontrôlables : la mort serait décidée, à la demande du patient – une demande certes respectable -, mais dont l'ambivalence est profonde.

Parfois aussi, interviendraient des considérations économiques, hospitalières, familiales ou idéologiques, sans rapport avec sa détresse.

3 – Depuis les origines, la vocation du médecin est de prévenir, de soigner et de soulager les souffrances. Inclure par des dispositions légales l'euthanasie dans sa mission en trahirait la finalité et jetterait sur les équipes soignantes un soupçon qui serait, à son tour, pour tous les malades et leurs familles, une cause d'angoisse.

4 – Cette disposition nouvelle manifesterait une prise de pouvoir exorbitante sur la vie d'une personne ; elle implique, en outre, une définition de l'homme nécessairement restrictive. La Commission du Parlement Européen ne mesure, en effet, la dignité de l'homme qu'à son degré d'autonomie et de conscience. Or, la dignité de l'homme tient à son humanité même. Les dommages physiques infligés par la maladie ne saurait attenter à cette qualité inaliénable.

Le Comité consultatif national d'éthique, qui a rappelé à maintes reprises le principe fondamental du respect de la dignité humaine, entend le proclamer à nouveau, tandis que se déploie une réflexion sur les conditions de la fin de la vie.

5 – En vertu de ce principe, il considère que :

– l'acharnement thérapeutique déraisonnable, poursuivi au-delà de tout espoir, doit laisser place à l'apaisement des souffrances qui reste le devoir du médecin.

– La recherche visant à améliorer et à étendre la pratique des soins palliatifs doit être développée.

– La famille et les proches doivent être associés à cet accompagnement.

En conséquence, le Comité consultatif national d'éthique désapprouve qu'un texte législatif ou réglementaire légitime l'acte de donner la mort à un malade.

INDEX ALPHABÉTIQUE

(les chiffres renvoient aux numéros et non aux pages)

TABLE DES ANNEXES

Composition et mis en pages par

EMPREINTES
92160 ANTONY

Achevé d'imprimer en mai 1997
sur les presses de la Nouvelle Imprimerie Laballery
58500 Clamecy
Dépôt légal : mai 1997
Numéro Editeur : 1339
Numéro d'impression : 705028

Imprimé en France